朱晓鹏　主编
国学与现代化研究丛书

# 浙学传统与浙江精神论集

上海古籍出版社

# 目　　录

# 序

韦政通

　　中国数千年的文明史为我们留下了丰富悠久的历史文化传统,这种历史文化传统我们可称之为国学。面对这种作为国学的传统文化,我们后人当然有责任要予以继承和发扬。然而,我们今天的继承和发扬,不只是要让传统复活,而是要实现传统的创造转化。"创造转化"的观念,在中文世界,最早是由友人林毓生教授提出,近30多年来,这个观念在华人的文化圈、学术界相当流行。这一现象,就我的理解,它代表着不但能克服五四新文化运动以来,西化派与传统派的长期对立与纠葛,也超越了可能缺乏自信的"中国学术思想如何现代化"的命题,将一百多年来学者们有关思想变革的看法,导入至少在心态上是相当健全的方向。"创造转化"其思想的精髓,不但对中国的思想传统在态度上应采取批判地继承,对西方文化也应做到批判地吸收,彻底解除以往"我族中心"或"西方中心"文化交流上的不平衡、不理性的状态。

　　按照这一思路,从传统到现代的"创造转化",至少要从以下两个方面进行:

　　一方面,要发扬中国的传统文化,至少要具备现代的基本的能力、基本的知识和思考的训练,要有明确的现代意识。在这个基础上,去消化传统的思想,去思考传统的问题,给传统问题一个属于这个时代的解释。否则,以传统解释传统,还是那个样子,那它们还是不属于这个时代的!因为传统在传统的那个时代,虽然是一个生龙活虎、很活泼的学术思想,但是时代不同了,你要讲活它,你要给它新生命,必须要有现代的生命去承载它,才具有现代的意义。如果还是保存传统读书人那种业已腐朽的心态,反而会把传统弄得更腐朽了!

因此,你要真正搞中国传统的东西,必须先要使自己成为这个时代的人,这时代的知识基础和方法的训练都要有,然后去审视传统的思路,才能把传统讲活过来,成为现代人能够接受的东西。

另一方面,我们生活在东西方文化交融甚至文化全球化的时代,我们受到了西方文化的深刻影响。因此,要对西方文化有很深的了解和吸收,才可以做重建传统的创造性工作。西方文化作为一种异质文化,能使人对自己原有的文化圈产生"距离化",从而有利于对其进行更清醒、理智的审视和批判。可以说通过吸收异质的西方文化而达到对传统文化的批判是思想创造的一个重要途径。所有的创造均起始于批判。

所以,从传统到现代的"创造转化",当然要基于中国哲学的特质,但是又应该不止于此。实际上它也是一个中西古今的融合贯通过程。譬如,我常想:如果一个中国哲学家在世界上要成为被人尊重的哲学家,如果仅仅靠知识性的成就——知识性的成就已经很难,还不能代表中国哲学家,还必须要有一种传统的儒者人格、儒者气象。你把现代种种的哲学训练和传统人格的陶养糅合在一个人身上,只要别人看到你,你是一个哲学家,又是一个中国的哲学家。看到你,中国哲学、中国文化就在你的生命和气象里整个表露出来了。这个很难,但是有这个要求,这个标准应该知道。而且我们现在应该把这个典范创造出来。所以,中国哲学的创造将面临一种很困难的境地。你要一个人在哲学上像个西方哲学家,在人格上又要像个传统中国的哲学家,这两种哲学家的形态要能够糅合在一起,那有多困难!但是如果不那样的话,就好像不能满足中国当代的要求和发展。我觉得中国近几十年来,丧失最大的也是最重要的,就是德行修养那一部分。讲中国文化的人,在人格、气象、光彩这方面都嫌不够!

当然,中国的国学现代化工作才起步不久,须知思想的创造是一个无限开放的过程。思想家不应有固守的堡垒,而要不断地去攻占新的领域,要开放地看待一切思想。所有思想,都应去尊重,不了解的应去了解。哲学是没有荒谬的东西的,哲学永远要向新的领域探求、寻思。哲学有无限的可能性,哲学应朝向无限的可能性去思考、探索。这是哲学的生命力的所在,不能如此也就是哲学萎缩的根本原因。

　　我个人长期从事的主要学术工作就是思考和探索从传统到现代的"创造转化"问题。从 2004 年起,这些年几乎每年我都要受杭州师范大学中国哲学与文化研究所的邀请,在美丽的西子湖畔讲学、工作一个时期,这不仅使我有机会把自己长期从事的从传统到现代的"创造转化"问题的思考和探索讲授给青年学生,而且还与他们研究所的一支同样朝气蓬勃的学术团队有了很多的交流和合作,并借此较多地了解了他们在中国哲学研究、在国学与现代化领域的研究方面已做出的许多富有成效的工作。我不仅十分赞赏他们所做的努力,而且相信他们不但能够深入地研究传统国学,更能够走出传统,实现现代的创造性转化,使中国文化在未来的时代焕发和发展出更强劲的生命力。

　　　　　　　　　　　　　　2008 年初夏,于台北内湖。

# 浙东学派与浙江精神研究中的若干问题

陈　锐

在对浙东学派和浙江思想的研究中存在着两种面向,一是站在非主流的立场上对浙东文化上的某种自我认同,另一则是站在主流立场上对其批评和贬抑。此外,对浙东学派注重功利和史学所以经世的特点也存在着模糊之处,因为它们是明清社会的普遍趋向,不足以表现浙江思想的地域特征和特殊性。要准确地把握浙江精神和思想的特征,需要从自然环境的差异,文化学、社会学,以及主流与非主流的对立和变迁等角度,即将浙江思想家放在人类文化的整体和运动中来进行考察。浙江思想家的特征是与某种非主流文化相联系的,其哲学上的经验主义、神秘主义和历史主义等特征也只有放在类似的背景上才能得到解释,他们在人类思想史上具有普遍的意义。

一

在中国思想史上,随着唐宋以后经济文化中心的转移,来自南方的,尤其是浙东的思想家占了相当的比例。南宋有永康学派、永嘉学派、金华学派,明代有王守仁、黄宗羲,到了章学诚写《浙东学术》以后,浙东学派的概念日益深入人心。推崇者自然高扬浙东史学在整个清代学术中的地位,如梁启超所说:"浙东学风,从梨洲、季野、谢山起至于章实斋,厘然自成一系统,而贡献最大者实在史学。"[①]许多近现代的思想家,如龚自珍、章太炎等也在不同的程度上受到浙东学风的影响。

---

① 梁启超:《梁启超论清学史两种》,复旦大学出版社,1985年,第200页。

那个被视为好为怪论的曹聚仁在《中国学术思想史随笔》和《我与我的世界》中,都为浙东列了专题,字句之间,隐约以浙东的学人自比。在改革开放的今天,伴随着浙江的草根经济和民营企业的蓬勃发展,浙东学派强调事功和经世致用的风格也成为人们追溯浙江精神的重要内容和源泉。

然而,在这其中也存在着若干问题。尽管当代浙江在市场经济建设中的成就凸显出了追溯和弘扬浙江精神的重要性,而且来自浙东的思想家也在唐宋以后的中国思想史上占有一个显著的地位,但在今天为止的许多以主流或正统观点编写的中国思想史或哲学史著作或教材中,浙江或浙东学派仍然是处于一个无关紧要的位置。像陈亮、叶适、王阳明、黄宗羲等人在哲学史中的重要性只是由于他们是主流文化的一部分或是某种必要的补充而已,王阳明和黄宗羲被看成是当时整个时代的思想启蒙或实学思潮的一部分,很少有人会强调地域特征对于他们的思想成就的意义。除了浙江本地区外,今天的中国哲学史界很少有人真正关心浙东学派的问题。在 20 世纪中,对浙东学派的关注和研究主要是在史学界由偏好思想的历学家来进行的。正是由于章学诚的《浙东学术》以及他本人在史学理论和方志学上的独特成就,浙东学派才会成为中国史学史和史学理论上的一个重要问题,并在学术上获得了普遍的意义和价值。像梁启超、胡适、章太炎、曹聚仁,以及余英时、何炳松、何冠彪等对之的研究实际上大多是站在史学家的立场上的。

面对着这种情况,一种做法就是不满足于将浙东学派限于史学的范围,并从其他的角度强调浙东学派中注重事功、工商皆本和经世致用的成分。在新的文化背景和市场经济下,过去的那些为朱熹等正统儒学所贬抑的功利主义获得了新的认识。事实上这也确实是浙东学术的重要特征,浙江在市场经济中的成功则更加凸显出了这种历史和文化传统的意义。但这样一来,也存在着某种危险,即如果较多地强调这种注重工商和经世致用的内容的话,则不仅可能被那些爱好理论的正统学者在学术上所轻视,又可能在事实上淡化了浙江精神的地域性意义。这就像美国的实用主义成为美国文化精神的象征,但在正统的学术领域中则始终受到轻视一样。事实上,当我们立足于浙江地域的特殊性时,也许会感到那种功利主义传统的重要;而当站在主流文化的立场上时,看法就可能有相当的差异了。也许正由于这些因素,对浙江精神的研究才会停留于一个地域的范围内。黄宗羲和章学诚尽管强调浙东学术的特点及其意义,但对之的批评和贬抑却始终存在。如果说朱熹曾经视"浙学"为"专是功利",那么当黄宗羲在《移史馆论不宜立理学传书》一文中首先使用"浙东学派"时,也在客观上涉及了当时人对浙东的批评。

总的来说,在历史和现实中,一方面存在着对浙东学术和浙江精神的自我认同的需要及某种程度上的优越感,从黄宗羲、章学诚到今天都是如此,但在另一方面又始终存在着主流文化对之的忽视和贬抑。在地域意义上的浙东学术的功利主义等特色在今天的思想史上并没有得到表现,浙东在学术上的主要价值是在史学领域中。但即使在史学中也无可避免地存在着种种质疑,这种质疑从主流文化的角度来看也不是全无理由的,因为在后人看来,辉煌的东西在历史上往往是在某种程度的幽暗之中的。梁启超尽管推崇浙东史学的意义,但也认为"梨洲、季野在草创时代,其方法不尽适用于后辈。实斋才识绝伦,大声不入里耳,故不为时流所尚。三君之学不盛行于清代,清代史学界之耻也"。①这样来看,后来金毓黻等人对浙东学派的质疑就没有什么奇怪的了,"浙东人研史之风,元、明之世本不甚盛",至清初,虽然"浙东多治史之士",但他们之间也不全是"具有家法互相传受",所以,"隐然以清代之史学为浙东所独擅,并上溯于宋之永嘉、金华,以为渊源之所自,世人之不究本末者,亦翕然以此称之。"②即使是对浙东抱有感情的历史学家曹聚仁也说:"明中业以后,浙东学术文化慢慢暗淡下去,至少小邹鲁的金华,后继无人;所谓浙东学派,重心移到温州(永嘉学派)、宁波、余姚、绍兴那一带去了(阳明学派)。到了清代,浙东学派实在比不上浙西学派的光芒万丈。"③像余英时那样的史学家,尽管他承认浙东学人在地域上存在着共同的思想特征,但当他说章学诚写《浙东学术》只是一种晚年在思想上的追认以及出于某种对抗戴震的

① 梁启超:《梁启超论清学史两种》,复旦大学出版社,1985年,第408页。
② 金毓黻:《中国史学史》,河北教育出版社,2000年,第352页。
③ 曹聚仁:《我与我的世界》,人民文学出版社,1982年,第42页。

心理上的需要时,那种贬抑的成分也是确实存在的。

二

不管如何,要想对浙东学派以及浙江精神的特征做出准确的说明,就必须同时考虑到这双重的方面,即使是对浙东学术的批评可能也在某个角度上凸显出它的特征,也是浙江精神的一个不可缺少的方面。那些质疑浙东学派的人的论据主要就是说他们在当时的社会中是微不足道的,章学诚是默默无闻的,但这种质疑也正表现出了浙东学派的非主流的特征。因此,需要的是从科学的立场上对浙东学派的特征以及与主流文化的关系作出准确的说明。简单地从浙江思想家那里找到某种成分来表明它的现代意义,这固然可以给我们增添某种信心,但它并不代表一种清晰的和准确的描述,也无法在更高的层次上解释和容纳那些反面的批评。像那种说浙江精神是讲究功利、注重工商的说法固然是正确的,但同时却又很难将其与许多注重商业或事功的地区区分开来。像广东、湖南和泉洲等地都同样表现出了讲究实效、经世致用的特点,我们所说的浙江精神对它们也同样有效。像那种勇于创新、为天下先的精神在广东、湖南精神中也是同样存在的。从历史上来看,注重工商也不是浙江思想家所独有的,所以在一些思想史的著作中,在解释南宋陈亮和叶适的事功或者明末清初的经世思潮时,学者不大会提到当时的地域因素,而只是把他们归结为对整个国家衰弱的一种反应和要求。在明代中期以后,整个社会对商业的态度已经发生了很大的变化,重视商业也是时代的普遍特征。黄宗羲强调工商皆本,其他的思想家也是多少如此,顾炎武在《富平李君墓志铭》说:"关中故多豪杰之士,其起家商贾,为权利者,大抵崇孝义,尚节概,有古君子之风。"① 王夫之在《黄书·大正第六》中说:"故大贾富民者,国之司命也。"另外从经济学的角度说浙商是民商,徽商是儒商等也并没有解决什么问题,因为这样一来就会无形中淡化了浙学在学术

---

① 《亭林文集》卷五。

上的深度和意义。正因为如此我们才要为浙学的学术意义进行辩护，强调浙学的功利并没有排斥儒学的"义"，浙学的经世致用也是以学术为前提和基础的。

此外，浙东学派注重史学的特点也存在着诸种问题或模糊之处。尽管章学诚说："浙东之学，言性命者必究于史，此其所以卓也"；"史学所以经世，固非空言著述也。"（《浙东学术》）但浙东史学的内在精神却并不是很清楚的。自从梁启超以来，一般都认为"六经皆史"代表了对宋明理学的批评，即由空洞的心性之学走向现实和经世致用，在这一点上，章学诚乃至整个浙东学术都是与当时的时代思潮相一致的。这些说法在一定意义上自然是正确的，因为从宋明到清，整个中国社会都在不断地由理性的思考走向经验和世俗化的现实世界。然而，这样一来，他们把黄宗羲、章学诚这些浙东学派的主要代表与王船山、顾炎武等人泛泛地等同起来，将之看成是时代思潮的一部分，这样实际上也就模糊了浙东学术自身的特点。注重史学和经世致用不仅是浙东的特点，也是当时整个时代的普遍特征。梁启超在他的著作中，一方面强调浙东史学的重要性，同时也承认他们在当时并不显赫和盛行，而且也说重视史学和经世致用是当时的普遍特征，"清初诸师皆治史学，欲以为经世之用"[①]；"明清之交各大师，大率都重视史学——或广义的文献学。"[②]现代的许多学者也是倾向于把浙东思想家与当时的时代潮流等同起来，或许也正如李泽厚所说："在这种意义上，章学诚也正是陈亮、叶适、顾炎武、黄宗羲、王船山等人的所谓'外王'路线的延伸与扩展。"[③]总之，这样的理解在实际的结果上是模糊和消解了浙东学派的特点和存在的意义。假如浙东史学的特征与当时的时代潮流没有多少差别的话，章学诚也就没有必要写《浙东学术》，并将浙东之学上溯到陆象山、王阳明，将浙西之学上溯到顾炎武、朱熹了。事实上，在章学诚写《浙东学术》的前几年，章学诚就在《又与朱少白书》一文中将黄宗羲与顾炎武等同归于朱子学传人，结果被何冠彪等批评者当成了否定浙东学派存在的证据。因此浙东史学固然包含着经世致

---

① 梁启超：《梁启超论清学史两种》，第 43 页。
② 梁启超：《梁启超论清学史两种》，第 189 页。
③ 李泽厚：《中国古代思想史论》，人民出版社，1985 年，第 294 页。

用的内容和对史实的注重,但不能简单地与之相等同,因为既然浙东学派在形式上缺少严格的师承关系,而且在内容上也缺少自己的特点,那么为人所质疑也是不可避免的。

由此可见,在对浙东学术的许多看法上仍然存在着相当多的模糊之处。说注重史学是浙东学派的重要特征,但我们却很难说清楚"六经皆史"的准确含义。钱锺书在《谈艺录》中对章学诚的"六经皆史"做了一番考证,最后认为"是则以六经为存迹之书,乃道家之常言,六经皆史之旨,实肇端于此"。① 钱锺书将"六经皆史"之说上溯到庄子,以至很难为那些强调浙东史学是经世致用的人所赞同。仓修良就认为钱锺书的考证只是一些离开历史条件的"文字游戏","以致这一结论未免有些牵强并将问题简化了。"②陈亮的历史观,也存在着相当多的复杂之处。在浙东学派的地理环境上,有的说法认为是浙江优越的地理环境才造就了那些思想家,还有的说是浙东相对闭塞的地理环境才促成了学术文化上的繁荣。在浙东和浙西的关系上,一种趋向是强调两者的联系和统一之处,是像章学诚所说的"道并行而不悖",但从另外的角度看来,两者在历史上的差异又是始终不能忽视的事实。只有在两者差异的基础上,我们才能解释浙江思想家的那些特征。

三

对于上述的种种情况,要想做出有效的解释,必须要摆脱那种有限的视野,将浙江的文化和思想放在整个中国文化的变迁中来进行考察。浙江毕竟是中国文化的一个有机的部分,而部分的意义也只有在整体中才能获得永恒的价值。在历史和现实中,无论是那些对浙东学术的认同还是批评都是整个文化的一部分,它们都是浙江文化特征的真实存在。简单地站在文化认同的立场会凸现出某些方面,但也会使我们忽视另外的方面;同样如果仅仅是站在主流文化的立场上忽视浙江思想家的意义,那样编写出的中国思想史也同样是表面和不真实

① 钱锺书:《谈艺录》,中华书局,1984 年,第 265 页。
② 仓修良:《章学诚评传》,南京大学出版社,1996 年,第 170 页。

的。中国古代的思想是一个不断变迁和运动的过程,浙江历史上的那些思想家在其中无疑占有一个不可缺少的位置。我们在研究浙江思想家的时候也不能仅仅限于某种寻章摘句式的称赞,而是应当从社会学、文化学等诸种角度去冷静地观察每一种思想的存在及其变迁过程。浙江历史上的那些思想家的成就并不是简单地倡言功利,而是从他们独特的角度包含着对世界的思考。而且,浙江思想家对世界所做的那些思考也不是孤立的,而是与整个人类的思想息息相通的。在这方面,浙江历史上的许多思想不仅仅是服务于当今的市场经济,而且在整个人类思想中也具有普遍的意义。如王阳明的学说曾经对中国社会及东亚产生了重要的影响,章学诚的历史哲学在同西方的哲学家的比较中也具有世界意义。浙东学派注重史学决不仅仅是一些经世致用或强调历史的进步等观点,而是包含着更为深广的内容。

研究浙东学派和浙江精神可以有多种角度,在这其中地理环境仍然是一个基本的出发点,因为每一种思想归根结底是植根于对自然的斗争,不同的社会组织由此而建立,一切思想和精神的差异皆由此而产生。对于浙江的地理环境,历史学家曹聚仁用他亲身的感受做了最好的叙述:

　　浙东浙西,说起来虽是同属一个行政体系,实际上绝不相同。浙西多水,除了于潜、昌化这一边,都是一苇可航。浙东呢,除了绍兴是水乡,温州、宁波沿海滨,其他各县,都是山岭重叠。严州、台州、处州各府更是崇山峻岭,仿佛太行王屋的山区。这样的地理环境,农村生产条件,绝不相同。在我的家乡(从前的浦江南乡,今日兰溪梅江区),百里周围,最大的富户,不会拥有两百亩以上的田地;说是要靠收租过日子,做一个不稼不穑的地主,我就没见过。大体说来,都是自耕农;即以我自己来说,我便知道如何耕种,如何收割,我家那几处水田,适于什么谷种,每亩会有多少收成。我们的田地,都是种三熟:稻熟以后种豆,豆熟以后种麦。祖父是贫农,先父也是泥脚出身的秀才,中年以后才办学堂兴教育的。这就和浙西的情况大不相同了。那儿,一年种两熟稻,如南浔张家,擅蚕丝之利,还有万亩以上的土地;他们派庄主去收租,一个庄,总有几千亩田地,至于田地在那儿,田地种了些什么,他们根本不知道。地主下乡去,佃户要摆香案来迎接。佃户交不出租来,地主可以叫家丁动板子打佃农的屁股。这都不是我们浙东人所能梦想的。浙东宁波绍兴的生产条件,比我们金华人好得多。(宁波人会做生意,绍兴人做师爷,别种财路很通达。)因此,二十岁以前,我除了看戏,没听见过"老爷、少爷、小姐、少奶、夫人"的称呼,我一生绝对不许男女工人称我为"少爷"或"老爷"。所以,浙西属于资产阶级的天地,浙东呢,大体上都是自耕农的社会。浙江省城,便是闻名世界的杭州,南宋时期的京都。从我的家乡到杭州计三百六十华里之遥。一位浙东农村的庄稼人要进省城一回,那真是天大的事。一百农民之中,一生中到过杭州的,怕不会有一个人,所以浙西的事,跟我们浙东人毫不相干。①

浙东在这样的地理环境的基础上,也就可以更好地理解了浙东学派及浙江精神的特征。浙东的学术特征假如要用一些简单的词来概括的话,那就是如笔者的另一篇文章的标题所说的,是带上了某种非主流的特征。②这里的非主流包含了自然环境以及文化学和社会学、政治学等内容。浙江自南宋以来尽管出现了经济和学术文化的繁荣,但它在历史上只是东南一隅,中国文化的中心历来是在中原,那里曾是先秦理性主义的故乡。唐宋以后,尽管经济文化的中心逐渐向东南转移,在清代有皖学、吴学、扬州学派,但浙江与文明的中心始终有着某种距离和差异,差异的程度也随着距离而改变,从浙西到浙东就是这样。在浙西我们看到有密布的河网,繁荣的商业和手工业,在浙东却主要是山陵和小自耕农的田园。运河的开凿、宋室的南迁都加速了北方的文化对东南的扩散和影响,但在这影响之下产生的文化却和原来的东西有着若干差异,这就像 20 世纪的亚洲世界也深受西方的影响,但始终不同于西方一样。浙江历史上的文化,尤其是浙东的思想正是在这样一种影响之下成长起来的。它受到文明火光的照耀,但又始终处于某种边缘状态,处于辉煌与幽暗、文明与野蛮的边缘,正是在边缘状态上的不同力量的撞击和融合,才孕育出了浙江历史上的那些思想家。钱穆曾谈到先秦文化中心的转移,那时正是从较文明先进的地区

---

① 曹聚仁:《我与我的世界》,人民文学出版社,1982 年,第 42 页。
② 陈锐:《浙江思想家与非主流文化》,《杭州师范学院学报》,2003 年第 2 期,第 54 页。

向较落后地区的转移过程中才出现了文明的辉煌。汤因比相信文明的产生是由于两种力量的撞击,那些浙江历史上的思想家的活力可能也正由于此。

## 四

在这样的基础上,我们就可以解释历史上对于浙东学派的那些复杂的态度了。那些对浙东学派的自我认同或者是批评实际上都是由于他们站在了不同的立场而已。文明社会是一个理性化的组织结构,你站在不同的位置就可能得出不同的结论。假如你处在类似浙东那样一些远离文明的半幽暗状态里,就很可能像章学诚等人那样去寻找某种文化的认同。假如你生活在类似曹聚仁所说的浙西的资产阶级的世界里,又很可能对那些文化的认同不屑一顾。像杭州正是浙东与浙西的分界之处,也就必然带上了某种中间或过渡状态的特征。这样来自杭州的章太炎、龚自珍等人的思想特征可以得到解释,章学诚对抗戴震的心理上的需要也是很自然的事。每一个人对历史上的思想家的评价都是和他个人的气质密切相关的。后世的学者对浙东学派之所以会持不同的态度,可能也像余英时所说的章学诚一样,不能免除心理和气质上的特征,章学诚自己就强调一切学术本于性情。那些在个人的成长中较为接近文明社会,较为理性和较多现实感,或者说偏好史料和考证的人很可能就对不具有师承关系的浙东学派以及那些空洞和抽象的思想上的联系没有多少好感;而对浙东有好感的也往往是那些较多思想上的活力,较为喜欢理论的那些学者。黄宗羲的《明儒学案》具有重要的成就,但缺少许多史学家所要求的那种客观性。章学诚也强调自己不长于考证,但其《文史通义》有一种不同于刘知几的"史意",章学诚被人所指责的"虚浮"、"蹈宋人语录习气",或其所具有的成就都是由于这一点。在 20 世纪初,像梁启超和胡适等之所以对浙东学派有好感,是因为他们正生活在一个动荡的时代,思想上较为认同于那些来自南方的带有非主流特征的思想家,比较注重地域因素对思想史的影响。而在这以后,当学者在和平时代的书斋里考证史料,并越来越多地发展出那种带有学院派特点或以主流文化自居的气质时,对浙东学派中这样一些处于文化的边缘或幽暗状态,较多激情的思想家肯定是没有多少好感了。我们今天会称赞陈亮的豪杰气概,但在有的思想史著作中,陈亮的豪杰气概不过是小人物的狂想而已。

在另一方面,尽管不同的人站在不同的立场上会得出不同的看法,每一种看法都像章学诚所说的是自然和真实的,但每一种看法毕竟也都是片面的。在中国古代文明的变迁和转移中,没有什么是固定不变的,主流和非主流也不是截然对立的。有的主流文化会在长期的繁荣中耗尽了力量而衰落下去,而那些曾经处于文化边缘的半幽暗的地区却发挥出它的活力而成长起来。在这个意义上,文明的变迁中有许多幽暗的所在,但却成为了文明的不竭的源泉。在浙东和浙西的关系上也同样是这样。尽管浙西在自然环境、文明和开化的程度上优于浙东,但浙东却表现出了更大的活力,成为浙江的灵魂所在。今天人类为之膜拜的许多思想家,在历史上也正处于某种非主流的状态。浙江历史上许多思想家的特征也都植根于这样的背景之上,其思想上的经验主义、神秘主义、历史主义等都与此密切相关。浙东学派注重史学的特征也决不仅仅是经世致用,而是与西方历史哲学的潮流存在着诸多相通之处,①在人类思想史上具有普遍的意义。

---

① 陈锐:《论章学诚的历史哲学》,《哲学与文化》32 卷 2 期,第 151—162 页。

# 浙江人文精神传统及其在现代化中的作用

## 吴 光

浙江素有"文献名邦"、"人文渊薮"的盛誉,也是古老而伟大的中华文明发祥地之一。我们从考古发掘的历史遗存以及古代文献记载可以了解到,在至少七千年的繁衍生息征途上,浙江先民凭靠其聪明睿智与勤劳勇敢创造了"河姆渡文化"、"良渚文化"、"古越文化"等等名闻遐迩的文化典型,为后世留下了极其丰富的历史文化遗产,从而使浙江在中华文明发展史上占有极其重要的地位。

在浙江先民留给我们的丰富历史文化遗产中,那些光彩夺目、看得见、摸得着的物质财富固然很有说服力,是千百万人的聪明才智及其创造力的物质体现和具体象征。然而,历史文化遗产中最有价值而且最有生命力的东西并不是物质财富,而是隐藏在物质财富背后、指导人们去奋斗、去开拓从而不断创造物质财富的精神因素,这种精神因素,最根本的就是浙江人民在数千年文明史上所总结和积累起来的人文精神传统。我们可以把这个人文精神传统中最有价值的思想内容称之为浙江人文精神。

那么,浙江人文精神是怎样形成的?它有些什么内容和特色?它对于浙江的社会主义现代化建设有些什么积极意义?这就是本文要探讨的主要问题。

## 一、浙江人文精神传统的历史鸟瞰

浙江地处东南沿海,有10万多平方公里的陆地面积和4万多平方公里的海域面积,海岸线长达历00公里。其山、水、田的比例,按照过去的粗略计算谓之"七山二水一分田",但按现在比较准确的测算应该是"五山三水二分田"。浙江的气候条件复杂多样,有严寒、酷暑、暴雨、烈风,也有温暖、艳阳、细雨、和风,基本上堪称"气候宜人"——适合人们长年劳作和繁养生息。生态资源不算很富饶,但也不算贫乏——拥有丰富的水产、水利、农林资源和相当多种的矿产资源。①

漫长的海岸线和一望无垠的海域,开阔了人们的视野,锻炼了人们搏击风浪的顽强意志,也有利于人们不断拓展对外联系、开展经济贸易与文化交流活动。丰富的水产、水利资源和农林资源,有利于发展农业、渔业生产,而水利、矿产资源则为发展工业提供了原料和能源。千百万浙江人民就是在这样的自然地理环境中生存、繁衍起来的。浙江的农业、渔业、商业在中国省区中历来比较先进,与其自然环境有着重要的关系。而一个具有独特风格的人文精神传统的孕育与成熟,也是与本地区的独特自然环境有着密切关系的。

但我们不是自然环境决定论者,而是自然与人文关系的辩证论者。其实在中国文化传统中,"人文"一词本来就是与"天文"(即自然)相对而言、相辅相成的。"人文"一词最早见于《周易·贲卦·彖辞》,辞曰:"刚柔交错,天文也;文明以止,人文也。观乎天文以察时变,观乎人文以化成天下。"这里所谓"天文",指的是自然界变化规律;所谓"人文",则指社会人事或人类文明的变化发展规律。人们可以通过观察自然界的阴阳交替、刚柔交错的变化而知"天文",可以通过对文明礼节的适应限度的观察而知"人文",从而用文明礼节去教化人民。这就是"人文"的原始涵义。可见这个"人文"是与自然规律相对的"人事之理",而这个"人事之理"是以"人"为中心、以实现"人"的高度自觉("文")为目的的教化过程,这就是文化。②

----

① 浙江省方志办、省测绘局主编《浙江省情地图集》之《序图》、《专题图》,中国地图出版社,1999 年。

② "文化"一词是由汉代士大夫正式提出的,最早见于西汉刘向编著的《说苑·指武》:"凡武之兴,为不服也;文化不改,然后加诛。"可见"文化"之义是"化之以文",与"兴武"相对。其基本涵义与《周易·彖辞》的"观乎人文以化成天下"是一脉相承的。关于"人文"与"文化"的原始涵义与现代涵义,学术界有许多不同理解与解说,本文不拟详论。

如前所述,浙江人文精神传统的孕育与成熟,固然与本地区的独特自然环境有着密切关系,但铸造浙江人文精神传统的基本条件与决定性因素,则是浙江的社会历史条件以及浙江人本身在与自然、社会、人际的互动关系中所形成的精神气质、思想观点与人格风貌。

本文不可能也不必要详细叙述浙江的人文历史,而拟从概要分析历史片断的基础上提取其人文精神。

在浙江文明史上,恐怕最有光彩也最值得称道的是勾践时期的越国、钱镠时期的吴越国以及南宋前期、明清中晚期、辛亥革命时期乃至近 20 多年改革开放时期的浙江了。

例如勾践时期的越国,由越王勾践称臣称霸以及越国臣民"十年生聚,十年教训"的历史所代表、所象征的,是不屈不挠、坚忍不拔、积聚力量、待时而动的精神。

钱镠时期的吴越国在五代十国中,立国时间最长、经济最发达、文化最兴盛,最后以"纳土归宋"的和平方式促成了全国的统一,其所代表、所象征的是浙江人民善于开拓、经济优先、追求和谐、顾全大局和重视文化建设的精神传统。

南宋、明、清时期的浙江,无论在经济发展总量还是文化教育水平上都在全国名列前茅。例如,浙江在明、清时期的科举考试中被录取的进士人数在全国名列第二,浙江兴建的书院总数达 600 余所,居全国之冠,浙江的藏书刻书、诗画、戏曲等文化事业,是全国最繁荣发达的省份。在这样的历史人文背景下,浙江地区涌现出了一大批在中国文化史上能占一席之地的文化名家,其中许多名家又由个人及于家族,形成了绵延数世(甚至数十世)或辉煌一代的文化世家。[①]这个时期的浙江人文精神,集中体现在南宋浙东学派、明代阳明学派、蕺山学派和清代浙东学派上,其中最有特色的思想,是"重民、重商、重文教"和"经世致用"的思想,最根本的精神是"务实开拓"、"批判创新"的精神。从一定的意义上可以说,浙江"文献名邦"、"人文渊薮"的地位,虽然是数千年"人文化成"积累的结果,但主要还是在南宋、明、清三代确立起来的。

---

① 据笔者不完整统计,在浙江地区,正式列名于国史纪传、称得上是"文化世家"的就有三百余家,可见浙江文化在中国文化史上的显著地位。

## 二、浙江人文精神的主要内容

富有人文精神,是浙江传统文化的一大特色。浙江的先民及其杰出思想代表在七千年文明发展史上,为铸造中华民族之魂、培育中华人文精神作出了极大贡献,在这种人文精神的激励下,他们在浙江大地上创造了光辉灿烂的文明业绩。人们都说浙江是美丽富饶之乡,但往往只从山水之美、物产之富方面片面地理解其意义,而忽略了浙江人文之美,精神之富。在我看来,浙江之美正在于是山水美与人文美的和谐统一,浙江之富乃在于其物产之富与精神之富的相辅相成。如果离开了浙江人文精神而高谈美、富,那就是死寂之美,空虚之富,其于提高人的素质、建设现代优雅社会又有何加!

那么,植根于浙江文化传统的浙江人文精神有些什么具体内容和特色呢? 我认为主要体现在五个方面:

第一,"天人合一,万物一体"的整体和谐精神。在人类精神文明发展史上,凡有理论思维的人所遇到、所思考的第一个问题也是整个人类的永恒问题,便是人与周围环境的关系问题。这在中国哲学中称之为"天人"关系,在西方哲学中即所谓"思维与存在"、"精神与自然界"的关系,由此分化出形形色色的哲学理论与思想派别。而强调并追求"天人合一,万物一体"的整体和谐状态,不仅是中国思想史上主流思想家(包括儒家与道家)的思想主张,而且已经融化为中华人文精神的一个重要有机成分了。这一精神传统,在浙江文化史上体现得尤其鲜明、强烈、源远流长,我们甚至可以从距今七千年的河姆渡文化及距今四五千年的良渚文化中找到其源头活水。河姆渡文化遗址出土的牙雕"双鸟异日"图案和良渚文化遗址出土的玉雕"人、禽、兽三位一体"图案,实际上是居住在浙江古老大地上的史前民族的图腾或族徽,前者象征着人(以鸟图腾为代表)与自然(以太阳为代表)的和谐统一,后者象征着人与万物的和谐统一,这正是中华民族"天人合一,万物一体"的整体和谐精神传统的古代浙江版。这种崇尚整体和谐的精神,历数千年而不失,它成了浙江人所具有的一种特色鲜明的人文精神。

这种崇尚整体和谐的人文精神,不仅体现在当代许多浙江人的精神气质中,而且体现在许多城市、乡镇、园林的建筑布局及其人文景观之中。例如包括西湖周围人文景观的旧杭州城,孔子庙、岳王庙、于谦祠、诂经精舍等建筑是儒家文化的象征,葛岭抱朴道院、黄龙洞以及玉皇山的登云阁、福星观等建筑是道教文化的象征,灵隐寺、净慈寺、六和塔等建筑则是佛教文化的象征,这些合宗教、民俗、历史于一体的古建筑群在旧城文化布局中,生动地体现了浙江人文传统中的整体和谐精神。

第二,"实事求是,破除迷信"的批判求实精神。东汉时代的王充,是浙江思想史乃至中国思想史上的伟大唯物主义无神论思想家,他的学术论文和杂文时评,充满了求实批判精神。他自述写作《论衡》的动机与宗旨,就在于"实事疾妄"四个字(见《对作篇》),①用今天的话说,就是坚持实事求是,批判虚妄迷信。他在《论衡》一书中通篇贯彻了这种求实批判精神,严肃批判了当时流行的"天人感应"、"君权神授"的歪理邪说以及形形色色的鬼神迷信、习俗迷信,以唯物主义无神论的立场、观点与方法澄清了许多被曲解了的真理、是非与事理。继王充之后,在浙江思想史上最富求实、批判精神的思想家要属南宋时代的叶适、明清之际的黄宗羲和近现代的鲁迅了。叶适的思想批判对象,上起孔子弟子,下至程朱理学皆未能幸免(当然并非全盘否定),他尤其深刻批判了汉儒董仲舒之流所谓"正谊(义)不谋利"、"明道不计功"的重义轻利价值观,而提出了他的"以义和利"为原则的义利兼顾价值观。明清之际的启蒙主义思想家黄宗羲则以满腔的义愤和深邃的洞察力写作了脍炙人口的不朽之作——《明夷待访录》,在书中严厉批判了君主专制制度,石破天惊地喊出了"为天下之大害者君而已矣"的反专制口号,同时提出了具有民主启蒙倾向的社会改革纲领。而处在国

---

① 王充在《论衡·对作篇》阐明了自己写书的目的与宗旨,说:"是故《论衡》之造也,起众书并失实,虚妄之言胜真美也。故虚妄之语不黜,则华文不见息;华文放流,则实事不见用。故《论衡》者,所以铨轻重之言,立真伪之平……冀悟迷惑之心,使知虚实之分……《论衡》实事疾妄,无诽谤之辞。"可见王充著书立说的根本宗旨是"实事疾妄",即实事求是、批判虚妄。有人仅将王充立说宗旨归结为"疾虚妄",是不全面的。参阅拙文《王充学说的根本特点——实事疾妄》,载《学术月刊》(上海)1983 年第 6 期。

民党白色恐怖高压下的鲁迅,以大无畏的革命文学家的胆识,以投枪、匕首式的杂文、小说无情地批判了国民党反动统治,批判了旧世界的旧制度、旧思想,深刻揭露了被长期封建统治所扭曲了的国民的劣根性,并宣告了无产阶级革命必胜的前景。可以说,鲁迅思想的批判求实精神,是浙江人文精神优秀传统的集中体现。

第三,"经世致用"的实学精神。现在许多人都在讲"经世致用",但并不很清楚其中涵义,一般都把它理解为一种实用性的实践精神。这虽不错,但却是一种浅见。准确地说:"经世致用"固然是一种实践精神,但它首先是一种学术精神,是提倡用学术为社会实践服务的治学宗旨和学术风气,是一种强调"学以致用"的实学精神。这种实学精神首先强调的是"学",而不是用。有学才有用,无学便无所用。正如黄宗羲所说:"经术所以经世"、"学必原本于经术而后不为蹈虚,必证明于史籍而后足以应务。"①这里讲的"经术"是用以"经世"的学术,而非权术或心术,在他看来,只有真正掌握了经史之学才足以致用,才不致落个蹈空袭虚、不学无术的骂名。

"经世致用"的治学精神和良好学风,正是浙江人文学者的优秀传统。它可以追溯到王充。王充勤奋治学、努力写作《论衡》、《讥俗》、《政务》诸书的目的,就是要追求真理、澄清虚实、扶正祛邪、端正风俗。他所谓"实事疾妄"、所谓"订真伪"、"察效验"、"定虚实"的治学方法,就体现了"经世致用"的实学精神。南宋浙东学派的另一个重要代表吕祖谦明确提出了"讲实理,育实材而求实用"的教育宗旨,也体现了这种可贵的精神。在清代文字狱盛行,浙江许多学者受到迫害(如庄氏史狱、吕留良案等),又有许多学者躲进小楼大搞考据学,遂发展成所谓"乾嘉考据学派"的时候,以黄宗羲、万斯同、全祖望、章学诚为代表的浙东学派却仍然敢冒风险去大力提倡"经世致用"之学,去批判那种为维护封建专制服务的反人性的御用学风或脱离实际的空虚学风,不能不是人文精神的高扬。

第四,以工商为本的人文精神。在长达两千多年的中国封建社会,统治者一直奉行着"农本商末"、"重农抑商"的"国策"。在此国策

---

① 见全祖望《梨洲先生神道碑文》引,载《鲒崎亭集外编》卷十一。

影响下,中国工商业和商品经济就整体而言是不发达的。但在南宋以后的浙江,特别是在宁波、温州和杭嘉湖地区,商品经济却有相当发展,基本上处于全国领先的地位。究其原因,除了地处沿海、沿江,交通比较便利,信息容易传播之外,同当地人们的重商传统是密切相关的。这种传统受到当地学者、思想家的关注,加以总结上升为重视工商的理性认识,反过来又成为推动民间发展工商业的精神动力。例如温州(永嘉郡),旧时主要靠水路沟通五湖四海,历史上形成了重商传统。南宋时期,这里孕育了一个以薛宣、叶适为代表的永嘉学派,被当时及后世的人们称为"事功之学"或"功利之学"。叶适在其著作中大胆地批评了"重义轻利"、"厚本抑末"(即重农抑商)的传统观念,认为不讲"功利"的"道义"只是"无用之虚语",而"抑末厚本,非正论也"。他主张"以义和利"、"扶持商贾",要求统治者真正认识"民为邦本"的道理,要"修实政"、"建实功"、推行"仁政"和"富民"政策。①这类重商富民、讲究功利的思想,强烈反映了下层人民特别是工商业者发展商品经济的呼声,它对于培植并发扬光大重民重商重事功的传统是有积极作用的。清初启蒙思想家黄宗羲对永嘉事功之学赞赏有加,认为"永嘉之学,教人就事上理会,步步着实,言之必使可行,足以开物成务"。②而身处商品经济发展水平更高阶段的明末浙东思想家黄宗羲更从理论上厘清了所谓"本末之道",认为应该以是否"切于民用"为标准,那些"不切于民用"的"行业"如巫、佛、倡优才是"末",应当整治或禁绝,而工、商不仅切于民用,而且是"古圣王"之所崇者,所以都是"本"。③叶适与黄宗羲作为南宋与清代浙东学派的主要思想代表,他们注重事功实用,以工商为本的思想,较之古代儒家的"民本"思想进了一大步,是

---

① 本段所引叶适语分见氏著《习学记言序目》卷十一、十九、二十三;又见《黄宗羲全集》第5册所载《宋元学案》卷五十四《水心学案上·水心习学记言》,浙江古籍出版社,1992年。

② 《宋元学案》卷五十二《艮斋学案》黄宗羲按语,《黄宗羲全集》第5册,第56页。

③ 黄宗羲"工商皆本"的思想,见《明夷待访录·财计三》:"故治之以本,使小民吉凶一循于礼……治之以末,倡优有禁,酒食有禁……今夫通都之市肆,十室而九,有为佛而货者,有为巫而货者,有为倡优而货者,有为奇技淫巧而货者,皆不切于民用,一概痛绝之,亦庶乎救弊之一端也。此古圣王崇本抑末之道。世儒不察,以工商为末,妄议抑之。夫工故圣王之所欲来,商又使其愿出于途者,盖皆本也。"载《黄宗羲全集》第1册第41页。

一种有助于商品经济大发展,甚至可能催生新型资本主义生产关系的人文思想。

第五,教育优先、人才第一的文化精神。这是浙江人文传统中一个很有特色的方面。浙江之所以获得"文献名邦"、"人文渊薮"的雅号盛誉,并不是由山水之美自然陶冶出来,而是由"人文化成"而来的,也即教化的结果。而教化之行,必先兴办教育,教育兴而人才出,这是千古不移之理。浙江自唐五代全国经济文化重心南移以来直到近代,一直是名副其实的经济文化大省,教育事业尤其发达,形成了文教兴盛、人才辈出的优良传统。在教育方面,不仅官学普及于各府、州、县,而且民间办学蔚然成风,如精舍、书院、义塾、书堂、社学、私塾、学堂、学校等等,形式多样。仅以书院为例,浙江所建书院数量在全国所占比例,唐、五代居第三位,宋、元、明均居第二位,清代则居全国第一。浙江的书院,不仅历史悠久、数量众多,而且学风活泼,人才辈出,名院大师,声名远播。如北宋孙觉,南宋吕祖谦,明代王阳明、刘宗周,清代黄宗羲、全祖望等,都是致力于书院教育的大师。至于近现代,更涌现了一大批著名教育家,如章太炎、陶行知、鲁迅、蔡元培、孙诒让、马一浮、叶圣陶等,不胜枚举。他们的教育实践与教育思想,是我们浙江人民的宝贵精神财富。

综上所述,我们从五个重要方面概括和总结了浙江文化传统中的人文精神。当然,浙江人文精神不仅仅体现在这五个方面,诸如艰苦创业、改革求新、崇尚科学、追求民主等等,都属于浙江人文精神的题中之义,也都可以从浙江文明发展史中找到根据,但我认为,上述五个方面是最具浙江特色的方面,也是浙江人民对于中华民族文化传统及其人文精神的形成所做贡献较多、影响最卓的方面。

## 三、浙江人文精神对浙江现代化的积极意义

我们从历史中总结经验,寻找智慧,并不是为历史而历史,而是要借鉴历史,开创未来。浙江人文精神,并不是苍白无力的"死魂灵",而是生生不息、进化日新的文化慧命。特别是当我们发现现代化进程中

出现诸多弊端,当我们在物质生活富裕时发现精神的失落,当我们在遇到困难挫折时需要智慧与勇气的时候,我们如果能够理性地反思一下历史传统中的精神与智慧,就能真切体会到传统人文精神的生命力了。之所以会有这种感受,是因为它能帮助我们振作精神,坚定方向,鼓足勇气,克服困难。这就是文化的力量,思想的力量。近年有些思想眼光非常敏锐的学者,深刻地研究了"文化力",揭示出了思想文化与经济发展的内在联系,并指出:"21 世纪的经济赛局,将在很大程度上取决于'文化力'的较量。"①这无疑是有远见的论断。但我想补充的一点看法是:"文化力"的核心是智力与思想影响力,在 21 世纪的"知识经济"时代,以"人的全面发展"为终极关怀的人文主义与人文精神将成为"思想力"的核心而发挥其日益巨大的作用。

那么,具体地说,浙江人文精神对于浙江社会更高程度的现代化、对浙江人的全面发展而言有何补益呢?人们可以从多方位、多角度去阐述,但我觉得最重要的有四点:

第一,应当承认,浙江在近几十年的改革开放和现代化建设中虽然取得了长足的进步,在中国已经名列"四强"了,但我们仍然是处于社会主义初级阶段的发展中国家的一个省分,在经济发展总水平和人均经济总量、人均国民收入上都远比国土面积小千余倍、人口少 10 多倍的新加坡低得多,②离发达国家的标准还差得很远,因此我们仍然需要快速发展。在力争快速发展以实现现代化的进程中,我们特别需要发扬务实、批判、开拓、创新的精神。所谓务实,就是坚持实事求是的思想路线,不唱高调,不搞形式主义的大跃进、大会战;批判,就是破旧立新,就是改革,要抛弃那些不适应新时代的旧观念,改革那些阻碍经济与社会发展的旧制度、旧规章;开拓,就是开辟发展的新领域,寻求新的增长点;创新,就是在批判旧观念、旧制度、旧模式的基础上树立新观念,创建新制度、新模式。在这方面,浙江人文精神传统的"实事求是,破除迷信"的批判求实精神是有许多思想资源的,它可以成为我们变革求新的思想武器。

---

① 贾春峰:《文化力》卷首语,人民出版社,1995 年。
② 方民生等:《浙江制度变迁与发展轨迹》第一章第一、二节,浙江人民出版社,2000年,第23—43 页。

第二,现代经济是由市场起主导作用、政府起服务协调作用、人民起主体作用的既有自由又有协作的商品经济,我们要建立真正符合市场运作机制与规律的市场经济,就必须实行观念的变革与转型,树立适应市场经济发展的价值观。应当清醒地认识到,过去那些曾经顺应封闭式自然经济(如自给自足、自力更生、重农抑商、农本主义之类)或集权式计划经济(如国家主导、高度集权、平均分配、重义轻利之类)的价值观念是必须转型或抛弃的,新的适应市场经济发展的价值观应当包括尊重个人、公平竞争、义利兼顾、多劳多得等内容。因此,浙东学派的功利主义价值观是有许多可借鉴的思想资源的。

第三,学术自由、教育普及,是现代社会的一项重要指标,也是古往今来许多志士仁人所追求的一种理想境界。2500 多年前的儒家创始人孔子就曾注意到学术自由、教育普及对于培养理想人格和有用人才的重要意义。孔子提倡"为己"之学,认为"古之学者为己,今之学者为人"(《论语·宪问》)。所谓"为己",是指治学贵在独立自主、得之于己心,实际是要学者保持学术人格的独立自由。孔子又提倡"有教无类",则是主张人类受教育权的平等和教育的普及。近代浙江最著名的教育家蔡元培,就是主张兼容并蓄、学术自由,提倡教育普及、人才全面发展的现代教育先驱者。他的思想主张在北京大学早已蔚然成风。我们如果要在新世纪把浙江建设为名副其实的经济文化大省,则要坚持"百花齐放,百家争鸣"的学术自由方针,同时大力发展教育事业、培养全面发展的高素质人才,就是一项十分急迫的任务了。

第四,在当今世界,现代化与全球化已成为不可抗拒的历史潮流,顺之者昌,逆之者亡。但世界各国现代化的历史表明,随着人类科技文明的发达以及认识自然、"征服"自然能力的提高,人类又在时而自觉、时而盲目地破坏着人与自然界本来和谐相处的关系,破坏着自然界的生态平衡关系,从而危害着人类本身的生存环境。于是出现了生态失衡、景观被毁、人性异化等种种弊端,这几乎是现代化的通病了。要彻底医治这一通病,人类仅仅依靠科学技术的力量是不够的,还必须依靠思想的力量进行自我教育,即提高人的思想认识,使人类能做到自我节制,以保持人与人、人与社会、人与自然的整体和谐。而浙江人文精神中的"天人合一,万物一体"的整体和谐精神传统,对于减少人际关系以及人与自然关系的紧张,保持其整体和谐的状态就有非常现实的意义了。

由此可见,在数千年文明发展史中冶炼出来的浙江人文精神传统,在现代化进程中不但没有失去其存在价值,反而伴随着社会的进步与现代化弊病的出现而凸显了其与现代化相融相和、相辅相成的人文价值。今天,处在历史转型期的浙江人,我们更要以包罗天地万物的广阔胸襟和"民胞物与"的仁者气度去对待"异质的"文化传统,虚心学习并且大胆引进外来文化中一切符合人类共性、对我有用、能为我用的东西,而不必拘泥于所谓"中体西用"或"西体中用"之类的口号。同时,我们决不应该数典忘祖、盲目崇外而抛弃我们本民族文化传统中那些可以"推陈出新"、又可"日新日日新"的有永恒生命力的优秀成分,而应认真总结、继承并发扬光大之,以开拓新天地、创造新生活。

# 浙江经济发展的初始文化背景

## 邓新文

　　改革开放以来浙江经济社会发展迅速,成效显著。因此我们有必要对影响经济社会发展的文化因素进行考察。而在探讨和分析改革开放以来文化因素对浙江经济体制变迁、经济发展的影响和作用之前,还有必要首先对改革开放之前的浙江初始文化背景作一定的分析。需要说明的是,我们并不是一元论的文化决定论者。显而易见,文化仅仅是社会生活的几个重要层面之一,影响经济发展的因素是多方面的。诚如本迪克斯所言,在韦伯的社会学体系中,社会生活有三个互相联系甚至相互重叠的层面:权威、物质利益与价值导向。在这三个方面中,价值导向固然重要,但价值导向与政治、经济制度之间并不存在直接的决定关系。它与经济发展的关系有时是直接的,有时则是间接的。尽管如此,文化因素仍然是影响经济发展的一个重要的因素。因此,在充分考虑文化因素发生作用的制度的、社会的以及其他环境因素的前提下,对文化因素与改革开放以来浙江经济体制变迁、经济发展的关系的考察便仍然具有重要的意义。按照新制度学的观点,包括非正式制度即文化在内的制度选择会强化现存制度的刺激和惯性,因为沿着原有制度变迁和经济发展的路径和既定方向前进,总比另辟蹊径要来得方便一些。诺斯也指出,我们的社会演化到今天,我们的文化传统,我们的信仰体系,这一切都是根本的制约因素。我们仍然应当考虑这些制约因素。毫无疑问,改革开放以前浙江的文化现象,构成了对改革开放以来文化因素与浙江经济体制变迁、经济发展的关系解释的基本参照和前提。职是之故,为了解释后一种现象,便须从描述和分析前者开始。

# 一、作为经济发展背景的浙江文化

法国社会心理学家摩尔在其《文化社会动力学》一书中指出,世界文献中关于文化的定义已经有 250 个以上。广义的文化概念,以为人类在生存和发展过程中所进行的一切活动及其成果都是文化。它既包括物质的东西(如衣、食、住、行等生活资料和一切工具与器物),也包括精神的东西(如语言、文学、艺术、道德、哲学、宗教、风俗等),还包括那些为取得生活物资的活动(如打猎、农耕、匠作)和为延续人种而存在的家族结构以及其他各种社会组织。这样的文化概念,虽然具有宏阔的视野和系统的整体优势,但在说明具体的社会现象时往往容易流于浮泛,似是而非。在众多的文化定义中,最流行的、最有代表性的是英国人类学家 E.B.泰勒给文化下的定义。他说:"文化是一个复杂的总体,包括知识、信仰、艺术、道德、法律、风俗以及人类在社会里所取得的一切能力与习惯。"我们认为,这一定义对于我们研究浙江经济发展的文化动力问题最有启发性。

令人感兴趣的是,在探索改革开放以来浙江经济发展的文化动因时,我们发现了某种类似于生物学上的"隔代遗传"的现象:20 多年来,浙江经济飞速发展的动力来自现代文化以及社会经济制度的变迁,更深深地植根于传统文化;浙江文化发展的自然的历史进程,在中断了近半个世纪之后,又在国际国内的新时势下破土而出,推动着浙江经济和社会生活蓬勃地发展,并显示出我国固有文化在消化和吸收世界现代文明成果方面的巨大可能性。需要指出的是,这里所说的浙江文化发展进程的中断,仅仅是指浙江的传统文化,而且其所谓"中断"也只是对显文化而言。事实上,浙江的传统文化在隐文化层一直在潜滋暗长之中,从未真正断过。这里所谓"显文化层"和"隐文化层",分别相当于钟敬文先生所划分的"上层文化"和"下层文化"("民间文化")。改革开放以来,浙江经济发展虽然呈现出日益增强的现代气息,但这些现代气息多半是形式或内容上的,而且具有较强的模仿性质,至于其发展的动力,与其说来自建国以来处于显位的上层文化,不如说更多地来自处于隐位的下层文化。鲁迅在其《经验》一文中说过:"一切文物,都是历来的无名氏所逐渐的造成。建筑、烹饪、渔猎、耕种,无不如此,医药也如此。"这一方面说明,下层文化多半是名不见经传的普通劳动群众创造的,另一方面说明,这种文化由于其创造者所处的经济、政治以及文化上的地位,大都与他们的现实生活贴得很紧,因而对社会经济的发展具有不可替代的作用。下层文化的传播有它自己的特点。因为我国过去的普通百姓,缺乏受教育的机会,因此他们只能依靠日常生活中所使用的语言、行动和其他形式作为文化传播的主要工具。下层文化一般是世代相传的,"这种文化固然在世代传承中有生有灭;但是,比起上层文化来,它更富于稳定性。有的还可以追溯到它产生的遥远古代。近代英国人类学者所盛道的'文化遗留物',正是指它说的。"①

必须说明的是上层文化与民间文化并非互不相关的两块,而是密切联系的两层。上层文化通过长期的积淀,是可以转化为民间文化的;同时民间文化通过总结和提炼,也可以转化成上层文化。不过有的历史时期对立表现得多一些,有的历史时期统一又表现得多些。具体到我们的课题所关注的现代中国,特别是从 1957 年到改革开放前的这一段,上层文化与民间文化的关系应该说更多地处在一种严重相脱离的状态中。以社会主义经济、人民民主专政和马列主义毛泽东思想为特征的我国现代文化,几十年来虽然使我国社会发生了翻天覆地的变化,但屡屡出现的"左"倾错误使其受到扭曲,因而具有其明显的"从上而下"的"灌输"性质和强烈的唯意志论色彩。安启念教授在其《东方国家的社会跳跃与文化滞后》一书中,对我国上层文化与民间文化的矛盾有十分敏锐的洞见,尽管这种洞见表达得非常曲折和委婉。②尽管我国的上层文化掀起了诸如"大跃进"、"人民公社"和"文化大革命"等一系列暴风骤雨,但我们不能不承认它并未真正涵濡渗透进我国社会或文化土壤的深层,传统文化一直在民间、社会意识的深处顽强地生存和绵延着。诚如高尔基所言:"过去所创造

---

① 钟敬文:《话说民间文化》,人民日报出版社,1990 年,第 2—3 页。
② 安启念:《东方国家的社会跳跃与文化滞后》,中国人民大学出版社,1990 年,第 2—3 页。

的东西,对社会可珍贵的东西,都和今天保持着有机的联系。"实际上,改革开放之所以成为人心所向和不可逆转的潮流,其根据即存在于顽强的下层文化当中。我们在寻找和分析浙江改革开放以来经济发展的文化动因时,对浙江的历史文化常常会生起一种"野火烧不尽,春风吹又生"的感叹。

基于以上的思考,我们在本章中所用的"浙江文化"的概念,是将E. B. 泰勒的文化概念同钟敬文先生的"民间文化"概念复合而成的,其中还吸收了文化地理学的研究成果。简言之,本章所谓浙江文化,即浙江省在长期的历史演变中所积淀下来的,具有鲜明地域特色的知识、信仰、艺术、道德、风俗以及浙江人民在社会生活中所获得的一切能力与习惯的总体。这一文化概念,比起物质文化概念和制度文化概念来,属于精神文化。就其时代性而言,更多地属于传统;就其社会地位而言,更多地具有民间文化的性质。采用这样的文化概念,是与改革开放以来浙江经济发展的实际情况密切关联的。

## 二、浙江经济发展的文化储备

### 1. 浙江文化的区域归属

中华民族文化一方面有其总体特色,在世界文化园地中显示出它的独特风貌,另一方面由于我国幅员辽阔,东西南北的差异相当悬殊,民族的分布十分复杂,各地经济、社会、历史与文化发展的背景又各不相同,因而形成了人文景观形形色色的一系列文化地理区(简称文化区)。我国的文化地理学者,根据地理学的传统习惯,常常将从黑龙江省的爱辉到云南省的腾冲之间作连线,将我国版图分为东西两大部分。东半壁以平原、丘陵和海拔 2000 米以下的高原、山地为主,盛行季风气候,是我国比较发达的农业区,称为东部农业文化区;西半壁以草原、沙漠、高山和高寒高原为主,属大陆性气候,是我国主要的游牧区,称为西部游牧文化区。为了更加精确地研究文化的地理分布,文化地理学又在此基础上,依据民族集团的分布及其文化特征的差异,划分出二级文化区(即文化亚区),亚区内又进一步划分出三级文化区

（即文化副区）。东部农业文化区分为中国传统农业文化亚区和西南少数民族农业文化亚区。中国传统农业文化亚区又分为关东、燕赵、吴越等 12 个文化副区。

浙江文化属于吴越文化副区。该文化副区依托于长江三角洲与杭州湾沿岸，北临长江天堑，西望鄱阳湖平原，南界雁荡山脉，东濒苍茫大海。这里河流密布，湖泊众多，气候适宜，土地肥美，山区富蕴土特名产，平原湖区鱼米飘香，丝绸溢彩。上海不仅是国内最大的城市，而且是我国对外开放的重要门户。南京和杭州属我国六大古都之列。以上海、南京和杭州为顶点，形成了我国城市最密集、经济最发达的"金三角地区"。这里天宝物华，人杰地灵。其政治、经济和文化之光辐射于整个文化副区。自唐宋以来，随着我国的经济、政治中心从黄河流域转向江南，文化中心也随之移向吴越，经过宋元以来近千年的继续发展，吴越文化副区目前已经在我国众多文化副区中冠领群雄，水平最高。相对于北方而言，吴越文化的基本气质是婉约的而不是粗犷的，是清雅的而不是豪放的，是精巧的而不是敦厚的，是活泼的而不是朴拙的。

### 2. 浙江文化的地理依托

浙江省面积共 101800 平方公里，约占全国总面积的 1% 强，是我国面积较小、人口较稠密的省份之一。居民以汉族为最多，占总人口99% 以上，畲族次之，约有十几万人，另外还有苗、回、满等民族。浙江属亚热带季风气候区，春夏秋冬四季分明，气候温和，雨量充沛。浙江地形复杂，整个地势由西南向东北倾斜，境内"三列山脉竞雄奇"（南支括苍山、雁荡山，中支仙霞岭，北支天目山），"八大江河奔腾急"（钱塘江、瓯江、曹娥江、灵江、飞云江、苕溪、甬江、鳌江），将全境分割成浙北平原、浙西丘陵、浙东丘陵、中部金衢盆地、浙南山地、东部沿海平原和滨海岛屿等六个地形区。

（1）浙北平原。包括杭州湾以北的杭（州）嘉（兴）湖（州）平原和杭州湾以南的宁（波）绍（兴）平原，面积约 12500 平方公里。它们由长江和钱塘江的泥沙冲积以及海潮回淤泥沙堆积而成，地势低洼，水网密布，土地十分肥沃，是浙江农业最发达的地区，素有"鱼米之乡"之称。

（2）浙西丘陵。位于杭嘉湖平原和金衢盆地以西，包括白际山、天目山、千里岗山和龙门山,面积约 22300 平方公里,这里是浙江的毛竹和茶叶的主要产区。

(3) 浙东丘陵。在浙北平原以南、灵江以北,包括天台山、四明山和会稽山,面积约 20700 平方公里。这里丘陵山地之间分布有大小盆地,如嵊(县)新(昌)盆地、天台盆地等,山坡间散布着层层梯田,是个典型的丘陵区。

(4) 金(华)衢(州)盆地。位于钱塘江中游,其干流衢江和支流金华江横贯其间,面积约有 3700 平方公里,是浙江最大的盆地。盆地内低丘红壤分布很广,是发展特色农业的好地方。

(5) 浙南山地。在金衢盆地和浙东丘陵以南,是浙闽山地的一部分。这里地势高峻,海拔 1000 米以上的山峰连绵不断。主要山脉有仙霞岭、洞宫山、雁荡山和括苍山。山间多峡谷急流,水力资源十分丰富。

(6) 东部沿海平原和滨海岛屿。东部滨海岛屿是陆上山脉伸入东海的连续部分。其中分布了一些狭小的平原,如温(州)瑞(安)平原、温(岭)黄(岩)平原。河口和海岸至今还在向外延伸,海域广阔,海岸曲折,形成了众多的港湾,如杭州湾、象山港、三门港、台州湾、温州湾等。大陆海岸线北起平湖金丝娘桥,南达苍南县的虎头鼻,长达 2200 多公里。沿海岛屿星罗棋布,形同串珠,北自嵊泗花鸟山,南至苍南七星岛,大小岛屿 2100 多个。大陆架广阔,达 222000 平方公里,海涂资源十分丰富。

总的来说,浙江全省山地和丘陵占土地总面积的 70.4%,平原和盆地占 23.2%,河流和湖泊占 6.4%,故有“七山一水二分田”之说。古语说:“仁者乐山,智者乐水。”这样的地理环境,对于塑造浙江文化的独特性格,无疑有着不可低估的意义。

### 3. 浙江文化的斐然成就

美丽富饶的浙江,物华天宝,人杰地灵。中华民族几千年灿烂文化的形成,浙江可谓功勋卓著。我们从河姆渡遗址和良渚遗址中可以看出,远在六七千年前的新石器时代浙江人民就有了自己了不起的文化成就;春秋战国时期,吴越文化独具异彩;秦汉以后浙江学术思想日趋活跃;三国魏晋,文化艺术称名当世;唐宋以迄于明清,浙江文化日益繁荣,人才辈出,群英荟萃,是我国人才与文化密布的重心地区,其文学、史学、艺术等方面成果辉煌,令人目不暇接。近现代以来,浙江文化栉风沐雨,饱经沧桑,在传统与现代、中学与西学的交锋磨砺中,积淀了深厚的资源。这里我们仅就历代人物、文教艺术和风土人情三个方面做一些以点带面的勾勒。

(1)人材

"江山代有才人出,各领风骚数百年"。浙江自古以来,人才辈出,灿若群星。从政治史上看,春秋战国时期的勾践君臣和三国时期的孙权父兄,可以说是叱咤风云的人物。在近代推翻帝制、建立共和的过程中,浙江的先烈们所建业绩,当彪炳千秋。从思想史上看,东汉的王充、宋代的"浙东学派"(包括以吕祖谦为代表的金华学派、以陈亮为代表的永康学派和以叶适为代表的永嘉学派)、明代的王阳明和黄宗羲、清中叶的龚自珍、近现代的马一浮、章太炎、蔡元培、鲁迅等,都是名震天下的大家。从文学史上看,诗坛名家历代不断。南朝刘宋有谢灵运,初唐有初唐四杰中的骆宾王,盛唐有"吴中四杰"之一的贺知章以及稍后的钱起、张志和、沈千运和诗僧皎然、寒山、拾得等,中唐有孟郊、顾况、皇甫松等,晚唐有临海罗虬、余杭罗邺、富阳罗隐,世称"三罗"。宋代诗人中,浙江有林逋、钱惟演、陆游、徐玑、徐照、翁卷、赵师秀以及洪咨夔、周密、汪元量等。宋代浙江词家,早期有张先,稍后有周邦彦,陆游和陈亮的词也都很著名。宋以后浙江的文人更难胜数。他们在诗歌、小说、散文、戏剧诸方面都有杰出的成就。在金石书画方面,浙江的成就也是有口皆碑的。著名画家如曹不兴、马远、夏硅、陈洪绶等独具风格;书法家如王献之、智永、虞世南,褚遂良等,名扬四海。近代,吴昌硕的书画金石篆刻均有很高造诣。现代,又产生了黄宾虹、潘天寿、沈尹默、沙孟海等一代名家。从史学上看,浙江是全国编纂地方志最多的省份,其史学家如黄宗羲、万斯同兄弟、全祖望、顾炎武、章学诚、范文澜、吴晗等对中国史学研究都有突出贡献。晚清浙江汉学家俞樾、黄以周和孙诒让,皆一代宗师。至近代海宁王国维在戏曲史、文学理论、史学、考古诸方面均有独特成就。从科技史上看,浙江人才之多,举世瞩目。从下面的几表中,我们就能一目了然。

**表 2 − 1　中国科学院学部委员籍贯统计①**

| 区域 | 北　　方 | | | | 南　　方 | | | |
|---|---|---|---|---|---|---|---|---|
| 各省人数统计 | 省、市 | 人数 | 省、市 | 人数 | 省、市 | 人数 | 省、市 | 人数 |
| | 河北 | 17 | 吉林 | 2 | 江苏 | 58 | 湖北 | 8 |
| | 河南 | 10 | 辽宁 | 1 | 浙江 | 40 | 江西 | 7 |
| | 山东 | 8 | | | 福建 | 24 | 安徽 | 6 |
| | 北京 | 5 | | | 广东 | 21 | 四川 | 5 |
| | 天津 | 3 | | | 上海 | 11 | 贵州 | 2 |
| | 陕西 | 3 | | | 湖南 | 11 | | |
| 总　计 | 49 人 | | | | 193 人 | | | |
| 占全国百分比 | 20% | | | | 80% | | | |

**表 2 − 2　东南沿海四省学部委员籍贯统计②**

| 省份 | 江　苏 | | 浙　江 | | 福　建 | | 广　东 | |
|---|---|---|---|---|---|---|---|---|
| 分地、市人数统计 | 地、市 | 人数 | 地、市 | 人数 | 地、市 | 人数 | 地、市 | 人数 |
| | 苏州地区 | 23 | 嘉兴地区 | 10 | 福州市 | 10 | 梅县地区 | 7 |
| | 镇江地区 | 18 | 绍兴地区 | 7 | 晋江地区 | 5 | 佛山地区 | 6 |
| | 扬州地区 | 6 | 宁波地区 | 7 | 莆田地区 | 4 | 汕头地区 | 3 |
| | 南京市 | 4 | 杭州市 | 6 | 厦门市 | 4 | 广州市 | 2 |
| | 徐州地区 | 2 | 金华地区 | 3 | | | 湛江地区 | 1 |
| | 南通地区 | 4 | 台州地区 | 4 | 龙岩地区 | 1 | 惠阳地区 | 1 |
| | 淮阴地区 | 1 | 温州地区 | 3 | | | | |
| 总　计 | 58 人 | | 40 人 | | 24 人 | | 21 人 | |
| 占全国百分比 | 24.0% | | 16.5% | | 10.0% | | 8.7% | |
| 四省合计占全国百分比 | 58.8% | | | | | | | |

———————————

①　王会昌:《中国文化地理》第五章,原表据《中国科学家传略辞典》,现代第一至第四辑,中国科学家辞典编委会,铅印本。1991 年起新增补的学部委员未统计。原表个别栏目中的数字可能略有误差。

②　王会昌:《中国文化地理》第五章,原表据《中国科学家传略辞典》,现代第一至第四辑,中国科学家辞典编委会,铅印本。1991 年起新增补的学部委员未统计。原表个别栏目中的数字可能略有误差。

表 2 - 3　浙江历史上的科学家①

| 姓　名 | 时代(生卒时代) | 籍　贯 | 领　域 |
|---|---|---|---|
| 马　臻 | 东汉 | 会稽山阴 | 水利 |
| 谢　平 | 南朝齐代 | 上虞 | 冶炼 |
| 陈藏器 | 唐(约687—757) | 明州(今宁波) | 药物 |
| 喻　皓 | 宋初 | 杭州 | 建筑 |
| 毕　昇 | 北宋中期 | 杭州 | 印刷 |
| 沈　括 | 北宋(1033—1097) | 杭州钱塘 | 科学史 |
| 朱　肱 | 北宋(1050—1125) | 湖州乌程(今吴兴) | 医学 |
| 杨　辉 | 南宋 | 杭州钱塘 | 数学 |
| 朱丹豁 | 宋元(1281—1358) | 婺州义乌 | 医学 |
| 单良俊 | 明代 | 萧山 | 牛转翻车 |
| 潘季驯 | 明代(1520—1595) | 乌程(今吴兴) | 水利 |
| 李之藻 | 明代(1565—1630) | 杭州仁和 | 天文、医算 |
| 张介宾 | 明代(1563—1640) | 绍兴 | 医学 |
| 张履祥 | 清初(1611—1674) | 桐乡 | 农学 |
| 戴　梓 | 清初(1635—1704) | 杭州仁和 | 火器 |
| 陈　潢 | 清初(1637—1688) | 杭州钱塘 | 水利 |
| 赵学敏 | 清(1719—1805) | 杭州钱塘 | 药物 |
| 戴　煦 | 清(1805—1860) | 杭州钱塘 | 数学 |
| 李善兰 | 清(1810—1882) | 海宁 | 数学 |

## (2) 文教艺术

　　浙江的教育事业源远流长,早在春秋时期,越王勾践就采纳了范蠡等人提出的"十年生聚,十年教训"的复国大计。"十年生聚"就是发展生产,"十年教训"就是发展教育。汉代浙江庠序之教,除官办学校外,私学书馆也随之兴起。王充幼年就读的书馆,"小僮百人以上",规模已经不小了。三国时期浙江奉行吴王"古者建国,教学为先"的诏

　　① 根据《浙江历史上的科学家》一文制订,该文载《浙江经济文化史研究》,浙江古籍出版社,1989年。

令。北宋,范仲淹、苏轼、王安石等先后在浙江任职,在教育方面颇多建树。南宋建都杭州,于绍兴十二年(1142)扩修临安府学为太学,并设有武学、宗学、医学等机构。浙江各府县均设置学校。当时书院有很大发展,几乎成为教育的主流。据《续文献通考》载,南宋全国著名书院22所,在浙江的有金华的丽泽书院,宁波的甬东书院,衢州的柯山书院、清献书院,绍兴的稽山书院,淳安的石峡书院,共六所,占四分之一以上。此外尚有慈溪的慈湖书院、楼氏精舍、杜州书院、石坡书院,台州的上蔡书院,永嘉的浮址书院,东阳的石洞书院、横城精舍,湖州的安定书院,金华的道一书院等。当时一些著名学者多曾在书院讲学,如浙东学派的创始人吕祖谦曾主讲于金华丽泽书院,理学家朱熹曾主讲于衢州柯山书院等。吕祖谦、朱熹、薛季宣、叶适、陈亮等人的讲学活动无疑对推动当时的教育事业起到了很大的作用。明清两朝,浙江教育事业更趋发达。仅以清代的绍兴为例,绍兴府学"壮丽完密,称浙中诸庠第一",山阴、会稽、萧山、诸暨、上虞、余姚、嵊县、新昌各县均有县学。书院著名的有山阴的蕺山书院、龙山书院、稽山书院、五云书院、阳和书院,会稽的稽山书院,萧山的笔花书院,诸暨的毓秀书院,余姚的龙山书院,上虞的承泽书院,嵊县的剡山书院,新昌的南明书院等。

特别值得一提的是,阮元在杭州西湖所创办的"诂经精舍"和林启所创办的"求是中西书院"。诂经精舍主要课程有经史疑义、小学、天文、地理、算法等。它从创建到停办,前后100余年,为浙江培养了大批兼具近代意识和技能的人才。求是中西书院,除开设国文课外,绝大部分课程与近代文化有关,如数学、物理、化学、史地、博物、音乐等,此外还有外语课。甚至聘请西洋人为正教习,教授各种自然科学方面的课程。1901年,求是中西书院更名为求是大学堂,成为浙江大学的前身,为浙江现代高等教育的发展打下了牢固的基础。

浙江历史上出过很多杰出的教育家。东汉王充认为通过学习,可以"及情治性,尽材成德"。明确指出一切知识都要从"学"和"问"中去求得:"不学自知,不问自晓,古今行事,未之有也。……故智能之士,不学不成,不问不知。"明代王阳明的"致良知"说,主张圣人与凡民都有良知,人人都可以通过教育恢复固有的良知。他重视"躬行实践"、

"循序渐进"、"自求自高"的教育思想。清代俞樾,长期从事教育工作,"两浙知名人士,承闻训迪,蔚为通材者,不可胜数。"

近代著名学者瑞安孙诒让,兴办地方教育事业贡献卓著。中日甲午战争后,他痛感祖国积弱之苦,认为要振兴中华,必须发展教育事业,培养人材。1896年他在瑞安创立"学计馆",专攻数学;1897年创立授日语的方言馆;1899年创立瑞平化学学堂;1897年创办温州蚕学馆。他还创办了温州师范学堂,开办小学教师师资进修班。他还筹资遣送优秀学生到国外留学。1907年后孙诒让又创办了德象女学堂,并带头送女儿入学。后又继办毅武、宣文两女校。这些举措在当时都堪称创举。在他的倡导和影响下,浙江各府县创办学堂达400所之多。

新中国成立后,浙江教育事业的规模不断扩大。在农村,无论平原或山区,每个村都有小学,每个乡有初中,各县有重点中学和多所普通中学。高等师范学校和中等师范学校应运而生。高等院校配套发展:浙江大学是著名的理工大学,英国著名学者李约瑟曾经称它为"东方剑桥",杭州大学、中国美术学院、浙江医科大学、浙江农业大学皆各显峥嵘,其他还有浙江工业大学、浙江丝绸工学院、浙江林学院、浙江师范大学、杭州师范大学、杭州商学院等等,构成了一个较为完整的教育网,近年根据需要又作了调整、扩展,为浙江社会经济的发展培养了大批的人才。

浙江文化的另外一个大成就是出版、藏书事业发达。浙江的出版事业和浙版书可以上溯到中唐时期。中唐诗人元稹在为白居易所作的《白氏长庆集》序中自注云:"扬越间多作书摹勒乐天及予杂诗,卖于市肆之中。"王国维先生据此在《两浙古刊本考》中断言:"夫刻石亦可以摹勒,而作书鬻卖,自非雕板不可。则唐之中叶,吾浙已有刊板矣。"1924年,杭州雷峰塔倒塌后,发现吴越王钱弘俶刻的经卷——《一切如来心秘全身舍利宝箧印陀罗尼经》,是五代末的印刷品。北宋时期,由于杭州刻版技术高超,加之纸质精良,国子监的"监本"有一大半在杭州刻印。杭州成了全国刻书的中心。宋室南渡后,浙江刻书事业得到更大的发展。今日国内外珍藏、学者艳称的字体浑朴厚重之北宋书和字体秀劲圆活的南宋书,有许多就是在浙江刻印的。当时,除杭州外,嘉兴、湖州、绍兴、宁波、台州、严州、衢州、温州、金华、处州等州府及所属县都有刻印；刻书的有国子监、官府、书院、私人、书坊、寺院等。

与出版事业发达和人才兴旺相应，浙江的藏书事业也有很大发展。浙江藏书事业可说渊源有自，形式多样。早在五代时期，吴越王祖孙皆好藏书。皇家藏书、寺庙藏书、书院藏书和民间私人藏书都很发达。浙江藏书以私人为主。据吴晗《两浙藏书家史略》初步统计，自晋至清末，浙江藏书家即有 399 人之多，藏书楼达 160 处，藏书地区遍及全省 48 个县。实际上还不止此数。浙江的藏书家、藏书楼之多，影响之大，在全国也可说首屈一指。早在魏晋南北朝时就有范蔚、褚陶、沈约诸藏书家。明清之季，藏书家兼为考证家、校雠家、收藏家和鉴赏家的更是难以胜数。至于藏书楼，明初金华宋濂之"表萝山房"、湖州沈节甫的"玩易楼"、嘉兴项元汴的"天籁阁"、宁波范钦的"天一阁"，藏书之富之精，在全国均名列前茅。明末清初余姚黄宗羲的"续钞堂"、余姚纽石溪的"世学楼"、嘉兴曹镕的"静惕堂"、嘉兴朱彝尊的"曝书亭"、杭州赵氏二林(谷林、意林)的"小山堂"、杭州吴焯的"瓶花斋"，均名著全国。浙江藏书楼至今还保存完好的是清道光年间瑞安孙衣言、孙诒让父子所创之"玉海楼"，民国初年吴兴南浔刘承干之"嘉业堂"，以及宁波的"天一阁"。还值得一提的是清光绪年间绍兴徐树兰私家创立的"古越藏书楼"，它是一家公共阅书楼，这可以说是浙江藏书史上的一个创举。徐树兰认为："国势之强弱，系人才之盛衰；人才之盛衰，视学识之博陋。涉猎多则见理明，器识宏则处事审，是以环球各邦国势盛衰之故，每以识字人数多寡为衡。"他捐银 8600 余两，于绍兴城西购地一亩六分，盖起了古越藏书楼。楼分四进，前三进为楼房，作藏书室，中进厅房为阅书所。藏书楼建成后，徐树兰每年捐金 1000 元，作为常年经费。藏书楼开放之初，颁布《古越藏书楼章程》七章三十条于众。第二章说明创办之"宗旨"：一曰"存古"，二曰"开新"，对"详古略今"、"尚今蔑古"的士风习尚欲予纠正，认为"不读古籍无从考政治学术之沿革，不得今籍无以启变通之途径"。所藏除经、史、子、集四部，另有时务一部，收藏有关实业等新书，"凡已译未译东西书籍一律收藏"。于书籍之外，还兼藏各种画册，如教科画册、地图、实业图等。为帮助读者阅览"开新"书籍，研究科学，书楼兼藏理化器械及动植矿物标本。阅书处设座位 60 个，并鼓励读者摘录。同时还专门雇佣炊事人员,为某些读者代办早、中饭的膳食。近代绍兴人才之众,风气之新,古越藏书楼是有一定贡献的。

浙江在艺术上的成就也是举不胜举的。首先是它的戏曲。宋代在北方出现杂剧时,在浙江就出现了南戏,最初流行于浙东沿海一带,故有温州杂剧或永嘉杂剧之称。历史上,浙江涌现过不少伟大的戏曲家和不朽的作品,如高明的《琵琶记》、柯丹丘的《荆钗记》、佚名的《刘知远》、施惠的《拜月记》、萧德祥的《杀狗记》,历来是所谓"江湖十八本"之首。今日在浙江流行的戏剧,可以说是百花齐放,万卉争荣。全国的剧种共有 370 多个。把它们从大的声腔范围来归纳,有昆曲、高腔、梆子、皮黄、民间歌舞、民间曲艺以及少数民族戏曲等七大类。前六大类浙江全有。目前浙江的戏剧约有 17 种,主要是越剧、婺剧、绍剧、瓯剧、甬剧、湖剧、姚剧、睦剧、新昌调腔、宁海平调、永嘉昆剧、台州乱弹以及昆曲、京剧、锡剧等。这些戏与浙江的方言、民间音乐相结合,具有极大的地方特色。"移风易俗,莫善于乐"。这些戏曲对于民间社会的塑造具有潜移默化的作用。其他如民间传说和神话、民间故事、民间小戏、民间音乐和舞蹈等,在浙江也都是丰富多彩的。

(3) 风俗人情

《中华全国风俗志》是关于浙江的风俗总志,内中辑录有关浙江风俗人情文献,《周礼·职方氏》:"东南曰扬州,其民二男五女,其畜宜鸟兽,其谷宜稻。"《吴越春秋》:"水行山处,以船为车,以楫为马。"《汉书·地理志》:"吴越之君,皆尚勇,故其民好用剑。"左思《吴都赋》:"士有陷坚之锐,俗有节概之风。"《隋书·地理志》:"江南之俗,火耕水耨,食鱼与稻,以渔猎为业。信鬼神,好淫祀。君子尚礼,庸庶敦庞。"《宋史·地理志》:"人性柔慧,尚浮屠之教,厚于滋味。善进取,急图利,而奇技之巧出焉。"葛礼《钱塘赋》:"歌唐诵虞,咏仁蹈德,长者皆不厌不倦,幼者亦克岐克嶷。升降以齿,人遵长幼之序;渐摩有素,俗安礼义之守。学古者不知力农之劳,通鬻者不知奇巧之法。熙熙陶陶,含哺鼓腹,沐浴皇灵,优游化图。"咸淳《临安志》:"有车船橇辇之迹,故其人至今忠以勤;有苗山封爵功德之会,故其人至今劝于为善;有犀贝桔柚之贡,故其人至今知尊君而爱亲。"《志雅堂杂钞》:"两浙上直天市垣,故市易浩瀚。"周起莘《雷琴记》:"两浙人文区薮,浙以西之文华而靡,浙以东之文清以淑。"《旧浙江通志》："浙东多山,故刚劲而邻于亢;浙西近泽,故文秀而失之靡。"①

这些文字辞约义丰,它们从不同的时期、不同的角度言简意赅地揭示了浙江风俗人情的特色。这些风俗习惯是历史形成的,源远而流长。它们既是气候、地形等地理环境的产物,又是文化交流和渗透的产物。浙江是古百越之地的一部分。浙江的古百越人居于丘陵山峦,习水便舟,以渔猎和稻作为主业。他们剽悍、勤劳而勇敢,断发文身,威武而敏捷。先秦时期这里的社会制度比中原落后,迷信鬼神的风气很盛,祭祀庞杂,巫术流行。由于气候湿热,物产丰富,当时越俗男女关系不严,好淫乐,所以秦始皇南巡至会稽山,特刻石"禁止淫逸"。随后的几个朝代,特别是隋唐以后,随着南北经济、文化的广泛交流和政治、经济中心的南移,浙江的风俗人情有了不少的变化,但总是变中有不变,基本的风俗习惯或以心理的形式,或以语言、行为的方式保存下来,形成了自己的特色。

由于所处地理位置、自然环境以及历史的、社会的诸因素,浙江境内各市、地、县之间风俗习惯也有范围不同、程度不等的差异。

省城杭州是我国六大古都之一,历史文化名城。杭州城始建于隋开皇十一年(591),钱镠以此为吴越国都城时作了扩充。南宋定都于此,进一步营造,发展成为当时我国最大的商业城市。岁时、礼仪、饮食、娱乐等风俗日趋精细,反映了新兴的市民及商人的生活方式与意趣;同时又吸收融汇了北宋旧京开封的习俗,而形成比较完备的都会风俗,传承于今。

宁波市地处我国海岸线的中端,自古就是著名的港口城市,贸易发达。"无宁不成市",宁波人向以善于经商而闻名。这里的种种商业习俗是浙江城市社会经济生活的一个缩影。

浙江北部属于我国最富庶的长江三角洲平原,位于这一区域的有杭州、嘉兴、湖州、绍兴和宁波,这里的湖丝、越茶、绍酒等久负盛名,与这些名产相关联的蚕事、织工诸风俗,具有浓郁的江南水乡风情。

从我国最大的渔场舟山群岛到象山港、玉环山以至洞头这一弧形

---

① 胡朴安:《中华全国风俗志》,河北人民出版社,1986年,第76页。

地带,濒临万顷东海及繁星般的岛屿,在港湾和群岛上生活着千百万勤劳、质朴而剽悍的渔民。这一带的风俗习惯,首先是反映了海洋渔业生产和渔岛渔村的生活情趣。盐业的习俗也很有特色。由于渔民经常出没于汹涌的波涛,世代与风浪搏斗,由此而养成了急公、好义、守信、敬客等许多淳风厚俗。

浙江工艺品种类繁多,制作精良。龙泉宝剑、哥窑弟窑青瓷、善琏湖笔、东阳木雕、青田石雕、黄杨木雕、瓯塑等均名扬天下。这些工艺品在制作时往往有其特定的风俗,有的还伴有优美的传说。各行各业能工巧匠比比皆是,其拜师、习艺、满师也都有一定的规约俗尚。

浙江省有 33 个少数民族,共 16 万余人,其中畲族为 147000 多人,主要居住于浙南山区。畲族人民喜歌善吟,他们以歌抒情,以歌叙事;男女老幼,人人皆歌;四时八节,无时不歌;而尤以婚嫁喜庆之长夜对歌最为动人。这个历史悠久的民族还有着世代相传的史诗、神话和"祖图"。其服饰、饮食、居住礼仪也都很有特色。

## 三、浙江文化的独特气质与内在结构

从对浙江文化概况的初步了解中,我们对于浙江文化在经济发展中的动力作用亦有了初步的印象。为了在理论上比较信实地探索浙江经济发展同浙江文化发展之间的内在联系,有必要从浙江文化的概貌中进一步抽象出其独特气质与内在结构。

### 1. 浙江文化的独特气质

关于浙江文化的气质,《宋史·地理志》的概括最为贴切。它说,浙江"人性柔慧,尚浮屠之教,厚于滋味。善进取,急图利,而奇技之巧出焉"。这个说法虽然侧重在民风民俗上,但它所表述的却是积淀最深、渗透最广、生命力最强的东西,是浙江文化之为浙江文化的核心内容。它们几乎可以说涵盖了浙江文化几千年,上起古代,下迄当代,浙江文化几乎从未逸出这种基本气质之外。浙江文化从表层的物质文化,到浅层的行为文化,再到中层的制度文化,乃至深层的精神文化,无论哪个层次,都能体现出这一总的特质。浙江历史上的上层文化作为时代精神的精华,总是直接或间接地反映浙江民间文化的价值取向。

为了更加全面、具体地理解浙江文化的特质,我们不妨进一步作如下分析:

(1) 浙江文化具有鲜明的"善进取,急图利"的功利主义色彩

我国文化一向以伦理本位和重义轻利的特色著称于世,故有"礼义之邦"的美称。但这是从我国文化的总体性质而言的,实际上义与利在我国历史发展的不同时期和不同地区,是各有侧重的。义与利在时间上、空间上的分布不是静态的而是动态的,不是平均的而是不均衡的。尽管历史的总趋势是重义轻利,但在某些时期、某些地区,功利也是很受重视的。浙江文化的一个鲜明的特点就是其功利主义色彩较浓。

首先,浙江文化的功利主义性质几乎是自始至终一以贯之的。我们不妨借用文化地理学的分期来回顾一番。文化地理学根据文化中心转移的基本理论,将我国文化的发展分成"中原文化轴心时代"和"江浙人文渊薮时代"两大历史阶段。前一阶段文化以西安—洛阳—开封为轴心作徘徊式的东西方向移动,自上古历秦汉隋唐至北宋持续时间达 2000 多年。这一阶段文化的性质逐步趋向并侧重于礼义。与此同时,浙江却因"山高皇帝远",相对稳定地维持和发展着自己淳朴、蓬勃的尚利文化。所以,当北方气候恶化、战乱频繁、经济萧条时,以江浙为代表的南方却气候适宜,相对稳定,经济欣欣向荣。公元1126—1127 年的"靖康之难"及其引发的宋室南迁,标志着中国文化的"江浙人文渊薮时代"的开始。政治中心南移的一个重要因素就在于经济。江浙经济的繁荣与这一文化区历来勤劳务实、重视功利关系密切。这一点从南宋以前两千多年的浙江文化史中不难证明。宋室南迁之前,江浙的功利文化逐渐成为北方礼义文化的稳固的根据地和大后方。宋室南迁之后,浙江群英荟萃,文化繁盛。其上层文化依然是建立在下层的功利传统基础上的,并日益受到功利传统的熏染。从南宋以来浙江历代著名思想家的著述中不难看出我国文化日益向功利倾斜的趋势。明清以后,实学在浙江日兴,维新变法思潮日盛,都可以视为这种趋势的进一步发展。改革开放以来,浙江经济的迅速崛起,

亦是其功利主义传统的"梅开二度"。

其次,浙江的思想学术始终葆蕴着功利主义的精神。《礼记·大学篇》说:"君子贤其贤而亲其亲,小人乐其乐而利其利。"可见下层文化往往是注重功利和欲望的满足。反映到上层文化,则表现为注重唯物与功利的倾向,这在中国思想文化史上是罕见的。早在东汉时期,浙江上虞的王充(公元 27—约 97 年)就以其唯物主义思想对抗董仲舒"天人感应"、"君权神授"的唯心主义。他认为天是自然而不是神,"以天无口目也";天既没有口和眼,因而"无口目之欲,于物无所求索",当然也就不会有什么意志。他在《论衡》中多处说到天人既不相知、又不能相感,"夫天道,自然也,无为。如谴告人,是有为,非自然也。"就人生而言,他主张无神论,认为人死如火灭,"人死不为鬼,无知,不能害人。"这就将人们的思想感情引向执著于现世,不问生前与死后,为功利主义提供了最为重要的心理基础。王充的思想可以说上承勾践、文种、范蠡,是浙江唯物、功利文化的第一次理论总结。宋代占统治地位的是"程朱理学",在浙江则出现了它的反对者"浙东学派"。浙东学派主张治经史以致用,反对空谈阴阳性命之说;高扬"物"这个哲学范畴,反对理学家把道看作是脱离具体事物而独立存在的精神实体,认为只要用心从客观存在的事物中去"体认",就可以认识和掌握事物的本身法则,以此对抗朱熹的"理在气先"、"道在物先"的唯心主义观点。陈亮甚至公开同朱熹进行过多次"王霸义利之辩",反对朱熹的三代以下天地人心日益退化的观点,大张旗鼓地替唯物世界观和功利人生观鸣锣开道。至于永嘉事功学派,更是理直气壮地主张"通商惠工,以国家全力扶助商贾,流通货币"。这在重义轻利、重农抑商的古代社会,无疑是大胆而有创见的。明代的黄宗羲继往开来,他对工商业、流通、货币等提出了自己惊世骇俗的著名命题:"世儒不察,以工商为末,妄议抑之。夫工固圣王之所欲来,商又使其愿出于途者,盖皆本也。"这种工商皆本的思想直接就是浙江文化发展的必然结果。以后的龚自珍、汤震、汪康年、陈虬、宋恕、孙诒让、章太炎、蔡元培等等思想家,莫不在各自的思想体系中强调"富国强民"的主张。其中陈虬言之最为明确,他说:"何以立国?曰富;何以御夷?曰强;何以致富强?曰在治人,人不自治,治之以法。"

(2) 浙江文化洋溢着崇尚柔慧、厚于滋味的人文情怀

天理与人欲的对立、神性与兽性的冲突、灵与肉的斗争,是世界上许多文化的内在矛盾。西方文明的这一内在矛盾在中世纪持续了近一千年,"文艺复兴"开始以赞美人体,褒扬人欲,讴歌人的理性与创造精神来对抗中世纪的神性,开启了资产阶级的自然人性与功利主义相结合的新人性论,并沿袭至今,是西方国家现代化的思想基石。这一人性论有如下三个要点:一是承认人欲的现实性与合理性,认为人对财产、饮食、男女、名誉、睡眠等等的欲望不仅是天经地义的,而且是人生幸福的最可靠的保证,反对以神性或天理压制人欲;二是主张人生而自由、平等,有权从事一切创造性的活动;三是人生而自私自利,必须以法律予以约束。按照这种人性论,一种文明是否优越,首先就要看它是否能最大限度地满足人的欲望,这与我国古代社会"存天理、灭人欲"的文化导向很不一样。尽管如此,我国还是有局部地区的文化品质相对于整体的中华文化而言包含着更多的自然人性论,浙江就是其中之一。先秦时期,浙江民俗以"好淫乐"著称,宋代仍以"厚于滋味"见称于世。明清以降,随着资本主义的萌发和缓慢发展,文化进一步趋向自然人性论,海宁人陈确(1604—1677)就大张旗鼓地宣扬:"圣人之心无异常人之心,常人之所欲亦即圣人之所欲也,圣人能不纵耳。饮食男女,皆义理所从出;功名富贵,即道德之攸归。"[1]陈确的时代,浙江文人社会的关注重点开始转移到个人的经济保障方面来,他们对个体之"私"、对"欲"、对学者"治生"的肯定,反映了明清之际儒家思想的一个新的变化。从陈确、全祖望(浙江鄞县人)到戴震、钱大昕以至沈子敦(浙江乌程人),"儒家思想关于个人的社会存在问题,似乎正在酝酿着一种具有近代性格的答案。一个儒家的人权观点已徘徊在突破传统的边缘上,大有呼之欲出之势了"。[2]与这样一种偏重于人欲的风尚相应,浙江的文学艺术与风物人情中便始终洋溢着自然人性论的光彩。

首先,从文学艺术上看,千百年来浙江的文学无论是诗歌、戏剧、小说还是散文,都取得了举世瞩目的成就。诗歌或清丽,或沉郁;或着

---

[1] 陈确:《陈确集》,上册,中华书局,1979 年,第 2 页。
[2] 余英时:《士与中国文化》,上海人民出版社,1987 年,第 525 页。

意雕饰,或无意求工;既有与"岛瘦"并称之"郊寒",又有"梅妻鹤子";既有"永嘉四灵",又有"西冷十子";既有"江湖派",又有"性灵说"……品类繁多,几至令人眼花缭乱。在瑰奇的唐人传奇中,浙江吴兴的沈亚之和缙云的杜光庭都是重要作家,前者以其《湘中怨词》、《异梦录》、《秦梦记》而为文学史家所称道,后者的《虬髯客传》,亦为传奇名作。至于小说,长篇如《水浒传》和《三国演义》都与浙江有着千丝万缕的联系。短篇如吴兴人凌初的《初刻拍案惊奇》、《二刻拍案惊奇》,不仅在中国小说史上,而且在国际上有很高声誉。明清之际,浙江三大小说家除凌濛初外尚有陈忱和董说。陈忱的长篇小说《水浒后传》、董说的《西游补》,均有较高的成就。至于散文,南朝吴均的抒情骈文,工于摹景而又清拔,时人号称"吴均体",对后世游记文学和抒情散文有很深的影响。唐代骆宾王,"雄文劲采,足以壮军声";古文家茅坤,"其书盛行海内,乡里小儿无不知"。其他如宋濂、刘基、王思任、祁彪佳、张岱等人的散文,都有一定的思想性和较高的艺术成就。清代被称为"浙中三毛,文中之豪"的毛先舒、毛奇龄、毛际可和被誉为"江南三布衣"的姜宸英、朱彝尊等,也都享有盛名。

文学就是人学。文学艺术,作为充满了想象力、可能性的"幻象"的世界,始终表达的是人性中尚未被控制的潜能,表达着人性的崭新层面。它以解放出人的美感、快感和被压抑的追求愉快的潜在本能为己任。浙江小说、戏剧的流行,与城市商人阶层的兴起大有关系。一方面,商人阶层的特殊情趣,为小说、戏剧等文学艺术的发展提出了需求;另一方面,这些文学艺术反过来又对宣传和塑造商人阶层的价值观念和人格起到不可替代的作用。冯梦龙、凌濛初所编的"三言"、"二拍"往往取材于当时的商人生活,其中有些关于商人的故事,如《醒世恒言》中的《施润泽滩阙遇友》和《徐老朴义愤成家》,或可在方志中证实其历史背景的真实性,或竟实有其人。实际上,商人阶层嗜好的文学艺术愈发达、愈流行,其受社会尤其是士人的重视程度愈高。17世纪刘献廷之所以敢说"戏文、小说乃明王转移世界之大枢机,圣人复起不能舍此而为治",① 与当时商人事业的活跃和地位提高的社会背景是

---

① 《广阳杂记》卷二,转引自余英时:《士与中国文化》,上海人民出版社,1987年,第542页。

分不开的。而这种文艺思想对以后的商人意识和工商文明又有巨大的宣传和鼓动作用。浙江文学艺术的特别发达,既是浙江自然人性发展的一个必然的结果,也是这种人性的一种直接表现。惟其如此,自然人性论利弊得失便淋漓尽致地表现于文学艺术之中。一方面浙江的文艺日益精致与完美,另一方面又日趋肤浅与萎靡。梁启超在评价陆游论诗时有两句诗可谓一语中的:"诗界千年靡靡风,兵魂销尽国魂空。"这虽是针对南宋以往之诗坛的,却不无借古讽今针砭时弊的意义。而龚自珍的《咏史》一诗就更是针针见血了。诗中写道:

金粉东南十五州,万重恩怨属名流。

牢盆狎客操全算,团扇才人踞上游。

避席畏闻文字狱,著书都为稻粱谋。

田横五百人安在,难道归来尽封侯?

其次,浙江工艺美术特别发达,也是浙江自然人性葆蕴发育得较充分的一个表现。浙江的工艺美术,历史悠久,源远流长。在余姚河姆渡出土的文物中,就有 7000 多年前浙江人的祖先制作的精美的牙雕、骨雕和大量的夹炭黑陶。春秋战国时代,浙江便已开始生产釉陶、丝绸、宝剑和毛笔了。晋、唐、五代的越窑青瓷,宋代的丝绸织品、玉器、漆器、木雕、龙泉青瓷等多为全国同类之精华。南宋时,从丝绸织锦到衣着冠饰,从金银首饰到案头的小摆设,都尚美观精致。于是东阳木雕、青田石雕、瓯塑、龙泉青瓷以及灯彩、扇子、玩具等异彩纷呈,极其工巧,前所罕有者悉皆有之。其他如各色画扇、瓷器、古玩、玉雕、泥孩、首饰、绣衣、经筒、香袋、风筝、面具等奇巧工艺,更是数不胜数。到明清时期,民间又有了雕刻镶嵌工艺,精妙绝伦,艺冠一时。人们因地制宜,就地取材,利用竹、木、藤、麻、丝、革、毛、石、贝和金属,甚至泥土等原材料,制作出各种精巧的手工艺品。这些产品范围广,产品多,技术精湛,造型别致,世代相传,已经形成了独特的风格。例如,青田石雕剔透玲珑,东阳木雕精刻细镂,黄阳木雕神态生动,瓯塑瓯绣色彩缤纷。浙江的工艺美术,大到建筑"美轮美奂多华构","一石一木见匠心",小到"点心小吃饶风情",莫不体现出浙江人民的聪明才智和生活情趣。可以说浙江人在衣、食、住、用各个方面都十分讲究审美的趣味,甚至民间使用的马桶都精雕细刻。

此外,浙江文化的自然人性,还表现在生老病死、待人接物的种种风俗习惯中。

从对文化学丰富多彩的材料的研究中,我们发现,人欲在文化中所占的分量越重,其文化越容易富于创造性和异彩纷呈,同时也越容易日益流于肤浅与萎靡。两种结果的相互激荡,使得人心特别易于"喜新厌旧"。索尔仁尼琴批评西方现代文明是"对新奇的无休止的追逐",原因即在于西方现代文明乃是建筑在人欲,特别是财色之欲基础上的。当然,这种"喜新厌旧",从积极的意义说,亦正是所谓社会进步的动力。《宋史·地理志》介绍浙江时,在"人性柔慧"和"厚于滋味"之后,紧接着言其"善进取,急图利,而奇技之巧出焉",个中道理是不言而喻的。

(3) 浙江文化具有深广的大众化倾向

浙江文化的功利主义倾向和自然人性色彩,使得浙江文化不像其他神圣文化那样内部高低贵贱悬隔,恰恰相反,相较于兄弟省份而言,浙江文化的大众化程度是名列前茅的。早在明朝,王阳明即适应时代的需要,一改朱熹专对从"士"到大臣、皇帝的上层社会说教的做法,转而以士、农、工、商四民为立教的对象,加强了新儒学的通俗化的一面,使新儒家伦理可以直接通向社会大众。他反对"拿一个圣人去与人讲学",主张"须做得个愚夫愚妇,方可与人讲学"。[1]他说他的"致良知"之教,"自童子以至圣人皆是此等工夫……虽卖柴人亦是做得"。[2]他的弟子王艮(1483—1541)初为灶丁,后又从父经商于山东。以一个经商的人却能在儒学中别树一帜,创立泰州学派,这是前所未有的事。泰州派门下有樵夫、陶匠、田夫,尤足说明王阳明以来新儒家伦理确已深入民间,不再为士阶层所专有了。总之,"良知说"的"简易直接"使它极易接受通俗化和社会化的处理,因而打破了朱子"读书明理"之教在新儒家伦理和农工商贾之间所造成的隔阂。新儒家伦理在向社会下层渗透的过程中,首先碰到的便是商人阶层,因为16世纪已是商人非常活跃的时代了。其中,士可不可以从事商业活动的问题日益凸显出来。许鲁斋言学者以治生为首务,阳明虽不同意,却承认"果能于此处

---

① 王阳明:《传习录》,江苏古籍出版社,2001年,第320页。
② 王阳明:《传习录》,江苏古籍出版社,2001年,第329—330页。

调停得心体无累,虽终于作买卖,不害其为圣为贤"。①把做买卖和圣贤等同起来,这在当时实在是石破天惊的话。1525 年,王阳明为商人方麟写的《节庵方公墓表》中,更明确地提出了"古者四民异业而同道,其尽心焉,一也"的命题。其最新颖之处在于肯定士、农、工、商在"道"的面前完全处于平等的地位,更不复有高下之分。"其尽心焉,一也"一语,即以良知普遍地推广到士、农、工、商四业土面。这一命题连同整个阳明心学对浙江后世文化的通俗化、大众化有着十分深远的影响。它对于肯定和提高商人的社会地位,形成和发展浙江的商人精神具有不可估量的价值。

我们这里所说的大众化,包含如下几个意思:一是文化在价值取向上的世俗化,二是文化的城乡差别不太悬殊,三是文化设施的分散程度较高,四是民间民俗文化特别发达。这四个方面是既相互区别,又密切关联的,它们共同作用,使得浙江文化呈现出鲜明的大众化性质。

首先,浙江文化在价值取向上的世俗化特征是十分明显的。其主要表现有三:

① 上层思想文化中的唯物主义和功利主义。从东汉王充到近代的维新派,浙江思想的主流一直是趋向唯物与功利的。这从本节所分析的浙江文化的第一个特点中不难证明,这里就不再赘述了。

② 民俗文化中的强烈实用性质。我们在研究浙江民俗时发现,几乎每一种民俗举动都是以争取生存、吉利平安和兴旺发达为目的的,都是为人们的生产和生活服务。这种实用价值,归纳起来大致有以下几个方面:

a. 利用民俗活动来巩固和强化氏族、部族或家庭的世系,增强氏族观念、祖宗观念和家庭意识。即使是打冤家、械斗等血缘复仇形式的陋俗也往往包含维护家庭利益、强化家庭观念的一面。

b. 利用民俗活动促进健康,减免疾病,延续子孙,繁衍后代。如医药民俗的崇信,产育禁忌的讲究,处理死丧的谨慎,追求婚嫁的喜庆吉祥等,均有这方面的作用。

---

① 王阳明:《传习录拾遗》第十四条,《王阳明全集》(下),上海古籍出版社,1992 年,第 1171 页。

c. 有些民俗的进行,在于求得丰收、丰产,免遭灾歉和贫困。如一些祈禳的习俗,祭天祈雨、崇祀山神等,都与这种实用目的有关。即使是一些动物崇拜和某些猎俗、蚕俗和渔俗以及手工业中的各种俗尚与规约也都如此。

d. 有些民俗可以活跃文化生活,使人增加生活情趣和乐观精神。如各种岁时节令所进行的赛龙舟、荡秋千、放风筝、斗牛、跳月、走街、走百病、踏青、登高、咬春、歌墟、除旧扫房、迎新祝喜、民间花会、游艺表演等,都直接表现出这方面的作用。

e. 利用民俗以助团聚、促和睦、求互助、讲礼义,使人与人之间的关系亲密、融洽。如传统的中秋节、新年、祝寿活动,都是团聚的机会,促人团圆,加强礼义和互相祝愿;走娘家、会亲友、贺生子、祝满月等也有加强亲戚关系的意义。帮工帮种,一家建房,全村出动,一邻有事,大家帮忙的习俗,是团结互助的良好形式。至于请会、搭班、结建社团,以及拜师出师、收授徒弟等习俗也都有相应的作用。例如,著名的宁波商帮之所以能取得举世瞩目的成就,与宁波民俗中同乡扶助观念特别强是分不开的。"甬俗民情朴厚,素敦恤睦之谊"。宁波商人重乡谊,凝聚力强,能风雨同舟,共同抵御经营风险。例如,由宁波商人集资兴办的四明商业储蓄银行于 1908 年在上海开业后,曾受到外国银行和洋行的倾轧,一遇风潮,便拿四明银行发行的钞票来挤兑现洋。四明银行实力并不雄厚,但由于宁波同乡团结互助,每当挤兑风潮袭来时,宁波人开设的各大商店、钱庄、银号,家家代为收兑四明银行的钞票,使得多次挤兑风潮化险为夷。又如,1909 年宁绍帮商人合资创办宁绍轮船公司,以与英商太古公司和法华合资的东方公司相抗衡。当时,票价斗争十分激烈,宁波轮一开航,就在船上挂牌"3Z 永洋五角",以示永不涨价。这使太古轮乘客锐减,有时甚至放空船。太古轮自恃资本雄厚,把票价从一元降到三角,以图压垮宁绍轮,赖宁波同乡齐心支援,组织"航业维持会",每票补贴宁绍公司二角,使其在与外轮竞争中终于获胜。为此,航业维持会一共贴出了 10 万余元。这种同乡扶助观念,可以说是宁波商帮的基本特色。《鄞县通志》说:甬人"团结自治之力,素著闻于寰宇"。这使宁波商帮在激烈的商业竞争中得以立足和发展壮大。

f. 利用民俗活动增强外地或海外浙江人热爱家乡、关心家乡、支持家乡建设的思想感情。

③ 宗教文化中的世俗倾向。浙江宗教种类较多,佛教、道教、基督教和伊斯兰教都有,这些宗教一方面造成了不少造诣极高的宗教领袖和专门人才,创造了深邃奥秘的宗教哲学,另一方面又与浙江的历史传统相融合,呈现出较强的世俗化特征。尽管中国没有出现过西方宗教改革那样彻底和持续的近代化运动,却有过类似的"宗教的入世转向"。例如贝拉(Robert N. Bellah)的《近代早期的宗教》,("Early Modern Religion")便承认伊斯兰教、佛教、道教、儒学等都发生过类似西方新教那样的改革运动。根据余英时的研究,如果我们以西方的宗教革命作为衡量尺度,中国不但曾发生过同类的运动,而且其时代远较西方为早。大体说来,自魏晋至隋唐这七八百年,佛教、道教的出世精神在中国文化中占有主导地位,儒家虽始终未失其入世的性格,但它的功用也已大不如前。这一时期的中国人往往不归于释,即归于道。但在这几百年中,中国社会在剧烈地变化。唐代中国佛教的变化,从社会史的观点看,其最重要的一点便是出世转向入世。慧能(638—713)创立的新禅宗在这一发展上尤其具有突破性或曰革命性的成就。他的"佛法在世间,不离世间觉;离世觅菩提,恰如求兔角"之颂,与"若欲修行,在家亦得,不由在寺"之说,在当时佛教界真是惊天动地的狮子之吼。佛教精神融出世于入世便从此光大开去。后来的禅师们大都贯彻着这一精神。到了宋代的大慧宗杲便不能不说"世间法即佛法,佛法即世间法"了。禅宗大师们要人回到世间当然不是要人改变舍离此世的基本立场,不过他们发现了此世对于"解脱"有积极的意义:不经过此世的磨炼,也就到不了彼岸。用南泉普愿的话说:"直向那边会了,却来这里行履。"(《古尊宿语录》卷十二)这和西方新教诸大师并无不同。至于百丈怀海的清规和丛林制度,更是以节俭和勤劳为佛教经济伦理的两大支柱。他的"一日不作,一日不食"的普请法是他适应中国新形势的一种革新。这是用一种超越而严肃的精神来尽人世间的本分。庞蕴居士所谓"神通并妙用,担水及砍柴",亦是此意。"一日不作,一日不食"这句话从宋代以来已经变成家喻户晓的"俗话",一直流传到近代,对后世商人精神的形成和发展具有形而上的支持作用和潜

移默化的影响。

以我们目前对于道教史的知识而言,新道教的兴起以两宋之际的全真教最为重要,其次则有真大道教、太一教与稍后的净明教。这四派都来自民间,且系闻佛教新禅宗之风而起,对一般社会伦理有比较广泛的影响。其中全真教的道观不但后来也有"丛林"的称呼,而且它也有类似《百丈清规》的戒律。王磐《诚明真人道行碑》说:"全真之教,以识心见性为宗,损己利物为行,不资参学,不立文字。"①《北游语录》说丘处机"教人积功行,存无为而行有为"。王重阳的《立教十五论》中有两条最与入世功行有关。第十二论"圣道",认为圣道必须"苦志多年,积功累行";第十五论"离凡世",则谓离凡世者不是"身"离,而是"心"离。他以藕根喻身,须在泥中,以莲花喻心,开虚空之美。所以得道之人是"身在尘世,心游圣境"。②这便是以出世的精神做入世的事业,与加尔文教"以实际意识和冷静的功利观念与出世目的相结合"的教义并无二致。

浙江是我国佛道两教特别发达的地区之一。弘一法师盛赞浙江是佛教第一省。天台素有"佛源仙宗"之美名。长期以来,境内民众深受宗教俗世化的影响。浙江习俗中广泛地存在各种民间信仰,以及与之有关的禁、祭、兆、占等现象,它们渗透于生命、生活各方面,其中海事和蚕事的禁忌尤多。这些民间信仰尽管多以迷信的形式表现出来,却大多包含有宗教或形而上学的根据,不少甚至是科学的。例如端午祛邪就是如此。尽管这些科学的道理隐藏在民间信仰甚至迷信的形式下面,却丝毫不影响其功能的发挥。佛道两教的世俗化,在很大程度上都是通过这类民间信仰实现的。至于基督教,它在浙江的传播一开始就有着极强的世俗内容,与马克斯·韦伯《新教伦理与资本主义精神》的思想十分吻合。这对于近世经济伦理的形成和商人精神的发展具有不可低估的价值。

其次,浙江文化在空间分布上具有相当分散的特点。浙江的文化布局不像其他许多省区那样特别集中,且文化中心同周围区域差距悬殊。浙江的文化质量从省城至地级市、县城乃至乡间小镇,其间虽然

---

① 转引自余英时:《士与中国文化》,上海人民出版社,1987年,第463—464页。

② 转引自余英时:《士与中国文化》,上海人民出版社,1987年,第466页。

也有落差,但落差远不如内地各省区大。其表现有二:

① 城市发展的分散性。宋元时期浙江城市的发展就有三个特点:一是县城的增多。唐初在今浙江省境内仅设 10 州 29 县,天宝年间增为 10 州 56 县;至北宋增为 11 州 66 县,南宋为 6 府 5 州 67 县。二是地区差别不很大。中国古代的城市往往是某一区域的政治中心或军事要镇;宋元时期城市经济的迅速发展,打破了城内坊市分开的建制;各种店铺,遍布街巷;商业服务行业迅速增多,酒楼、茶肆、餐馆林立。南宋时杭州成为全国最大的商业城市,而此时偏处浙江南部经济较为落后的台州,亦有十一处街市贸易。据《嘉定赤城志》载,唐代仅有二市,南宋时,州治东有大街头市,小街头市;州治南有尼巷口市、税务前西市、报恩寺西市、镇宁门内市、镇宁门外市、兴善门外市,州治西有朝天门内市、朝天门外市、括苍门外市等十一街市。三是港口增多与海外交往扩大。北宋设有管理对外贸易的市舶司的港口有广州、杭州、明州、泉州、密州五处,浙江占其二。南宋时又增设温州、秀州、江阴三处市舶司,浙江又占其二。经过宋元以来七八百年的发展,浙江城镇布局的分散性愈益明显,呈现出遍地开花的态势,其中不少小镇至今文化繁盛名闻遐迩。这些分布极广的城镇成了星罗棋布的大小枢纽,担承着幅员广大的浙江文化的发展。

② 文化设施的分散性。在前文介绍浙江文化概况时,我们已经粗略地介绍了浙江书院、学校和民间藏书的情况,从中我们很容易看出其明显的分散性质和地方色彩。这些分布面积广大的文化教育设施是浙江文化遍省开花的枢纽。这里需要补充的是私家刻书日益兴盛的情况。浙江私家刻书始于五代,北宋熙宁间刻书之禁放松后,日益兴盛,至南宋蔚然成风。杭州、婺州、越州、温州、湖州等地私家刻书较为盛行,如钱塘王叔和家、婺州唐安、义乌蒋宅崇知斋、东阳王宅桂堂、吴兴三衢坐啸斋等,私家刻书比民间坊刻本为精。这些刻书家连同星罗棋布的地方书院、学校和民间藏书一道,对于浙江文化的铺展具有十分关键的作用。

再次,浙江的民间、民俗文化特别发达。浙江的民间、民俗文化涉及生产习俗、生活习俗、礼仪习俗、岁时习俗和社会习俗诸多方面,其成就之显著、保存之完好在全国各省区中都是毫不逊色的。由于在前面已经对此作了许多介绍,在后面还要着重研究这些民俗文化与浙江改革开放以来经济发展之间的内在关系,因此在这里就不再进一步展开了。我们将这一点单提出来,只是为了要充分地揭示出浙江文化的大众化特征。这对于说明改革开放以来浙江经济发展的动因和特点具有十分重要的意义。

（4）浙江文化具有顽强的生命力和开拓冒险的精神

《诗经·大雅·文王篇》云:"周虽旧邦,其命维新。"用这句诗来描述浙江文化也是十分贴切的。从河姆渡文化所反映出的六七千年前的新石器时代至今,浙江文化可以说屡经磨炼与挑战,炼就了一身兼收并蓄、融会贯通、为我所用的本领。浙江文化的生气来源于文化间的碰撞与交流,来源于浙江人特有的柔慧性。这两个来源同时也可以视为浙江文化充满生机的表现。

首先,浙江文化是在不断地经受刺激—反应和挑战—应战而成长壮大的。一方面,从纵向上看,浙江文化是在传统与现代的反复碰撞中发展的。另一方面,从横向上看,浙江处在中国传统的大陆文明与西方现代的海洋文明两大板块的交锋地带,这就使得浙江文化具有海陆两种成分,并进而发展成传统的伦理本位主义与现实功利主义两种性质的交流和融合。就是在大陆文明板块内部,浙江文化同周围的淮河流域文化副区、鄱阳文化副区和台湾海峡两岸文化副区都始终处在不断的交流与合作之中。今天所说的浙江文化早已不是土生土长的浙江文化了。经过魏、晋、南北朝和南宋两次大规模的人口迁移和民族大融合,浙江文化吸收并消化了北方文明特别是"中原轴心时代"的文明成果,获取了一次新生。明清以来,特别是在近现代,浙江文化又遭遇到西方工商业文明和科学、民主思潮的刺激与挑战。这一刺激与挑战,使得浙江社会经济和文化从 19 世纪下半叶便发生着深刻的变化。浙江各地反帝反封建斗争的继起,维新思潮的形成和维新运动的开展以至资产阶级革命运动在浙江的兴起,莫不是浙江文化回应挑战的反映。先以各地创办新式学堂和派遣留学生出国为例。1901 年 8月,清政府发布办学"上谕"。后来又陆续废八股、废科举,制订《钦定学堂章程》,举办各级各类学堂。1905 年,清廷设学部,以管理全国学堂。浙江相应设立省学务公所,全省各地也纷纷成立劝学所、教育会、宣讲所。这时,不仅维新变法期间创办的杭州、温州等地的几所学堂得以复苏和发展,同时在全省各地又兴办了大批新式学堂。据统计,截至 1909 年,浙江全省共有中小学堂、各种专业学堂、师范学堂及其他教育处所 2165 所。[①]派遣留学生出国的数量也日增。据 1926 年浙江留日学生同乡录,当年有各种人员 1038 人。至 1928 年达到 1168 人。1912 年至 1925 年间,仅官费留日学生就达 274 人。1921 年至 1925 年短短数年,浙江留日官费生就有 120 名,占全国出国留学生总数的 11.5%。[②]

再从传播资产阶级思想文化的各类报刊来看。浙江在维新时期就开始创办报刊,20 世纪初年又办了更多的报刊。在杭州,1900 年有《觉民报》,1902 年有《浙江五日报》,1906 年有《著作林月报》及《艺林新报》。在绍兴有 1903 年创办的《绍兴白话报》,金华有 1904 年创办的《萃新报》。1910 年《杭州白话报》改组为《全浙公报》。与此同时,海外或其他省市的新潮报刊,如《国民报》、《苏报》、《游学译编》、《新湖南》、《湖北学生界》、《江苏》、《大陆月刊》、《童子世界》、《女子世界》、《浙江潮》等,纷纷通过各种途径流入浙江。所有这些报刊,同各类学堂、学会一样,如雨后春笋,里应外合,相互激荡,对浙江的社会和文化产生了巨大的影响,显示出巨大的活力。

其次,浙江文化以其"柔慧"的性质而显示出顽强的生命力。《老子》第七十六章说:"人之生也柔弱,其死也坚强。万物草木之生也柔脆,其死也枯槁。故坚强者死之徒,柔弱者生之徒。柔弱处上。"第七十八章说:"天下莫柔弱于水,而攻坚强者莫之能胜,以其无以易之。弱之胜强,柔之胜刚,天下莫不知,莫能行。"《宋史·地理志》言浙江时首提"人性柔慧"四字,对浙江文化的独特气质可谓一语道破。浙江文化因为"柔",故不至于枯槁折灭,而能生生不已,柔弱处上;因为"慧",故能随机应变,趋利避害,善进取而巧奇技。既柔且慧,故能在新与旧、中与西的种种夹缝中游刃有余,顽强而机智地存活。这可以说是浙江文化生机勃勃的直接源泉。

第三,浙江文化富有开拓冒险的精神。这里还是以宁波为例。由

---

① 参见《浙江近代史》,浙江人民出版社,1982 年。
② 何扬鸣:《论浙江留日学生》,《浙江学刊》1998 年第 3 期。

于地狭民稠,宁波人不愿株守本乡,因而四出经商,活动地域很广。《鄞县通志》说,甬人"民性通脱,务向外发展。其上者出而为商,足迹几遍国中"。《定海县志》说:"冒险之性"为"岛民所特具","航海梯山,视若户庭"。从经营行业也可以看出宁波商帮的开拓冒险精神。他们经营的往往是新兴的行业。如甬商中不少人从事难度甚高的进出口贸易、轮船航运,甚至风险很大的银行业。所以《鄞县通志》说:"甬人具有冒险性,都习海善航,以是与西人接触较早",受西方资本主义经营思想影响亦深,故"甬人以商著称,国中凡新旧企业,几莫不占相当之地位"。总之,浙江文化的这种开拓冒险的精神是改革开放以后经济迅速崛起的直接原因,没有这种精神,要在短短 20 几年内就取得这样快的发展是不可能的。

综上所述,浙江文化的四个特征——唯物主义和功利主义、自然人性观、广泛的群众性及巨大的创造力是显而易见的。其中,以唯物主义为主流的思想构成了浙江文化的世界观基础,功利主义和自然人性观则构成了浙江文化的人生观基础,广泛的群众性是从浙江文化的空间结构上说的,巨大的生机和创造力则是从其文化的生命能量上说的。四个特征相互作用,形成了浙江文化独特的气质。把握了这种气质,则浙江政治、经济方面的许多特点就容易理解得多。

**2. 浙江文化的内在结构**

要研究浙江文化对于经济发展的推动,仅仅揭示出前者的外部特征是不够的,还必须进而分析其内在的结构。而文化的内在结构,从不同的角度看会有不同的结构方式。静态地看,一种文化往往是由其核心的精神文化、深层的制度文化、浅层的行为文化和表层的物质文化构成;从动态上看,一种文化往往由其信息输入与信息输出两大子系统构成其刺激—反应系统。为了有机地把握浙江文化与经济发展的关系,我们认为最好是找出一种动静结合的结构,而不是分别从动态结构和静态结构上"各表一枝"。当我们试图将浙江文化的静态结构与动态结构有机地结合起来时,我们发现情况异常复杂。因为刺激并不机械地遵循由表及里的次序,它可以随时直接作用于静态文化结构中表层、浅层、深层、核心的任何一层,而相应的反应情况都会各不相同。但是总的说来,还是有规律可循的:那就是刺激作用的层面越深,反应的力度越大,波及的层面就越广。尽管如此,我们还是建立了一个简单的浙江文化结构模型(如图 2—1 所示)。这一模型由表层的物质文化、浅层的行为文化、中层的制度文化和深层的精神文化四个层次构成。四个层次又分别是各具活力的四个子系统,它们共同形成了浙江文化由表层至深层的有序结构。其中,物质文化最为具体实在,属于表层;行为文化是一种活动,处在浅层;制度文化是观念形态的表现形式,是人与物的结合部分,位属中层;精神文化是观念形态和文化心理,层次最深。精神文化又以世界观和人生观为核心。需要注意的是,浙江文化这四个子系统之间是相互影响、相互制约和相互渗透的。物质文化是依托,行为文化、制度文化均是在此基础上进行的;行为文化是精神文化与物质文化互动的中介,是制度文化与精神文化的动态反映;制度文化是组织物质文化与行为文化的纽带,是精神文化的直接反映;精神文化是主导、是中心,它决定其他文化的变化和发展方向。它们相生相克,生生不已,推动着浙江文化的整体发展。

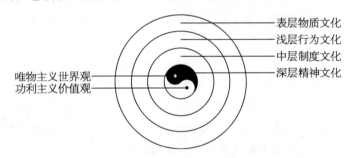

图 2-1 浙江文化结构模式图

　　由于精神文化在文化整体结构中的特殊地位,本章基本上只是研究它同经济的关系,而略去了其他文化层面与经济发展的关系。需要指出的是,我们这里所说的精神文化,主要是指在社会历史的发展过程中沉淀下来的、相对稳定和持久的部分,它更多地诉诸心灵而不只是头脑,表现于习惯和潜意识而不是表现于口头与笔端。这种情况在心灵和头脑处于矛盾斗争的状态中表现得最为鲜明。因此,在研究浙江文化与改革开放以来经济发展的关系时,我们将努力把明言层面的观念或口号同隐言层面的价值意识或情感、意志区分开来,防止将"大旗"同"虎皮"混为一团。这种考虑正是我们将注意力着重放在下层民间、民俗文化上的主要原因。从对浙江的民俗、民间文化的考察中,我们发现在政治、经济和文化都急剧动荡、变化的近现代,浙江的民俗、民间文化却像一架巨大的过滤器,对于能够与浙江的传统对接上且有生命力的东西,它就让它们通过并沉淀在自己的怀抱中,否则,它就不无狡黠地随声附和,阳奉阴违一番,然后让它们悄无声息地流失掉。这是一种十分了不起的机制。它是一个文化成熟的标志。没有这种老成的品质,文化便会像街谈巷议一样,一旦事过境迁,即成烟消云散。

## 四、浙江文化与经济发展的关系

前面在介绍浙江文化概况、分析浙江文化气质和浙江文化结构时,我们实际上已经间接地暗示了浙江文化同改革开放 20 多年来浙江经济发展的某种关系,这里,我们将进一步明确地阐述这种关系的本质。

根据文化的隐显程度和社会地位,浙江文化可分为上层意识形态和下层民风、民俗两个层次。如果我们把文化比喻成海上冰山的话,则上层文化只相当于水面以上的部分,下层文化则相当于水面以下的部分。水面下的部分是远远大于水面上的部分的。浙江改革开放至今的经济发展状况主要地就是由这水面下的一部分决定的。

在这一节中,我们将把注意力放在浙江文化积淀到今天仍然在起作用的东西上,而不是放在浙江文化的历史上,尽管后者总是通过文化的遗传或变异而作用于前者。我们还会重申浙江文化史上的重要内容,但其落脚点在于其在今天的现实意义。这是首先需要说明的。

### 1. 浙江的上层文化与经济发展

作用于改革开放以后浙江经济的上层文化,主要有三大块:一块是古代浙江上层文化的沉积物,一块是近代西方文化对浙江上层文化的影响,还有一块就是新中国成立以后的社会主义意识形态。三者作用于经济的方向和力度并不完全一致,而且很不平衡,但是三者所形成的合力却在浙江改革开放以来的经济发展中发挥出了不容忽视的作用。这些作用有些是直接的,更多地则是间接的,即通过民间、民俗自觉或不自觉的方式而对经济发展施加动力的。因此,我们对上层文化与经济发展的关系,只作粗略的分析,而将重点留给后面对民俗、民间文化同经济发展关系的研究上。

首先,浙江古代上层文化为经济发展鸣锣开道。王充的唯物主义和无神论思想,从理论上肯定了浙江社会自发的唯物主义世界观,促使浙江民众,不把希望寄托于生前死后,而是立足于现实,积极投身于现世,追求幸福的世俗生活。这是发展经济必不可少的世界观基础。浙东学派主张治经史以致用,其中永嘉事功学派更理直气壮地呼吁"通商惠工,以国家之力扶助商贾,流通货币"。黄宗羲则力主"工商皆本",反对重农抑商。以后的一大批思想家都旗帜鲜明地倡导或捍卫功利主义和工商文明。这些功利主义的主张对浙江民众发展经济是一种极大的鼓舞。唯物主义和无神论,义利并举、工商皆本的功利主义,都是理论形式的上层文化。实际上上层文化除了在理论上为浙江经济的发展打开思想通道之外,在生活和作风上更是以身教助言教。上层社会婚丧等讲究排场,这种作风导致"富者以之相高,贫者以之相勉"。上层社会生活奢侈,以致"倡优、酒肆之费,一顿而终年之食;机坊之费,一衣而十夫之暖"。[1]此外崇佛信巫,也都刺激着手工业、商贸的发展。黄宗羲描写他那个时代的这些情况时说:"通都之市,十室而九,有为佛而货者,有为巫而货者,有为倡优而货者,有为奇技淫巧而货者,皆不切于民用。"[2]黄宗羲由此得出结论:这些不切民用的东西的生产和流通都是末业,应"一概痛绝之"。黄氏的这个结论是从社会价值的立场出发,对经济生活的判断。实际上就纯粹的物欲膨胀和经济增长之间的关系看,黄宗羲所批判的社会现象同样具有客观刺激和推动经济增长的作用,即便是崇佛信巫,其与经济增长的关系也不全是妨碍。浙江古代上层社会的意识形态与实际生活互为表里,对浙江民间社会的影响是深远的,对浙江经济的增长产生了巨大的宣传鼓动作用。

其次,近代西方文明对浙江上层文化的功利主义思潮起着推波助

---

① 黄宗羲:《明夷待访录·财计》。

② 叶树望:《黄宗羲经济思想简论》,《宁波师院学报》1989 年第 4 期。

澜的作用。浙江由于其得天独厚的地理位置,近代以来,一直处于中西文明碰撞和交流的前锋。钱穆先生在其《中国文化史导论》一书中,将世界文化分为两大类:一类为游牧商业文化,一类为农耕文化。"游牧、商业文化起于内不足,内不足则需向外寻求,因此而为流动的,进取的。农耕可以自给,无事外求,并必继续一地,反复不舍,因而为静定的、保守的。"近代西方资本主义文明就是由游牧、商业文化发展而来,它有强烈的"战胜与克服欲",有深刻的"工具感",有鲜明的"对立感":"其对自然则为天人对立,对人则为敌我对立,因此而形成其哲学心理上之必然理论则为内外对立。于是而'尚自由','争独立',此即与其战胜克服之要求相呼应。故此种文化之特性常见为'征伐'的、'侵略'的。"而"农耕文化之最内感曰'天人相应'、'物我一体',曰'顺'曰'和'。其自勉则曰'安分'而'守己'。故此种文化之特性常见为'和平的'"。[①]

　　由于文化上的这种差异,西方民族常具有强烈的财富欲。其财富观有两大特点:一是财富愈多愈易多,所谓"马泰效应"者是也;二是财富愈多愈不知足,有如喝海水止渴,愈多愈渴。因此,西方文化常为富强的,我国文化则为安足的。然而,诚如钱穆先生所言:"富者不足,强者不安,而安足者又不富强。以不富强遇不安足,则虽安足,亦不安足,于是人类乃得永远动荡而前进。"[②]此言将鸦片战争以来我国的国民心理和基本的社会现实,一语道破。浙江政治、经济和文化,就是在这种"动荡"中"前进"的。

　　近代浙江上层文化主要表现为维新思潮和资产阶级民主革命的思想。这些思潮或思想,基本上都是以钱穆先生所谓"虽安足,亦不安足"的普遍社会心态为背景的,其主要的内容还是富国强民。从汤震、汪康年等人的思想到陈虬、宋恕的思想,乃至后来的秋瑾等资产阶级革命派的思想,都深深地打上这种时代的烙印。由于这些思潮的激荡,整个浙江社会都弥漫着一种奋发图强的精神和学习西方文化的空气。这就为浙江经济的发展起到了推波助澜的作用。

　　第三,新中国成立至改革开放前后,社会主义的新文化对浙江经

---

①　钱穆:《中国文化史导论·弁言》,商务印书馆,1994 年修订版。

②　钱穆:《中国文化史导论·弁言》,商务印书馆,1994 年修订版。

济发展的影响。建国以来直到 1984 年,浙江的文化建设大体经历了五个阶段,这就是:(1)国民经济恢复时期,(2)社会主义改造和"一五"计划时期,(3)开始全面建设社会主义时期,(4)"文化大革命"时期,(5)党的十一届三中全会以后,文化事业从复苏走向繁荣。就文化对于经济的动力作用来说,在这 30 多年的时间里,浙江文化的价值主要表现在以下几个方面:

其一,唯物主义的世界观进一步深入人心,奋发图强、同命运进行抗争的人生观日益取代因循保守、求稳求安的人生观。这样的一种精神世界,尽管在"文化大革命"时期更多地体现为一种阶级斗争的力量,但这只是一个方向上的问题,其作为一种客观实在的精神能量却毫无疑问是被激发出来的,只要挖渠放水,将其引导到经济建设上来,其动力是巨大的。

其二,文化的科学取向和大众化趋向,为浙江经济的发展准备了较大的智力支持。余英时在其《中国近世宗教伦理与商人精神》中说:"商业本身必须要求一定程度的知识水平。商业经营的规模愈大,则知识水平的要求也愈高。"这些知识包括天文、地理、全国通商所经的里程道路、风俗、语言、物产、公文、书信、商业算术,以至商业管理和商业伦理等。科学的宣传、教育和研究的逐步强化,为传统的农业经济向工商业经济的跨越,提供了观念、信息、设备和方法等一系列的资源。教育的普及使文盲迅速减少,普通劳动者文化知识水平迅速提高,同时广播、电视、新闻、出版事业的日益发展,极大地开阔了浙江普通民众的视野,增加了他们的信息储备,活跃了他们的思想和观念,为劳动力的解放,特别是农村劳动力的解放提供了必不可少的条件。改革开放后,这些解放出来的劳动力很快便适应了时代的要求,走南闯北,活跃在经济的主战场上,成为一支强大的生力军。

其三,文化发展的曲折历程,使得浙江民众日益厌弃务虚而回归传统的务实。1978 年 10 月初,浙江省委第一书记铁瑛代表省委,在全省理论和实践问题讨论会上,作了《关于实践是检验真理的惟一标准问题的报告》。报告强调,必须破除"以本本为标准"、"以权力为标准"、"以风向为标准"、"以典型经验为标准"四种错误认识,要求全省各级干部真正确立起实践是检验真理的惟一标准的思想观念。这一报告集中地反映了浙江人民的呼声,回应了时代的召唤。抛弃极左思想的束缚,埋头于经济建设,这是浙江经济在改革开放后迅速崛起的一条十分重要的经验。

**2. 浙江的民间文化与经济发展**

改革开放以来,浙江经济的发展充分显示出自下而上的特点,体现了浙江人民群众伟大的创造精神。这场方兴未艾的经济复兴运动,尽管在内容和形式上呈现出日益鲜明的时代气息,但在动力机制上却深深地植根于传统。基于这种认识,我们必须在寻找经济发展的文化动因时,将注意力转向下层的民间、民俗文化。这是传统绵延下来的、真正富有生命力并对人们的思想和行为具有自发的但却是强大的作用力的部分。

在研究浙江下层文化与经济发展的关系时,我们主要关注的是其中关系最为密切的民俗文化,尤其是其中生产的习俗、生活的习俗、社会的民俗三个部分。

(1)生产的习俗与浙江经济的发展

生产的习俗是风俗中很重要的一个方面,它涉及农、林、牧、副、渔、手工业和商贸诸多领域,对经济影响十分直接。这些影响可以概括为以下几个方面(仅就其动力作用而言):

① 习俗播种希望。信心和希望是一切事业成功的先决条件。浙江农村一向以种田、养蚕和种茶为主,尤其是杭嘉湖平原和宁绍平原一带,田稻、蚕茧丰收与否,对农民一年的生计影响极大。因此祈求田地、桑蚕丰收的各种仪式便应运而生。例如《乌青文献》所载的"烧田蚕",就是其中之一。这种仪式相沿至今,就是元宵节"甩火把",农民们边甩边祝:"火把掼到西,风调雨顺笑嘻嘻;火把掼到南,国泰民安人心欢……"又如杭州一些郊县,农具做好首先要请人题词,题词大部分是吉利语:如稻桶上题"五谷丰登",谷柜上写"大有丰年",米柜上写"玉粒珠玑",水桶上写"川流不息",水碓或碾子上写"民以食为天,谷乃国之宝"。农村家家户户在猪牛栏边,贴一张"栏神",认为它会保护六畜兴旺。"栏神"两边往往有对联;"日长千斤肉,夜大万两油"。再比如嘉兴的"开秧门",即插秧的第一天,通常是"早晨鲞鱼中午蛋,晚上一顿小酒会",并且"上午团子下午糕,点心送到田横头",鲞鱼头,寓

意为种田有"想头"。浙江的生产习俗中,行行业业都有这类播撒希望和"想头"的习俗,这对于稳定民心、安居乐业具有十分重要的意义。同时它也为单调、乏味的生产过程增添了不少的乐趣。例如在永嘉、平阳、乐清、瑞安一带农村,农民在田中或山上劳动时,有对唱山歌的习俗。山歌或叫"田歌"、"田诗",有唱民间故事,也有互相猜谜,或即兴编唱的。这些充满希望和情趣的习俗,是浙江人民热爱生活的表现,是发展经济必不可少的情感支持。

②习俗培养道德。经济生活涉及人与人、人与社会和人与自然等多方面的关系,这些关系处理得好不好,同经济发展的水平和质量休戚相关。自私自利、狂妄自大,自以为是、刚愎自用的性格,对于经济的交流与合作,对于人与自然和睦共处都是致命的。因此,良好的道德素质尤其是职业道德便成为经济发展不可或缺的条件。浙江的生产民俗中有两点对于道德的意义是不可低估的。其一是敬畏,其二是尊师。浙江民间几乎每个行业都有其特殊的禁忌和敬畏。开镰割第一丘稻,要请五谷神;茶乡除夕请年菩萨时,要把每年采摘的头茶作供品;余姚农民每逢开犁、插秧、收割等主要农活,都要祭田公田婆,祝祷五谷丰收;温州渔船出海捕鱼前,渔民们先祭祀海神,烧金银纸箔,燃放爆竹,祈祷平安和丰获,俗称"做鱼福"。这些旨在教民敬畏的风俗,对于克服人欲骄横傲慢的弊病,保持心灵的纯朴和诚敬,具有十分重要的意义。浙江民俗中的尊师重艺的风气十分浓厚。例如温州,各行各业都有自己信奉的祖师作为本行业的保护者,每年定期祭祀,祈求保佑本行业兴旺,财源茂盛。如药业信奉祖师吕纯阳;木匠、石匠信奉巧圣先师鲁班;雕刻业信奉邱弥陀;商界信奉财神爷赵玄坛;戏班信奉唐明皇;农业信奉土地爷;渔业信奉"天上圣母"、"水仙尊王";读书人则信奉文昌君等。日常生活中,学徒必须拜师,拜师时要挑着红烛和礼物去师傅家磕头。师徒双方订合同。学艺期间,第一、二年,每年付给师傅一担谷或若干钱,作为伙食费。第三年劳动所得归师傅,吃师傅的饭。一般学习三年期满,但也有到第四年仍为师傅白干一年的,叫"赠工"。四年后,能独立生产,就可出师。出师时,徒弟挑着肉、鸡、鱼、面、酒等礼物谢师,师傅则以手艺所用的工具作为回礼。

③习俗传递经验。生产的习俗对于保存和传递劳动人民的劳动

技能和生产经验具有十分重要的作用。仅以杭州为例:杭州作为南宋都城后,北方人口大量南迁,北方的风俗习惯逐渐为杭州人所习行。当时杭城成为全国公私商贾和能工巧匠集中的地方,尤其从汴京迁来的军器制造、土木营造、丝织、印刷等手工业,纷纷在杭州重建基地。商贾也开店设肆,商品云集,品种繁多。那时杭州出现许多街市,诸如米市、菜市、羊市、鱼市、柴市,以及游乐用品的花市、灯市、珠宝市、猴市等等,至今杭州仍留下许多相应的街巷地名。《武林旧事》等记载,当时杭州有四百四十行,一条横贯南北的御街(或称天街),从北首景灵宫(武林门附近)向南,一直通到凤山门,路面均铺石板,路的两旁商肆林立,这就是现在的中山中路,至今仍是杭州商业较为繁华的地带。商业夜市的风俗更盛。当时有丰乐楼、武林园、熙春楼、聚景楼以及一窟鬼等近百家酒楼茶坊,市民宴饮品茶成风。饮食业十分兴旺。这些饮食业多保持着北方习惯,适应南渡北人的食俗口味,如鱼羹宋五嫂、羊肉李七儿、奶房王家、血肚羹宋小巴、杂菜羹李婆婆、南瓦子张家团之类。又如杭州市郊许多区、县,清明前后下谷种,下了谷种之后,春耕生产开始紧张,这时长辈要把成家的儿孙叫到自己房里睡,以避免儿孙夫妻生活频繁,气力不支,影响生产。再比如,宁波正月十四,农家要到自己地边田塍放火烧虫,俗称"驱蝗虫"、"烽火孵"。湖州的毛笔工匠,在纪念笔祖的蒙公祠内,除笔祖蒙恬和夫人卜香莲的塑像外,其两侧各塑一侍儿(一说"太子"),一名"停停",一名"搭搭",意即做笔时,工要细,艺要精,切忌操之过急。吴语"停停搭搭"有刚断又续的意思,隐喻在紧张的专注的制笔工艺过程中,应有片刻的休息。平时制笔的工场内,不准带香的吃食进去,风俗中说是为避笔祖夫人名字的讳,故不能吃香食。其实,是怕香食引出虫子,蛀坏毛笔。所有这些生产习俗,为浙江的农工商业的发展多角度、多方位、多层次地积累并传播丰富的经验,为浙江经济在改革开放以后的迅速崛起储备了丰厚的资源。

④ 习俗促进商贸。浙江是明清资本主义萌芽产生较早的地区之一。商业贸易从那时起就一直居于全国领先水平,逐步形成了整套与当地民风密切关联的商贸习俗。这些习俗在新中国成立后,特别是在"文化大革命"期间,由于极左路线的干扰,而长期受到抑制。改革开

放以后,抑制松缓,这些习俗便如春草一样破土而出,迅猛滋长,极大地推动着浙江经济的发展。浙江的商业习俗对经济的促进作用主要有以下几个特点:

第一,组织性强。浙江人旧时做生意是有帮派的,例如,光是建德一带,就有四个主要的帮派,即宁波帮、徽州帮、兰溪帮和绍兴帮。一般南货、酒坊多为宁波帮;食盐、酱油多为绍兴帮;棉布百货多为徽州帮;药店既有宁波帮也有兰溪帮。手工业多为金华八县的人。这些商店都参加各自的同乡会,一般学徒也用同乡人。建德城内有宁波会馆、绍兴会馆、徽州会馆、金华会馆等等。每个商店都抽出一定时间,参加会馆活动,加强帮内势力,以便操纵行情,垄断市场。如宁波人每年五月十三,要集中会馆拜关公,并领一根面筹,到面店吃面。徽州会馆每年由徽州人出钱演一次戏。若同乡人流落当地,会馆帮助解决一宿一餐,有的还解决路费。有的鳏寡孤独,病死建德,也由会馆收尸埋葬。浙江的商业组织性强,不仅表现为商业人口的组织上,还体现于集市的组织中。温州的白石大会市就是一个很好的例子。乐清白石三月初十大会市,是街会形成的集市,具有悠久的历史。集市地点在白石马道滩。白石山盛产竹木,资材丰富;附近有中雁胜景,每逢阳春三月,清明前后,游客纷至踏青、游玩。此时又恰是春耕大忙前,附近山区农民挑来各类农具,沿街叫卖;手工业艺人、小贩也赶来凑热闹,逐渐形成一年一度的节会。解放后,每逢三月初九至十一,举办物资交流会。

享誉国内外的义乌小商品市场,与义乌"敲糖帮"的"鸡毛换糖"的传统密不可分。今天的义乌人能够将规模宏大、纷繁复杂的小商品经济经营得如此红火,直接得益于传统赐予的经验。据胡琦的《义乌的"敲糖帮"》所载,敲糖帮的组织之细密、科学,即使在今天都是非常值得借鉴的。敲糖生意的组织相当复杂,总称为"敲糖帮",以其活动方式的不同分为"担头"和"坐坊"两类,以其地区不同分为东、北两帮。所谓"担头"就是挑糖担赶生意者。"坐坊"是坐守在固定的地点,而为担头服务的。所谓"东帮",是由义乌东乡人结集的班底;"北帮"就是由北乡人结集的班底。西、南两乡做此生意的较少,有则依附于东、北两帮了。在东帮和北帮中,各有几个领头人物,称为"老路头",老路头之下,有"拢担",拢担之下有"年伯",每一个年伯照管着五至七副"担头",每一个"拢担"又照管着五至七个"年伯",每一个"老路头"领带着五至七个"拢担",组成一个"班"。担任"老路头"的,是最熟悉敲糖门路的老手,是由本乡各大族的祠堂族长们所推举出来的。拢担则以村庄为主,由附近各村中的众糖担自行推定。"年伯"是由"拢担"指定比较精于敲糖生意者充任之。如有新糖担要入帮,要通过拜年伯的手续:由老糖担一至二人介绍,新入帮者要在介绍人的陪同下,去向年伯叩头,认过"长辈"(不管彼此年纪的大小),送过"礼",经年伯许可,即报请拢担批定,就成为帮中人了。但在入帮后的前三年,称为"附担",自始至终都须跟着本年伯的担头走的,一切要听从年伯的吩咐,在路上须帮年伯或拢担做些杂务,三年后才成为"正担",可以转"年伯"或另合"拢担",在路上可以单独行动了。

"坐坊"是敲糖帮中的把头,其组织有"糖坊"、"站头"、"行家"、"老土地"四种。糖坊是专替糖担制作"土作糖"和"和货糖"的店铺,通常不对外零售,兼营出售或租赁糖担所需的篾篓、糖搭盘及其他敲糖用具,一面将作糖批给糖担,一面又将糖担换进的货物收进或代销。站头是设置在某些交通较便地区的一种专为接待敲糖帮而设立的小客栈,但绝无宿舍、客栈等名目,亦决不接待其他客商,是专供帮中人息担住宿、膳食和代为转运来去货物的机构,大都是由糖坊分设的,不属于糖坊的站头,也得听从坊东的指挥。行家是给敲糖帮批发百货的机构,大多是以某某商店出名的,而内里做的主要生意,却是替众糖担采办各路所需的各式各样的百杂货。老土地是坐在义乌家乡,专向各路糖担吃进回头货(即各糖担自远处调换回来的货物)的人的总称。做老土地的多是当地的地主、商贩之类,如来货碰得巧,一本百利是常有之事。

从以上对义乌"敲糖帮"的组织的粗略介绍中,我们不能不深为其细密的组织管理而叹服。他们在人、财、物的管理上,既有传统的伦理道德秩序,又兼顾了现代管理的不少理念,为今天的义乌人管理现代小商品经济积累了宝贵的经验。根据胡琦对义乌"敲糖帮"的历史研究,我们发现在义乌敲糖帮中已经出现了余英时在研究明清商业经济时所特别关注的"伙计"(employees)制度。由于"伙计"制度对明清商业发展具有特殊的重要性,我们有必要扼要地指出其中几个特点。第一,这是一个全新而普遍的制度;第二,从以上所引资料及其他史料来看,义乌敲糖帮中从"坐坊"到"老路头"到"拢担"、"年伯"、"担头"的层层关系已经近似于老板和雇员的关系;第三,这种关系大体上建立在亲族子弟的关系之上。这一事实恰好说明义乌人如何一面利用传统文化的资源,一面又把旧的宗族关系转化为新的商业组合。这正是中国从传统到现代的一种过渡方式。清末民初中国新型的资本家仍然走的是这条路。韦伯认为:新教伦理的一大成就即在打破亲族的束缚,使家与商业完全分开;而中国则太重亲族的"个人"关系,没有"事业功能"(functional tasks 或 enterprises),因此经济发展受到限制。这是由于他对中国史缺乏认识的缘故。单是义乌的"敲糖帮"即已向"事业功能"迈出了一大步。可以说,义乌敲糖帮的组织中已经包含了中国经营管理阶层(managerial class)的前身。

第二,柔慧性高。我国传统社会是一个伦理本位的礼义之帮,有很强的重义轻利的传统。这就使得我国的商业具有浓厚的民族风格,诸如讲信誉、重情理、交流含蓄委婉等等。浙江人诚如前面所分析的,具有很强的"柔慧"性,这种柔慧性表现在商业活动中便是精明而含蓄。浙江人总是欢欢喜喜、客客气气地赚钱,不像内地许多地区那样生硬粗朴。改革开放初期,浙江人就是凭着这种容易被人接受的性格走南闯北,搞活经济的。旧时宁波商店为推销商品而创造了一系列别出心裁的招徕术。如留客宿,商店设栈房、客房、卧室,顾客来店购买货物,当天来不及返回,免费留店住宿,故各商店都有一批老买主;对船老大特别客气,因旧时乡下顾客上城不便,常开具货单,托航船老大进城代购。旧时商店还向顾客赠送礼物,如农村顾客来店办货,回去时天若黑,店铺就赠送一盏灯笼,上写店号,既讨顾客欢心,又作广告宣传。有的办店堂菊花会或店堂音乐会、名画展等等。所有这些招徕术都做得亲切而自然,不像现今的许多广告或推销那样刻意和做作,令顾客被动和尴尬。

最能体现浙江人商业柔慧性的可能要数他们的所谓"讲生意"和"吃语"。所谓"讲生意",就是老板决定留用还是辞退职工。每年春节、端午、中秋时讲生意。药店春节讲生意是在年初三,其他行业都是年初四、五。初五是接财神的日子,职工去或留,接财神前要定下来,接过财神,就要开门营业。讲生意有两种方式:一是老板要摆一桌酒请大家吃,酒席上一定有盘鱼,由老板亲自端来,鱼头对准谁,谁就被辞退。另一种方式是酒席结束,老板依次找职工在账房谈话,有的口头表扬,有的加点工资,对辞退的人,则送上一张红帖,被辞退的职工离店,铺盖、箱子要放在店堂里,请老板过目,或老板派个学徒过目。所谓"吃语",就是各商店的一套"行话"。为了对付顾客,这种"行话"只有内部知道,如中药店以千字文作暗语;棉布店用二句对联,即"火树银花合,金桥铁锁开";酒店都是用诗句;南货店则用代号,顾客来买东西,欠债的,老板就打招呼,代号叫"人昔"。职工听到,就把原价加上二三成算账,若老板讲"王见"代号,意即现金交易,职工计算价格就不加价。所有这些生意经,都是经过历史的千锤百炼,十分贴近中国人的商业性格和生意心理,操作起来虽然累赘了些,却非常有效。它们对于浙江经济的发展是发挥了巨大作用的。

(2) 生活的习俗与浙江经济的发展

生活的习俗包括了饮食、服饰、居室、器用、交通、娱乐等多方面,由于时代、社会、民族、地域以及季节的不同,浙江的生活习俗呈现为多彩多样,但基本的个性还是很鲜明的,那就是《宋史·地理志》所说的"厚于滋味。善进取,急图利,而奇技之巧出焉"。《隋书·地理志》说杭州:"山泽沃衍,有海陆之饶,珍异所聚,故商贾并凑。"欧阳修《有美堂记》称:"其民富足安乐,其习俗工巧,邑屋华丽。"苏轼《上执政书》也说其"室宇华好,被服粲然"。晁补之《七述》:"杭俗尚工巧,家夸人斗,穷丽殚好。八方之民,车凑舟会,角富而衒宝。"秦观《雪霁记》云:"其俗工巧,羞质朴而尚浮华。"①所有这些记述虽然是关于杭州的,但基本上也能勾勒出浙江民俗的总体特色——厚于滋味。厚于滋味在经济上的一个直接的结果就是饮食业发达。浙江菜肴经过长期的演变发展,逐步发展成为杭州、宁波和绍兴等三个地区为代表的浙江菜系,成为我国著名的菜系之一。浙江菜的特点是:选料时鲜,制作精细,色彩鲜艳,味道鲜美,品种繁多,讲究营养。烹调方法有爆、炒、炸、

---

① 上述引文均见胡朴安:《中华全国风俗志》,河北人民出版社,1986年,第77页。

熘、烩、炖、烤、蒸、烧、煎等。猪肉、鱼、禽、笋类所占比例最大。市场上经常供应的莱肴,多达 500 余种。

厚于滋味,始于吃喝,但不局限于吃喝,华屋美宅,游山戏水,歌舞游艺,莫不由此衍生。这样讲究生活,是经济发展的一大动力。要讲究吃得好,喝得好,穿得好,没有钱是办不到的;要有钱,就得"善进取,急图利"。善进取、急图利的结果必然是奇技之巧竞出,生产发展,经济活跃。

(3) 社会的民俗与浙江经济的发展

社会的习俗虽较为庞杂,但主要为规约与组织。

浙江民间常有一些自发的乡规民约以及不成文的习惯。在定海,邻里遇有婚丧大事,或建屋造船,均须自动帮工,不论亲疏恩怨,都不能例外,直至竣事。此外,在山林、水利和渔猎的管理方面,各地往往有若干禁例,违禁者将受到处罚,有的十分严厉。重要的乡规民约还要立碑,世代遵守。这些乡规民约对于推动浙江的发展是有重要作用的。

浙江的民间社会组织,明清以来,随着商业、手工业的逐渐发展,出现了以职业或地缘关系为主的民间结社。有两种:一是按行业分别成立同业公会,也称行会,往往有各自的祖师爷,塑像供奉,逢节祭祀;一是按商贩、匠作的籍贯分别成立同乡会,俗称会馆。这些行会和同乡会在发展市场经济的过程中是起过积极作用的。它们对于激发市场竞争,调解纠纷,对付共同的重大困难(比如天灾人祸)都有着不可替代的价值。

浙江民俗中的规约与组织是密切关联的。它们对于经济发展的推动作用主要表现在以下几个方面:

① 奖励上进。经济要发展,没有几个知书达理、视野开阔的人才是困难的。浙江的社会习俗比较重视奖励上进。例如建德,族里有很多规矩,如冬至分肉,学历越高的人,分得的肉越多,以奖励本族子孙上进。再比如绍兴,乡村多有义田,它是宗族中为赡养贫困族人而义捐的田产。此外尚有义学田,是宗族中为培养士人而义捐的田产。绍俗素重读书,一些天赋聪明的贫民子弟,由宗族中的热心人捐出田产以支持,称为"义学田"。他们借助义学田的资产,构造精舍,延聘名

师,劝学考艺,培养子弟。待成才有所收入后,要为宗族添置财产,一代积一代。有的宗族虽无专门义学田,但往往将祠堂田的部分收入资助读书人;或者将其中的部分田产,划归读书人的家庭耕种,待出仕之后,再行收回。由于奖励上进的风气很盛,浙江的人才辈出,并且这些人才往往乡土观念重,热爱故乡,关心故乡,这些人才无论是身处海外,还是国内其他省市,都从各自不同的角度关心和支持着家乡的发展,是浙江经济迅速崛起不可忽视的重要力量。

② 扶危济困。扶危济困,既是社会健康发展的需要,也是经济发展的一个必要的条件,因为市场的繁荣不可能建立在危困人口过多的基础上。浙江的社会风俗中有许许多多扶危济困的内容,例如宁波有专设救生船以拯溺者的"同善会",有义务报警救火的"水龙会"以及"临安会"、"同安会"、"普安会"、"来安会"、"长安会"、"靖安会"、"保安会"、"咸安会"、"均安会"、"丽安会"、"天一会"等等。又比如绍兴有"舍材会"。一些乐善好施的老公公或老婆婆,倡议集资组织舍材会,购置薄板棺材,存放通衢路廊,请人将遗尸他乡者收殓入土。所有这些扶危济困的义举,表面上看只是纯粹的道德行为,其实,从根本上说都是间接的经济行为,古人所谓"积善之家必有余庆",说的就是其中的道理。佛教所谓"善有善报"、"布施得钱财"之类,也是这个道理。

③ 御侮尚义。经济的发展离不开和平的社会环境和良好的经济秩序。浙江的不少社会风俗在御侮尚义、保护经济和社会的进步方面发挥了十分积极的作用。例如,浙江不少山区的农民自发地组织帮会,亦称"拳坛"。他们农闲习武,农忙耕作,集资置产,定期集会,御侮尚义,抗击盗匪,保卫家乡,保护建设成果。

④ 兴办公益事业。商品经济的一个缺陷就是由于惟利是图,公共设施、公益事业往往无人问津。浙江的社会风俗却热衷于公益事业,为经济建设和社会进步创造了较好的环境。例如绍兴传统上就有"银会"、"路会"、"桥墩会"、"公益会"等社会组织。邻近各村志趣相投,乐善好施的亲朋,自愿合资购买山、地、田等不动产,每年花利除作为定期会餐的费用外,多余的施舍给鳏寡孤独、贫病交迫的困难户。聚会地、会脚轮流,轮到的叫会首,账目公开,不贪分文。这就是所谓的银会。各村各堡,崇尚公益事业的人自行组织,合资置少量不动产。上

午十时左右聚餐,十一时就分赴各处通衢,进行修路。若有坍方或大面积陷落的,则集中力量数天,直到竣工。各会脚聚会之日必须自带修理工具,如锄、铲、扁担、畚箕之类。若有石工、泥工,就必须带泥工、石工工具。这就是所谓路会。绍兴向有"烧香要烧三宝殿,好事要做眼面前"的社会习俗。一些搞慈善事业者,组织各种公益会社,冬施棉衣夏施茶,舍医舍药舍棺材,而修桥铺路造凉亭更被视作大好事。如青甸湖、猪头江、瓜子湖等大江大湖中都有避塘,均刻有"某门某民助银十两"、"某门某民助银圆贰百整"等字样。在秋夏之际,行船遇上暴风骤雨,在辽阔的江湖中,往往有翻船之虞,而避塘能保其安全。

在历史上,浙江的文化传统对浙江经济发展产生了重要的促进作用。另一方面,它也有自身的一定的局限性。诸如特殊主义的价值取向以及重人情轻法制、重身份轻契约之类思想观念等。需要进一步说明的是,在考察浙江经济发展的文化动因时,我们发现经济的发展决不是单纯的经济行为的结果,直接的经济思想固然是推动经济发展的动力,但这些思想必须先化成劳动者的思想、情感、意志和行为,同时人民群众的风俗、习惯和自发的思想、观念和情感意志又对一定的经济思想发生着决定性的影响。一句话,经济的现象必须在广大而复杂的社会文化背景上予以说明。

# 两浙人文地理与价值观念之差异及其对社会经济发展的影响

钱　明

在浙江的地域文化性格中,既有温台地区的敢闯、重利,也有杭嘉湖地区的儒雅、诚信,还有金衢地区的吃苦、自强,以及宁绍地区的精明、实在,这些来自源头的文化基因,应当成为"浙江精神"的总体诠释。而近年来随着社会经济的发展,浙江新生代的精神走向以及作为一个群体给外界的印象,也正在发生着深刻的多角度的变化,这无疑是浙江新文化建设的重要契机。而只有对历史上两浙地区的人文地理和价值观念及其对社会经济发展所产生的影响作出科学的总结和深入的解读,才能更好地把握这一契机,从而创造适应时代要求的新文化和新观念。

## 一

浙省自古就有"两浙"之称。"两浙"即浙东(包括今天浙省的南部、西部、中部和东部部分地区)与浙西(即今浙省的北部及东部部分沿海地区)①。对于浙江的地域分界,历来有两种说法,一种是《国语·越语上》所言:"勾践之地,南至于句无,北至于御儿。"韦昭注:"今嘉兴御儿乡也。"其地约今桐乡西南。此后,《越绝书》卷八亦云:"语儿乡,故越境。"另一说始于《史记·货殖列传》:"浙江以南则越。"王充从其

---

① 在文献中,亦有把浙东的宁波地区称为"浙西"的有关记载,如明儒袁炜(1507—1565,号元峰,嘉靖十七年进士,慈城人)为慈城县所撰的《建邑城记》云:"吾邑旧无城池,亦鲜识兵革,故浙西多事当道者,屡檄筑城。"即为明证。

说:"余暨以南属越,钱唐以北属于吴,钱唐之江,两国界也。"①其实这两种说法都能成立。《国语》所说的吴、越国界,当是越国战败、勾践入质于吴以前的国界。到勾践五年(前 492),勾践入质于吴,七年释放返国,此时国土已较前缩小。因此,在浙江的地域分界中,钱塘江的地位非常特殊。这个地区在秦统一后置会稽郡,而"吾浙之台、温、处三州,则实秦闽中郡之北土",②故古时闽中又有"闽越"、"东越"之称,如陈鸣鹤之《东越文苑》,即记闽中文人之行实。到了东汉永建四年(129),实行吴、会分治,设置吴和会稽二郡,此二郡即以旧吴、越国界即钱塘江为界。吴郡和会稽郡的建置,一直延续到南朝刘宋;至唐代始置浙江西道和东道;宋代改称浙江西路和东路;元代置浙江行中书省,领两浙九府;明初改为浙江承宣布政使司,领两浙十一府,浙西的嘉兴、湖州二府始自直隶来属浙江。故清乾隆《浙江通志》称:

> 元至正二十六年,置浙江等处行中书省,而两浙始以省称,领府九。明洪武九年,改浙江承宣布政使司。十五年割嘉兴、湖州二府属焉,领十一府。国朝因之,省会曰杭州,次嘉兴、次湖州,凡三府,在大江之右,是为浙西。次宁波、次绍兴、台州、金华、衢州、严州、温州、处州,凡八府,皆大江之左,是为浙东。

文中所言"大江",即钱塘江。江左浙东八府,历代变化不大;而江右浙西③的自然区域,则变迁离合频繁:唐肃宗时,除升、润、苏、杭、常、湖之外,并领宣、歙、饶、江四州,盖兼有古豫章郡之地。宋代浙西路的管辖范围包括平江(苏州)、常州、秀州(嘉兴)、湖州府和江阴军。明代又将苏、松、常、嘉、湖五府(也有将杭州、镇江二府划入其中的)列为"江南"经常性的表述对象,后来甚至有人建议在最为富庶的太湖流域即今苏南、浙西地区设立专门的行政区。④故全祖望《浙西分地录》称:"盖会稽之西土,自罢侯置守以来,虽其中离合不一,而苏、松、常、镇之合于浙

---

① 《论衡·书虚篇》。

② 《全祖望集彙校集注》中册,上海古籍出版社,2000 年,第 1822 页。

③ 故浙西又称"浙右",明人汪道昆在比较浙、吴、闽等地举业之盛时曰:"自近世经术兴,则闽士为嚆失。……彼都人士,斐然与江左、浙右同风。"(《太函集》卷三《赠黄全之序》,《四库全书存目丛书》集 117,第 93 页)

④ 参见冯贤亮:《明清江南地区的环境变动与社会控制》,上海人民出版社,2002 年,第 2—10 页。

西,则未有异者。"①浙江大地,"东宽而西迮(通"窄")",②即由此而来。顾炎武在《天下郡国利病书》"浙江上"中所涉及的人文地理范围,就是指的浙西与苏南的部分地区。据《日知录》载:

> 韩愈谓赋出天下,而江南居十九。以今观之,浙东西又居江南十九,而苏、松、常、嘉、湖五府又居两浙十九也。

> 后世指二浙之地,通称吴、会,谓吴与会稽也。……《庄子》释文"浙江"注云:"浙江,今在余杭郡。《后汉》以为吴、会分界,今在会稽钱塘。"

> 昔人以钱塘为吴、越之界,唐释处默诗有"到江吴地尽,隔岸越山多"之句,宋陈师道亦有句云"吴越到江分",盖为《史记·楚世家》"尽取故吴地,至浙江"句所误。以《春秋内外传》考之,吴地止于松江,非浙江也。浙江乃越地。③

可见,"大江以右"的浙西地区自古以来就与苏南地区在行政区划上难分你我,故后世遂以吴、会(稽)或吴、越分称浙西与浙东。顾炎武说:"天下租税之重,至浙西而极。浙西之重,苏、松、常、嘉、湖五府尤甚。"④便凸显了时人以浙西包括杭州为吴地的地域视野。⑤所以宋明时期习惯上把湖州称为"三吴"之一的"吴下"。⑥如明人董毂说:"浙西吴下当国家神州之东南……于是澉浦镇(今属海盐)城筑,当风涛之上游,而为三吴之首成矣。"⑦清初思想家张履祥在评述茅坤时亦曰:"世风浅薄,西吴为甚。"⑧因茅坤是浙西人,故此处之"西吴"即指浙西。又

---

① 《全祖望集汇校集注》中册,第 1821 页。

② 《全祖望集汇校集注》中册,第 1820 页。

③ 《日知录集释》,岳麓书社,1994 年,第 359、1085、1086 页

④ 参见许伯明主编《吴文化概观》,南京师范大学出版社,1997 年,第 12 页。

⑤ 参见拙文《"浙学"的东西异同及其互动关系》,《杭州师范学院学报》,2005 年第 4 期。

⑥ "三吴"之称,历代所指不一。北魏郦道元《水经注·浙水》:"汉高帝十二年,一吴也,后分为三,世号'三吴'。"吴兴(治今湖州)、吴郡、会稽其一焉。"唐指吴兴、吴郡、丹阳。宋以后则指常州(吴上)、苏州(吴中)和湖州(吴下),而"苏郡为三吴会府"(王国平、唐力行主编:《明清以来苏州社会史碑刻集》,页 478)。其中浙西之湖州从来就属"三吴"之一,然称"吴下",则在宋明时期。

⑦ 《碧里后集·达存》上《瀛阳细柳序》,嘉靖四十四年刻本。

⑧ 《杨园先生全集》,中华书局,2002 年,第 1277 页。

曰："三吴气习,重僧,重堪舆,重养生家……湖州益甚。"[1]此处便视湖州为"三吴"之一。尽管明以后,中央政府为便于控制,而人为地划分行政区域,于是"合河南河北为一,而黄河之险失;合江南江北为一,而长江之险失;合湖南湖北为一,而洞庭之险失;合浙东浙西为一,而钱塘之险失"[2]。但从总体上看,"吴下"的浙西地区与"吴中"的苏南地区,无论在自然地理上还是在人文地理上都存在着千丝万缕的地缘文化联系,而近世以来浙西在行政区划上属于浙省的历史事实,则丝毫不影响其在学术风格和文化型态上明显接近于苏南而远离浙东的趋向和特质。因此,浙西与苏南两地近世以来常为世人合而观之,当在情理之中。

从自然地理的角度看,"浙江十一府,以秦置会稽郡之封计之,西虽缩而东则赢"。[3]也就是说,浙西面积小而浙东面积大。但若从人文地理看,明清时期的吴的核心区域就是狭义的江浙,而这必然包括浙江的湖、嘉。浙省的吴地自古就有"吴根越角"之说,并且表现出与苏省的吴地天然亲近,而与越地则因钱塘江和杭州湾的阻隔而相对疏远的特征。由于吴地属于浙江的太少,更由于江苏的吴地太过显耀,于是浙江向来以越自称。这不仅促成了江苏以吴自居而把吴、越等同于广义的江、浙,也影响了浙江人的地域观念的转变。因为苏南的吴地太正宗,因而不管从实惠上还是情感血缘上,越才是浙江的灵魂。[4]比如近现代以来,浙江的政策制定和基础设施建设明显偏向于越地的宁、绍而冷落了吴地的湖、嘉。也就是说,浙西不仅"缩"于地域,而且"缩"于文化与观念;在吴文化的强势渗透下,"浙学"表现出了"东"强"西"弱的特点。比如徐象梅所撰的《两浙名贤录》,在《硕儒》、《理学》之章节中,宋、元、明三代共录有 330 人,其中出身浙东的有 279 人,而

---

① 《杨园先生全集》,中华书局,2002 年,第 1037 页。

② 魏源《圣武记》,参见李孝聪《中国区域历史地理》,北京大学出版社,2004 年,第 245 页。

③ 《全祖望集汇校集注》中册,第 1822 页。

④ 学术界过去一般都认为,吴、越两地民族同根、文化同源、语言相通、民俗相近,但最新的 DNA 调查却表明,吴人与越人原本分属完全不同的两个民族;"越人各民族的身上有大量的 M119 突变,吴人则很少有,他们更多的是 M7 突变,那是从苗瑶语系分化出来的"(据《钱江晚报》2005 年 5 月 11 日报道)。

出身浙西的仅为 51 人,接近六比一。如果考虑到编撰者徐象梅是钱塘出身,而参阅者绝大多数系海盐、嘉兴人,所以在该书所收录的 51 个浙西人中,大部分为海盐、嘉兴人,以至使为该书作序的朱国祚亦发出了"徐君自表两浙士重于今天下,余更表嘉(兴)所产且以重两浙"的惊叹,而四库馆臣则干脆指斥该书是"以乡闾粉饰之语依据成书"①的乡土文化背景,那么以上这组数字便更能说明浙省"东"强"西"弱之程度了。而且从《两浙名贤录》的大量记载中,亦的确使我们看到了浙西人士以"雅好文学"、"经学世家"、"究心理学"者为多而浙东人士以"博综子史百家"、"不徒事章句"者居多的"奇特"的人文现象。

总之,两浙、三吴中的浙西与苏吴,吴越以后就比较亲近,②而与钱江以南的浙东地区和长江以北的苏北地区,在地域文化上逐渐显示出独有的个性。所以我们不能以现今的地域概念来笼统地指称"浙学"或"吴学"。

## 二

那么,"浙东"与"浙西"以及"浙学"与"吴学"的上述特点,对浙江的社会经济发展又有哪些深层次的影响呢?众所周知,文化是一种生长在骨子里的、精神性的基因。由于较为特殊的自然地理条件,自古以来浙江文化就形成了一个相对隔绝又互动交融的人文生态环境,那就是它既有与其他内陆省份一样的敢闯敢干、吃苦耐劳、诚信踏实的农业文明的性格,又有与沿海省份一样的勇于冒险、富有想象、不安于现状的海洋文明的性格。浙江文化可以说是农业文明与海洋文明的有机组合,也是山的文化与水的文化的完美组合。这种组合,主要得益于长久以来浙江大地上平野与山区、沿海与内陆两种文化的不断碰

---

① 《四库全书总目》,第 562 页。

② 这一现象,不仅存在于学术领域,而且还表现在其他话语系统中。如以音乐琴派为例,产生于明代末年的虞山派和广陵派,虽属于吴派的两大分支,但都渊源于宋代杭州的浙派(参见刘承华《南宋浙派对后世琴派的影响及其脉络》,《杭州师范学院学报》2004 年第 3 期),从而凸现出浙西文化与吴中文化的相通性。

撞与融合。

一般来说,浙西多平原、水网,农业发达,交通便利,后来成了中国的鱼米丝绸之乡和天下粮仓,因而该地区的生活一直较为富庶,[①]生活在这里的人也比较有安定感,心气平和,温柔敦厚,知足常乐,安土恋家,带有六朝时期吴会地区豪门士族的某些特性,体现在文化性格和价值观念上,便是典雅柔美、闲适安逸。而浙东是多山地区,人多地少,生存环境较为恶劣,因而生活在这里的人比较有冒险性,敬事鬼神[②],骁勇坚韧,吃苦耐劳,敢闯敢拼,表现在文化性格和价值观念上,便是刚健务实、重利超远;从古代越国人的奋发图强,到明清龙游商帮的全国称雄[③],再到近代宁波商帮在海内外的崛起,直到当代温州人的独创天下;从明代以义乌人为主的戚家军驰骋抗倭沙场,到清末民初一批批浙东出身的志士仁人出生入死,都是这种文化性格和价值观念的极好诠释。即使从今天生活在的杭州湾两岸的人们来看,其价值观念的差异也是有目共睹的。就因为隔了一条江,刚健务实的萧山人可以向波涛汹涌的钱塘江讨生活,而闲适安逸的杭州人则缺乏那种不怕凶险、勤俭刻苦的"围垦"精神或"弄潮"激情。尽管萧山现已成为杭州的一个区,但在近代以前,它始终归属于绍兴府的文化生态环境在短时期内却是难以改变的。而这不过是钱江两岸文化性格与价值观念存有差异的例证之一。最近《青年时报》的一则报道,似可作为透视这种差别的又一新证。据称苏州有一周姓老太,为自己祖传的"神秘长

---

① 关于两浙在经济发展上的差距,黄宗羲曾作过这样的比较:"我东浙之田,斥卤下下,一亩所收,上者不过米八斗,米价八钱,其征银米火耗二钱有奇,则十而取三矣。三吴之田稍优,其漕粮银米,大略十取五六,而力役不与焉。"(《黄宗羲全集》第1册,浙江古籍出版社,1985年,第80页)

② 《史记·封禅书》:"越人俗鬼。"《越绝书·外传记地传》:"夫越性脆而愚,水行而山处。……锐兵任死,越之常性也。"

③ 据陈学文研究,崛起于明隆万(1567—1620)年间的龙游商帮,是当时全国的著名商帮之一。龙游商帮以龙游商人为主体,融入了衢州、金华近邻县份的商人,组成了庞大的商人集团。他们以勤俭、节扑、敬业、乐群为商业伦理,其行踪遍布全国,影响波及海外,堪称明清浙商精神之代表(参见氏著《龙游商帮研究》,香港中华书局,1995年版)。按:龙游商帮与宁波商帮是浙商的两大源流,而这两大商帮的文化背景,则可以分别追溯到浙东文化与浙南文化,或者说是这两个文化系统在经济领域内的反映。今天众多远走他乡、遍布全国乃至世界的浙商们,正是继承了历史上浙商们的吃苦耐劳、开拓创业、诚信为上等优良传统。

指甲"奔波了两年多,仍不为苏州有关方面看好,甚至还受到周围人的质疑。但其老家宁波镇海旅游局的人得知此事后,却紧锣密鼓地开展了大量的争取工作,意欲将此物作为镇海香山寺的镇寺之宝予以收藏。部分苏州人据此认为,苏州人必须好好找找与宁波人的差距,学学浙江人敏锐的市场意识。其实苏州人在此之前就曾有过痛失"自家门口"文物的经历,有一位夏姓的老人收集了 5 万颗古今中外的钮扣,比吉尼斯纪录还多 3 万颗,但是随着老人的去世,这些钮扣在苏州竟然无人接手,最终被浙江温州人所收藏。这些并非孤立的现象说明,苏州人在观念上确实没有浙江的温州、宁波人来得"超远"。

从比较文化论的立场来看,浙东人的文化性格和价值取向的深层基因主要来源于浙东学派和阳明心学,而浙西人的文化性格和价值观念的深层基因则主要来源于浙西词派(还有浙西画派)和浙西理学。因此,浙东可以说是志士豪杰实行实用的豪迈之乡,其所代表的可以说一种心性文化;而浙西则可以说是文人墨客行吟颂赞的温柔之乡,其所代表的可以说一种诗性文化。当浙东诸子们在努力创造心学实学文化的同时,其毗邻的浙西"才子"们却大都沉醉在一种"才子文化"①中。浙东文化的"求心"、"求实"精神,似可以用"酒剑精神"来作比喻,而浙西文化的"求真"、"求美"精神,则似可比喻为一种"蚕丝精神";前者的"刚"和"烈",正可衬托出后者的"柔"和"软"。从古代的王充、陈亮、王阳明、黄宗羲到现代的鲁迅、蔡元培等,浙东士子可以为求心求实、经世济民而秉笔直书、奔走呼号;而浙西的王国维、李叔同则可以为求真求美的完美境界而在自己事业的巅峰期,或者出家修行,或者跳湖自尽。从一定意义上说,浙东文化是把学问融化为实在的心,而浙西文化是把学问融化为内在的美。一个是唯心(理)、唯实,一个是唯美、唯安。因此可以说,浙东文化主要表现为一种"刚性的美"、而浙西文化则主要表现为一种"柔性的美"。

从地理位置上说,两浙地区皆非政治中心,更非军事重镇,相对而言比较自由,远离纷争,发展空间较为自主,故而宋代以后其经济发展水平就比较高。但浙西经济的发达,可以说主要得益于吴文化背景下

---

① "才子文化"的概念,笔者参考了吴子林的《金圣叹与吴中文化》(《浙江学刊》2005 年第 3 期)一文。

的浙西人的精致、唯美、勤劳、忍耐、懂世故、守秩序,这种价值观念是十分适合于工业化发展要求的,尤其是当近代资本主义生产方式刚刚进入中国时,由于浙西地处中国资本主义发展的前沿地带,所以使该地区涌现出了众多的富商大亨。浙东地区虽亦有之,但比不过浙西。清末著名实业家张謇说过:"自咸丰、同治以来,东南富商最著称者……于浙得三人焉:若杭州之胡(雪岩),宁波之叶(澄衷),而其一则湖州南浔刘氏(锦藻)。"晚清时期,由于南浔盛产一种叫"辑里丝"的优质生丝,畅销全世界,一批南浔人从"辑里丝"开始发家,当时南浔百姓把资产超过 1000 万银两的富商称作"象",超过 500 万的称作"牛",超过 100 万的称作"金黄狗",如果把这些人的资产加起来,可以超过当年全国的财政收入,故有"四象八牛七十二条金黄狗"之说,而刘锦藻的父亲刘镛即为"四象"之首。在本世纪初,仅几千人口的浙西南浔,居然成了中国最富有的地方,创造了中国近代史上的商业神话。这其中固然与刘氏家族的经商本事分不开,但机遇和优越的地域条件应是主要原因。相比之下,近代以来闯荡世界各地的浙东富商,倒是更多靠得吃苦耐劳、冒险拼搏的创业精神,所以其在价值层面上的优势或许更大。

　　浙东经济发展模式的文化生态基因主要是以"永嘉学派"、"金华学派"、"四明学派"、"阳明学派"和"浙东学派"为代表的越文化及其衍生物,它与苏南模式下的浙西经济活动具有明显不同的价值取向。越文化开拓解放,豪迈大气,狂飙突进,而吴文化则传统深厚,精巧纤细,温柔敦厚;越文化重经世致用,吴文化重格物致知;越文化强调个性、个体、能力,吴文化强调均衡、集体、等级。因此,从经济发展的轨迹看,浙西人安土重迁,注重实业,主要是从农业走向工业;而浙东人逐利而流,注重市场,主要是从商业走向工业。浙西人精管理、巧安排,浙东人善运作、会创新。"温州模式"可以说是越文化或浙东文化哺育出来的代表作,"苏南模式"可以说是吴文化或浙西文化哺育出来的代表作,而如今最具活力的浙江宁绍地区则可以说是浙之东西文化融合后、具有两种模式之文化性格的又一大杰作。

　　如果说"浙东"经济的发展动力主要来自其"内部"(即内心与内功),并以开拓内部市场为主导,故而是一种内生型的发展模式;那么

"浙西"经济便是以开拓外部市场为主导,是一种高度依赖出口导向的发展模式。从实际效果来看,内生型发展模式似乎要比出口导向型发展模式更稳定和更具可持续性。故有学者曾指出,"浙西"经济发展模式的特点之一是乡镇经济发达,而"浙东"经济发展模式的特点之一是家族经济、个体经济发达。前者的主要特征可以概况为"公有制集体经济为主,按劳分配为主,城乡区域协调发展,物质文明和精神文明相协调"。而"所谓公有制集体经济为主,实际上是乡镇政府控制着企业的一切权利,本质上是一种政府超强干预模式、地方政府公司模式、政绩经济模式、干部资本主义模式。这种制度设计,脱胎于计划经济的传统模式,是冲破计划体制而解放生产力的一种制度选择"。只是经过二十年的发展,以"苏南模式"为代表的浙西经济中一些原先创新的做法已慢慢地模式化地凝固为发展的包袱。于是进入新世纪后,该区域的经济发展又进入了无模式化的个性化发展阶段,其发展格局已经与以"温州模式"为代表的"浙东"经验相差无几。①

浙东的经济发展之所以在过去的二十余年里要比浙西的经济发展来得快,主要是因为改革开放后,当不便的交通条件和地理隔阂等客观因素逐渐消除后,加之远离政治经济中心而获得的相对自由的发展空间,浙东人在其特有的价值观念的支配下很快显示出了明显的后发优势。对此,近年来公布的一系列经济发展数据便是最直接的证明。比如《新财富》杂志 2003 年 4 月号所排出的国内媒体首份有关中国富人排行榜 400 名富人中,居然有 63 位是浙江人,占了 15.75%,而这 63 位中,浙西人仅有 7 位。去年发布的"观潮湖 2004 胡润百富榜"中,亦有 8 人来自浙江,其中 7 人出自浙东。2003 年全国百强县中,浙江 67 个县中 30 个榜上有名,几乎占了近三分之一,而浙东的县市又在其中占据绝对优势。2004 年新出炉的"中国民营企业蓝皮书",在"最具竞争力中国民企"名单中,浙江企业占据了 50 强中的 26 席,显示了强大的整体实力,而浙江的民营企业有 90% 以上在杭、宁、绍、温、金地区。难怪有人说,21 世纪中国经济的亮点在浙江,而浙江的发动机在浙东。再比如,长江三角洲 14 个城市 2002 年城市居民可支配收

---

① 参见新望:《苏南模式的终结》,三联书店,2005 年。

入和消费支出调查显示,地处浙东的宁波、绍兴分列平均收入的第二、三位,居上海之后,而明显高于浙西和江苏,而且这几年这种差别还有进一步扩大的趋势。在这些数据的背后,使我们隐约感觉到了浙东精神对经济发展的巨大推动作用,犹如马格斯·韦伯所谓的新教伦理对西方资本主义发展的内在推动力。而这正是我们今天研究"浙学"抑或"浙江精神"的现实意义之所在。

然而,在我们回顾和总结浙江社会经济发展的同时,还必须认识到植根于浙东文化的某些局限性。"白天当老板,晚上睡地板",这是对大多数出身浙东的企业家的形象素描。但草根精神在赋予浙江商人"摧不垮,锤不扁,打不烂"的强劲生命力的同时,却暴露出了其根深蒂固的小农意识。缺乏技术含量的模仿秀,财富传代的管理局限,①"小、低、弱"的产业集群等,都反映了草根意识下逐渐显露出来的浙商文化的某种危机。而过分的务实,又会表现为目光短浅,只重视眼前利益,所以浙江本土出现的大企业家较少,其经济则被形容为"小草经济",企业数量多,但个头都不大,打个比方,看上去绿油油的一片,但找不到大树,更成不了森林,究其原因,也似可从浙东的文化基因上找到某种答案。只不过二十年前的"苏南模式"的弊端已充分暴露,而二十年后以"温台模式"为代表的浙东经济所存在的一些负面效应才初显端倪,以至还未被我们自己所深刻认识到;而且这种负面效应不像"苏南模式"主要是由传统政治经济体制导致的,而可以说主要是由深层次的传统文化基因造成的,所以要克服它和超越它恐怕亦并非易事。

浙江是资源小省,但却创造了经济上的浙江奇迹,这样的事例在国际上已早有先例。这是因为,资源是个双刃剑,资源丰富的地区,并非是创造力最强的地区,甚至还会成为阻碍创造的惰性力量。创造的决定因素是人,创造力更多地来源于文化力。浙江经济要有新的突破,就必须在思想文化上有所突破和创新,这无疑是今后以浙江经济为依托的浙江文化建设所面临的新课题。如果说上世纪八十年代浙

---

① "子承父业"历来是浙江民营企业家财富继承的首选。但据 2006 年 4 月 20 日《东方早报》报道,日前一项针对浙商的调查报告却显示,仅有约 14.5% 的企业家明确希望退休后由子女来掌管企业,在极为敏感的接班人问题上,浙商开始显示出理性与开明。

江人创业靠的是"勤奋＋激情",九十年代浙江人创业靠的是"机遇＋投机",那么到了 21 世纪的今天,浙江人要创业、要发展,就应该依靠"创新＋德行"。然而创新,首先是制度创新,还有文化创新和观念创新;"德行"的回复和重建,也离不开道德建设和文化建设。因此可以说,文化建设与观念创新,乃是今后数十年浙江社会经济发展从经验型转向理智型、从实惠型转向超越型、从本土型转向国际型、从富家型转向富国型、从物质型转向精神型、从自我型转向社会型的重要保证和基本前提。这是各级政府的职责,也是所有文化人的使命。

# 区域工商文化传统与当代经济发展
## ——对传统浙商晋商徽商的一种比较分析

### 陈立旭

经验事实表明,历史上工商业比较发达的区域,人们大多偏爱工商业,注重经济利益,具有比较强烈的创业意识和成就动机,区域经济发展与区域工商业文化传统往往呈正相关性。正因如此,一些学者认为,改革开放以来浙江经济之所以取得了高速的发展,一个重要原因,就在于其具有深厚的工商文化传统底蕴。如费孝通所说:"温州地区的历史传统是'八仙过海',是石刻、竹编、弹花、箍桶、缝纫、理发、厨师等百工手艺人和挑担卖糖、卖小百货的生意郎周游各地,挣钱回乡,养家立业。"这种区域工商文化传统在改革开放以来得到了延续,"50 年前的记忆,50 年后眼前的市场,其间脉脉相通,也可以说是历史的必然联系。"[①]事实上,不仅在温州,在浙江的其他地区,如宁波、绍兴、台州以及永康、义乌、东阳等地,都可以发现当代工商活动与工商文化传统的联系。然而,需进一步探究的是,为什么浙江的区域工商文化传统与当代浙江经济具有继承关系? 在历史上,中国其他区域也曾形成了深厚的商业文化传统底蕴,为什么这些区域的商业文化传统就不能演变成当代经济? 本文试图通过对浙商、晋商、徽商的区域文化差异及其与当代经济发展关系的比较和分析,对上述问题进行解答。

---

① 费孝通:《小商品 大市场》,《纵论浙江》,浙江人民出版社,2003 年,第 350 页。

一

　　从历史和现实看,区域群体的工商活动往往会与地域文化结合在一起,形成一种独特的区域工商文化传统。在这些区域中形成的商业群体,生产经营一般十分相似,工商经济活动也具有一定的地方特色,即使这种工商活动向区域外拓展,也保持一定的地域特征。在明清时期,中国形成了很多具有鲜明地域特色的商帮,其中最有代表性的,是徽州徽帮和山西商帮,即徽商和晋商。在当时,浙商与徽商、晋商的影响力,显然不可同日而语。明万历《歙志》对徽商活跃的程度曾作过描画:"其货无所不居,其地无所不至,其时无所不骛,其算无所不精,其利无所不专,其权无所不握,而特举其大,则莫如以盐荚之业贾淮扬之间而已。"在明清时期,徽商"足迹几遍宇内",拥有"无徽不成镇"的盛名,徽商所拥有的资本也是相当惊人的,所谓"下贾"二三十万,"中贾"四五十万,"上贾"百万、千万者,不仅同期的浙商难与其匹敌,即使同期的西欧商人也难望其项背。山西富室甚于新安。山西商人的活跃,古代文献多有记载,到明代,晋商已在全国享有声誉。清朝时期,山西商人的货币资本逐步形成,不仅垄断了整个北方贸易和资金调度,而且插足于整个亚洲地区,甚至把触角伸到了欧洲。与"无徽不成镇"的说法相似,关于晋商,也有"先有曹家号,后有朝阳县"、"先有复盛西,后有包头城"、"先有晋益老,后有西宁城"、"凡是有鸡鸣狗叫的地方,都有山西商人"之类的说法。清顺治《云中郡志》云:"商贾俱出山右人,而汾介居多,踵世边居,婚嫁随之。"康熙皇帝曾说:"朕比年巡行七省,惟秦晋两地,民稍有充裕。"[1]这其中,对晋商的辉煌已开始有所感触。宁武府,"数十年前,虽富家,妻衣不过布素。自雍正中西北用兵,百姓贸迁货物与挟一技以往者,多饱囊归,争以其资悦妇人,比户相耀,于是披绮罗者几十五六矣。"[2]道光二年,龚自珍在《西域置行省议》中断言:"山西号称海内最富。"咸丰时,惠亲王绵瑜称:"伏思天下之

---

① 严慎修:《晋商盛衰记》。
② 乾隆《宁武府志》卷九《风俗》。

广,不乏富庶之人,而富庶之省,莫过广东、山西为最。凤闻近数月以来,在京贸易之山西商民,报官歇业回家者,已携资数千万出京,则山西之富庶可见矣。"①山西乔家、曹家、渠家、王家、常家诸家族鼎盛时期的资产,都在千万两白银之上,而鸦片战争前后,清政府的全年财政收入也不过 7000 万两白银,即使在甲午战争时期,清政府税收总额也仅有 9000 万两白银。正因晋商有如此的辉煌成就,所以梁启超说:"鄙人在海外十余年,对于外人批评吾国商业能力,常无辞以对,独至此有历史、有基础,能继续发达之山西商业,鄙人常夸于世界人之前。"②

毋庸置疑,像徽州和山西一样,浙江历史上也是一个工商活动相对发达的区域,从而也形成了悠久的民间工商文化传统,产生了主张发展工商的浙东事功学思想。如入宋以来,温州"民生多务于贸迁",③当时温州从商者"晨钟未歇,人与鸟偕起"。④据浙江地方史志所载,元明清时期杭州、宁波、绍兴、台州、湖州、嘉兴、金华等地,都不同程度地存在着相对发达的集市贸易和手工业活动。但是,在明清时期中国商业舞台上唱主角的,却不是浙商,而是晋商和徽商。如《五杂俎》所说:"商贾之称雄者,江南则称徽州,江北则称山右。"明清时期的浙商无论在规模上,还是在影响力上,都无法与徽商和晋商相提并论。即使是传统浙商的故乡,明清时期成大气候者,也是晋商和徽商。据《清圣祖实录》载,康熙二十八年(1689 年)二月上谕中言:"凤闻之,东南巨商大贾,号称辐辏。今朕行历吴越州郡,察其市肆贸迁,多系晋省之人,土著者盖寡,良由晋风多俭,积累易饶。"而明清时期徽商在浙江的影响,要远甚于晋商。《见只编》记载了明代日本所需的中国商品,指出:"饶之瓷器、湖之丝绵、漳之纱绢、松之棉布,尤为彼国所重。"⑤饶州、湖州、和松江等中国手工业品的重要产地,正是徽商最为集中的区域。徽商在苏、松、杭、嘉、湖等地区的活动,早在宋代已见于记载,但徽商在这些地区的重要地位,却是在明代嘉、万年间随着江南市镇的兴起而得

---

① 张正明、薛慧林:《明清晋商资料选编》,山西人民出版社,1989 年,第 29 页。
② 梁启超:《饮冰室文集》二十九《莅山西票商欢迎演说辞》。
③ 祝穆:《方舆胜览》卷九。
④ 戴栩:《浣川集》卷五《江山胜概楼记》。
⑤ 姚士麟:《见只编》卷上。

以确立的。比如,太湖流域盛产湖丝的市镇,这些市镇均为徽商辐辏之地。据《嘉善县志》载:"昔之商贾,重去其乡,今亦间有远出者……然负重资牟重利者率多徽商,本土之人弗与焉。"①《杭州府志》说:"湖州货物所萃处,其市以湖州名。犹今钱塘江滨徽商登岸之所即谓之徽州塘也。"②《塘栖志》引明末胡元敬《塘栖风土记》云:"镇去武林关四十五里,长江之水一环汇焉。东至崇德五十四里,俱一水直达,而镇居其中,官舫运艘商旅之泊,日夜联络不绝,矻然巨镇也。材货聚集,徽、杭大贾视为利之渊薮,开典顿米,贸丝开车者,骈臻辐辏。"③

然而,"三十年河东,三十年河西",如今晋商和徽商的辉煌不再,取而代之的是,浙商已经具有"无浙不成商"的盛誉。知名的零点调查公司在北京地区进行的一项企业界人士调查结果显示,浙江商人是市场上的超级活跃群体;在上海,在沪浙商达 50 多万人,浙籍企业在沪投资总额、企业总数和资产总额,均居全国各省市之首。不仅仅在北京、上海等大城市,从通都大邑到穷乡僻壤,甚至在欧美各国城市,到处都有操浙江口音的投资者和生意人,仅在中国西部省份,就有 300 万浙商。浙江省个体私营经济总产值、销售总额、社会消费品零售额、出口创汇额、全国民营企业 500 强企业户数等多项指标,均居全国第一。

在某种意义上也可以说,自清末民国初徽商和晋商衰落以后,其大传统(如徽商和晋商的商业精神、经营理念、组织管理、心智素养等)已经被载入典籍并被学者作为研究的对象,但其作为特定地域群体生存和生活方式的小传统(民间商业文化传统和技能),则经过清末民国,尤其是经过 30 年计划经济的实践,可以说几乎已经湮没不彰了。当代的安徽经济和山西经济与徽商文化传统或晋商文化传统之间,基本上没有多少关联,更不是传统徽商经济活动和晋商经济活动的延续和发展。与此形成鲜明对照,浙江的工商文化传统虽然也在 30 年计划经济实践过程中受到了急剧的冲击,但如上所述,今天的浙江经济发展与历史上的民间工商文化传统之间,却具有一种清晰的传承关

---

① 嘉庆《嘉善县志》卷六《风俗》。
② 乾隆《杭州府志》卷上。
③ 光绪《塘栖志》卷六《风俗》。

系。在某种意义上也可以说,当代浙江经济乃是传统工商经济自然演化的一种结果。

<h1 style="text-align:center">二</h1>

　　要探讨改革开放以来浙商、徽商和晋商的文化传统延续与否的原因,首先有必要对改革开放初期的国家宏观社会经济环境以及传统晋商、传统徽商和传统浙商的不同特点等因素,作一种综合的研究。

　　按照新制度经济学的观点,在制度变迁中存在着报酬递增和自我强化的机制。一旦一种独特的发展轨迹建立以后,一系列的外在性、组织学习过程、主观模型都会加强这一轨迹。也就是说,初始制度选择会强化现存制度的刺激和惯性。这就是所谓的路径依赖。在传统社会,晋商、徽商、浙商在经营内容上存在着显著的区域特色,具有各自区域的经济活动路径或职业与技能的因袭性。在改革开放之初的政策环境下,这种区域特色、经济活动路径或职业与技能的因袭性,无疑对各自的经济发展产生了不同的作用。在明清时期,徽商所经营的行业是多方面的,而以"盐、典、茶、木为最著"。[①]近人陈去病也说:"徽郡商业,盐、茶、木、质铺四者为大宗。"[②]而在这四大宗中,盐业居首。如万历《歙志》所云,徽商"举其大者,莫如以盐策之业贾淮扬之者而已。"徽人所谓"吾乡贾者,首者鱼盐,次布帛,贩缯则中贾耳",也表明了盐业在徽商经营活动中的地位。明清时期的徽商典当以其规模大、分布广、获利多最为著名,当时民间有"无徽不典"之说。据《明神宗实录》载:"今徽商开当,遍于江北,资数千金,课无十两,见在河南者,计汪充等二百三十年。"又据《嘉兴县志》,安徽的"新安大贾与有力之家,又以农田为拙业,每以质库居积自润"。就连典当行掌柜"朝奉"一词也源自徽商俗语。明清时期徽州茶商的活动地区及其商业网络,则几乎覆盖了大半个中国,直至海外。[③]至于徽商木业的经营,南宋时已现

　① 民国《歙县志》卷一《风土》云:"邑中商业盐典茶木为最著,在昔盐业尤兴盛焉。"
　② 陈去病:《五石脂》。
　③ 唐力行:《明清以来徽州区域社会经济研究》,安徽大学出版社,1999年,第160页。

盛况,据南宋《新安志》载,休宁"山出美材,岁联为桴,下浙河,往着多取富"。①明清时期,"婺源服贾者,率贩木。"②徽州木商已不限于经营徽木,其足迹已经遍及木材的各个重要产区,并东走淳、遂、衢、处,南下闽、广,北上河套,还溯长江西行,远涉江西、湖广、四川、贵州。与徽商相类似,晋商所经营的行业也是多方面的,不仅有盐、铁、麦、棉、皮、毛、木材、旱烟等特产,也有江南的丝、绸、茶、米。如明人的《五杂俎》所说:"山右或盐、或丝、或转贩、或窖粟,其富甚于新安。"但是,清代以来,晋商以经营金融业汇兑业务为最著,咸丰和同治时期山西票号几乎独占全国的汇兑业务,成为执全国金融牛耳的强大商帮,并有"汇通天下"的盛誉。

无可否认,在历史上,浙江商人与晋商、徽商的商业经营内容,在许多方面是重合的,在经济活动路径或职业与技能的因袭性方面也有相似之处。比如,明清时期宁波商帮的经营内容中,也有绸布业、烟业、粮食业等,龙游商帮的经营内容中,则有盐、木材、烟叶、竹笋纸、甘蔗、茶叶等。但是,在传统浙商的经营内容中,最能体现浙江地域特色,并且与改革开放以来浙江经济具有因袭关系的,却不是与徽商、晋商相同的盐、典、木材、茶叶以及票号等东西,而是如费孝通所说的,"是'八仙过海',是石刻、竹编、弹花、箍桶、缝纫、理发、厨师等百工手艺和挑担卖糖、卖小百货的生意郎周游各地,挣钱回乡,养家立业等工商活动。"盐、典、木材、茶叶以及票号等,在明清时期的山西和徽州所造就的,是拥有几十万两、几百万两,甚至上千万两白银资产的大商人,是"富室之称雄者",是"汇通天下"、执全国金融牛耳的强大商帮。但是,石刻、竹编、弹花、箍桶、缝纫、理发、厨师等百工技艺以及挑担卖糖、卖小百货等小商小贩活动,在明清时期的浙江,则至多只是成就了一批谋取糊口之资的小生意郎、百工手艺人或所谓的"艺商"。

因此,对"改革开放以来浙商的文化传统得到了延续并逐渐得以发扬光大,而徽商和晋商的文化传统却没有"原因的阐释,就必须转化为对以下问题的解答:改革开放以来,为什么以盐、典、木材、茶叶以及票号等为经营内容,并且成就了大商帮的徽商和晋商传统,没有在安

---

① 南宋《新安志》卷一《州郡风俗》。
② 康熙《婺源志》卷二《风俗篇》。

徽和山西得以延续,而以石刻、竹编、弹花、箍桶、缝纫、理发、厨师等以及挑担卖糖、卖小百货为经营内容,以小商小贩和百工技艺为特色的浙江工商文化传统,却得到了延续并不断地发扬光大,发展成了当代浙江经济? 显然,回答了后一个问题,前一个问题也就迎刃而解了。

上述问题,初看起来似乎无很大意义,因为晋商和徽商早在清末和民国初年就已衰落,更遑论其延续和发展了。然而,从更广阔的历史背景考察,事实上在长达 30 年的计划经济体制下,中国历史上的所有区域商业文化传统,都在"工商业改造"和"割资本主义尾巴"的宏观社会环境中,不同程度地衰落了。由此看,上述问题仍然具有意义。问题不在于"衰落",而在于为什么有些区域商业文化传统"衰落"后不再"兴盛",而有的却又衰而复兴? 为了便于对这一问题的认识,这里将改革开放以前浙商、晋商、徽商已经衰落,作为一个必要的前提接受下来,但假定浙商、晋商、徽商文化传统,仍然存在于相应区域人们的文化记忆或"惯例"之中。尽管如上所述,事实表明,经过 30 年的计划经济实践,徽州和山西的民间商业文化传统,可以说几乎已经荡然无存了,但上述假定对于解释本文提出的问题,仍然是十分必要的。在这里,假定就是提供一个模拟的环境,一个理论模型,虽然它可能并不与现实生活相对应,但它有助于说明要研究的问题。

现代演化经济理论大量借喻了生物进化论中的一些概念和思想,认为"日常惯例"就是经济变迁中的基因,起到了与基因在生物演化中同样的作用,这是一种重复的行为方式、一种由文化过程和个人在某时刻以前所积累的经验所决定的标准行为,它们控制、复制和模仿着经济演化的路径和范围。熊比特认为,如果没有习惯的帮助,无人能生存,哪怕是一天。在演化经济学中,和生物系统一样,演化主要是两种机制推动的,一个是创新机制,通过系统的创新产生多样化;一个是选择机制,即在这些多样化中进行系统筛选。创新体现在惯例中,并与激发惯例的机制相关联。选择机制是指经济系统的制度背景(更一般的基本运行环境)会有利于某些惯例,而不利于另一些惯例,因此选择将改变习惯的扩散以及个人和组织的行为方式。

按照演化经济理论,可以将徽商和晋商的盐、典、木材、茶叶以及票号等经营活动,看作是徽州人和山西人的文化记忆或"惯例",而将石刻、竹编、弹花、箍桶、缝纫、理发、厨师等以及挑担卖糖、卖小百货等经营活动,看作是浙江人的文化记忆或"惯例"。尽管在明清时期,徽州和山西也可能有人从事过石刻、竹编、弹花、箍桶、缝纫、理发、厨师等以及挑担卖糖、卖小百货等经营活动,浙江也可能有人从事过盐、典、木材、茶叶以及票号等经营活动,但这些活动在当时相应区域的商业文化传统中,都没有"代表性"和"典型性"的意义,所以,前述观点仍然可以成立。另一方面,无论是徽州人和山西人的文化记忆或"惯例",还是浙江人的文化记忆或"惯例"都与激发机制相关联,即与演化经济理论所谓的"经济系统的制度背景(更一般的基本运行环境)"相关联。而这种经济系统的制度背景,就是改革开放之初的政策和其他制度环境。显而易见,改革开放的政策是普照全中国的阳光,改革开放之初的国家政策和其他制度环境,并非是专门为浙江人设计和安排的。然而,耐人寻味的是,改革开放的实践已经充分地表明,与安徽的经济和山西的经济形成一种鲜明的对照,浙江似乎"偏得"了改革开放政策的"普照之光",浙江的经济是"一有阳光就灿烂,一有雨露就发芽"。也就是说,改革开放以来的政策,是有利于激发石刻、竹编、弹花、箍桶、缝纫、理发、厨师等以及挑担卖糖、卖小百货等当代浙江人的文化记忆或"惯例",而不利于激发经营盐、典、木材、茶叶以及票号等徽州人和山西人的文化记忆或"惯例"的。

为了分析这种截然不同的结果,有必要将不同区域的文化记忆或"惯例",与改革开放初期大体相同的政策和其他制度环境联系起来,作一个综合的考察。改革开放之初,在对待个体经济的政策上,中国共产党肯定了个体经济是社会主义公有制经济的补充,并从解决就业、满足社会多样化需要和为国家提供资金等方面,肯定了其积极的作用。正如中共十三大报告所说:"实践证明,私营经济一定程度的发展,有利于促进生产,活跃市场,扩大就业,更好地满足人民多方面的生活需求,是公有制经济必要的和有益的补充。"这表明,在改革开放之初的前十年,中国共产党的政策,是将个体私营经济作为"公有制经济必要的和有益的补充",以及对国民经济产生"拾遗补缺"作用来定位的。而石刻、竹编、弹花、箍桶、缝纫、理发、厨师、小五金、补鞋以及挑担卖糖、卖小百货等浙江人所从事的传统工商活动,正可以作为公有制经济必要的和有益的补充,能够对国民经济产生"拾遗补缺"的作用,所以都是国家政策所允许和鼓励的。因此,改革开放之初的国家政策,虽然是一种普照之光,但在实际上,是特别有利于激发浙江人的文化记忆或"惯例"的。尤其是在长期计划经济造成日用品严重短缺的情况下,浙江人的文化记忆或"惯例",不仅似乎与改革开放之初国家"经济系统的制度背景(更一般的基本运行环境)",具有一种天然的亲和性,而且因石刻、竹编、弹花、箍桶、缝纫、理发、厨师、小五金、补鞋以及挑担卖糖、卖小百货等经营活动,可以满足国有经济难以满足的百姓生活需要,而具有一种特殊的优势。

与此形成鲜明对照,盐、典、木材、茶叶以及票号的经营等属于徽州人和山西人的文化记忆或"惯例",与改革开放之初的国家政策,却不具有一种天然的亲和性。晋商的"票号",在某种意义上,就是现代社会的"银行"。开办私有银行,不仅在改革开放之初,国家将个体经济定位于"公有制经济必要的和有益的补充"和"拾遗补缺"的时期,是政策所不允许的,而且即使在提倡"以公有制经济为主体,多种经济共同发展"的今天,也是政策所限制的。因此,山西人开票号的文化记忆或"惯例",即使仍然得以存留,也会因遇到政策方面的壁垒而难以被有效地激发。而徽商和晋商的其他经营内容,在当代社会或者其重要性下降了,或者也或多或少地在改革开放之初就遇到了政策的障碍。比如,明代食盐由官府控制生产和运销,由商人承办边镇需求的粮食等物资,并由官府出让盐的专卖权,即官府出榜招商,商人应招,输纳粮食等物资于边镇,换取盐引,凭盐引到指定盐场支盐,然后到指定地区销盐。由于国家垄断了盐的专卖权,所以,商人取得了盐的专卖权,便意味着他们取得了获取厚利的机会。正因如此,宫崎市定认为,"中国商业的起源也同盐有关系,最初的重要商品恐怕就是盐。"[①]像盐一样,明清时期,茶叶的专卖权也由国家垄断,商人只有得到朝廷的许可,纳银取得茶引才能从事茶叶的贸易,所以,茶叶的买卖也是一个能够产生厚利的行业,如张瀚所说:"盐、茶叶之利尤巨,非巨商贾不能任。"[②]但是,在当代社会,盐和茶叶都已经不是由国家垄断专卖权的商

---

① (日)宫崎市定:《宫崎市定论文选集》,商务印书馆,1965 年版。

② 张瀚:《松窗梦语》卷四。

品,而是普通商人都可以经营的东西,因此它们在商业中的重要性,已大大地下降,因此之故,盐和茶的经营已不像过去那样存在获得暴利的机会。而木材的贩运,明清时期除了苛捐杂税以外,几乎无政策方面的限制,所以,《歙事闲谭》说:"徽多木商,贩自川广,集于江宁之上河,资本非巨万不可。"①在明清时期,贩木也是一个既存在巨大风险,又可以带来巨额利润的行业。但是,早在改革开放之前,国家就已明令要封山育林,禁止对森林的乱砍乱伐了,在倡导可持续发展的今天,这种禁令更不可能被取消。所以,像明清时期这样的"采伐、运输和销售"的木商经营方式,改革开放以来事实上是受政策限制的。

因此,从经营内容上看,浙商的文化记忆或"惯例",与改革开放以来的政策具有一种亲和性,能够被演化经济理论之所谓"经济系统的制度背景(更一般的基本运行环境)"所有效地激活,而晋商和徽商的文化记忆和"惯例",却与改革开放以来的政策不存在这种亲和性,因此未被政策环境所激活。这正是改革开放以来浙商的文化传统得到了延续,而徽商和晋商的文化传统却没有成为当代经济的渊源一个极其重要的原因。

## 三

徽商和晋商的文化传统,是一种纯粹的商业文化传统,而浙商文化传统的鲜明特色,则是"工"与"商"的结合,是费孝通所说的兼营手工业和商业、集手工艺人和商人角色于一身的"艺商"。浙商与晋商、徽商的这种不同特点,无疑也在相应区域产生了不同的后续效应。

前面的分析,断定改革开放以前浙商、晋商、徽商都已经衰落,但假定浙商、晋商、徽商文化传统,仍然存在于相应区域人们的文化记忆或"惯例"之中。然而,如前所述,在事实上,经过 30 年的计划经济实践,徽州和山西的民间商业文化传统,可以说几乎已经荡然无存了。但如上所述,有大量的材料可以证明,浙江"艺商"的民间商业传统却

---

① 许承尧:《歙事闲谭》第一八册《歙风俗礼教考》。

一脉贯注、不绝如线,即使在严厉地打击"投机倒把"活动、割资本主义尾巴的"文化大革命"时期,浙商的文化记忆或"惯例"也未完全中断。

帕森斯曾经指出,在解释经济社会变迁现象时,任何单因论的学说都是幼稚的。他认为任何因素都是与其他因素存在着相互依赖的关系。在这一点上,马克斯·韦伯显然要比许多学者更加小心而高明,他就不是一个单因论者。马克斯·韦伯主张一种多因素的弹性解释体系,即不仅考察各种制度结构和文化因素对社会的独立影响,而且从一定时空条件下的价值体系与其他制度化的结构交互作用来看它们的整体社会影响。接受帕森斯和韦伯观点的引导,对传统浙商、晋商和徽商与当代经济发展关系问题的分析,显然必须采取一种多方位的视角。毋庸置疑,计划经济的边缘地位、人多地少的自然环境,使浙江人面临着较大的生存压力,因而更富有自主谋生的意愿、自主创业的精神和自主创新的冲动。地处当代中国最富经济活力地区之一的长江三角洲,也为浙江人提供了特殊的地理上的机遇。这些无疑都是浙江人所从事的传统工商活动、文化记忆或惯例,得以绵延不绝的一个刺激性的因素。然而,导致浙商、晋商、徽商文化记忆或"惯例"存续或不存续的一个更重要的秘密,还在于浙商、晋商和徽商各自经济活动路径或职业与技能的特殊性,即传统浙商"工"与"商"相结合的性质和晋商、徽商的"纯粹商业"的性质。如前所述,传统浙商的鲜明特色,是石刻、竹编、弹花、箍桶、缝纫、理发、厨师、小五金、补鞋以及挑担卖糖、卖小百货,而这些商业活动或多或少都是与一定的手工技艺联系在一起的。而晋商、徽商的传统则是"纯粹商业"的传统,不仅商人本身不是手艺人,而且他们的经营活动也基本上局限于商品的流通领域。正如山西学者张正明所说:"山西商人虽然富有,但其资本投向产业却是个别现象,而且多在清末民初,并未出现商业资本向产业资本转化的大趋势,商业资本仍然停留在流通领域。"[1]像晋商一样,徽商的商业资本也基本上停留在流通领域。这一点秦佩珩说得很清楚:"徽商的活动,是一种商业劳动。这是一种在商品流通领域中对生产和消费之间的联系起中介作用的劳动。"[2]

---

[1] 张正明:《晋商兴衰史》,山西古籍出版社,2001年,第270页。
[2] 秦佩珩:《明清社会经济史稿》,中州古籍出版社,1984年,第173页。

应当说,经过几百年的商业活动历史,晋商和徽商的这种"停留在流通领域"的"纯粹商业"的文化传统,是相当成熟的。晋商和徽商各自都形成了一套非常完整的商业经营理念和组织管理制度。这套商业经营理念和组织管理制度,不仅在当时的中国,即使在当时的世界上,也是相当先进的。然而,从中国现代史来看,与浙商"工"与"商"相结合的文化传统相比,晋商和徽商"纯粹商业"的文化传统,在中国现当代社会环境中,却是一种更容易中断的传统或一种更容易丧失的文化记忆。毋庸置疑,在长达 30 年的计划经济年代,经过对农业、手工业和工商业社会主义改造、人民公社化运动,尤其是经过"文化大革命"运动,中国有利于工商活动的社会环境,事实上已经不复存在。而一种商业文化传统要得以延续,必须有一种学习的环境。而商业知识属于一种实践型的知识,其中相当一部份属于"默示知识(tacit knowledge)",即构成一件有技巧地完成的事情的基础知识,在很大程度上是说不出来的知识,这意味着,完成者并不完全知道完成的事情的细节,而且发现很难或不可能清楚地充分说明这些细节。迈克尔·波拉尼(Michael Polanyi)认为,默示知识在人类知识总汇中占据着中心位置。能够做某件事,同时却不能解释它是怎样做的,不只是一种逻辑上的可能性,还是一种平常的情况。因此,要习得实践型的商业知识,研究前人的间接经验、阅读书本,固然是一条重要的途径,然而,更重要的是,实践型的知识必须在实践中学习,在很大程度上它是难以"言传"的,获得它的关键途径,是个人投身于商品经济的实践,也就是说,必须在游泳中才能学会游泳。

但问题是,既然晋商和徽商的文化传统,是一种"停留于流通领域"的传统,那么学习这种传统,延续这种传统,也必须在实际的商品流通领域。也就是说,只有在经营票号的过程中,才能学会经营票号,只有在贩盐、贩茶、贩木的过程中,才能学会贩盐、贩茶、贩木。舍此一途所学到的,很可能是一种无用的屠龙术。这是因为,徽商和晋商的经营内容复杂程度高,比如,贩木、贩茶等都涉及木材、茶叶等的采购、运输、销售等多个环节,而票号的经营则不仅涉及如何与顾客打交道,而且也涉及一套组织管理制度,等等。正因如此,徽商和晋商的经营内容可以说关涉到社会的方方面面,作为晋商和徽商"纯粹商业"文化传统得以延续的前提条件的学习环境,也就必然是社会商品经济的大课堂。然而,如上所述,在计划经济年代,中国适宜于工商活动的社会环境,实际上已不复存在,这意味着晋商和徽商的文化传统得以学习和存续的社会商品经济环境,也已不复存在了。记忆需要通过学习被不断地回忆,才不至于被遗忘,在无学习环境的情况下,徽商和晋商民间文化传统的中断,文化记忆的丧失,便似乎成为一种历史的宿命。

与晋商和徽商"纯粹商业"文化传统之命运形成鲜明的对照,即使在计划经济年代适宜于工商活动的社会环境已不复存在的情况下,浙商的文化记忆或"惯例"却仍存在得以学习和因袭的环境。如果说徽商和晋商"纯粹商业"的文化传统得以学习和存续的环境,必须是社会商品经济的大课堂,那么浙商"工"与"商"相结合的文化传统,则不仅可以在社会中学习,而且也可以在家庭中学习。这是因为,从"商"的方面来看,"艺商"的经济活动,具有个体的特征,在经营上要比票号、盐、典、木、茶等简单得多,既无经理,也无伙计,或者说一个经营者既是经理又是伙计,只需与顾客打交道,无需在如何管理伙计上,乃至于如何在建立健全组织管理制度上用心思,因此具有易学的特征;从"工"的方面来看,石刻、竹编、弹花、箍桶、缝纫、理发、厨师、小五金、补鞋等,都是可以通过父传子、子传孙的言传身教而在家庭环境中得以学习的。因此,即使有利于工商活动的社会环境已不复存在,浙商"工"与"商"相结合的文化传统,仍然可以通过家庭而得以延续。

## 四

晋商和徽商的文化传统,是一个产生大商人的传统,而浙商的文化传统,则是一个产生百工手艺人、小商小贩或生意郎的传统。具有讽刺意味的是,产生大商人的传统,在当代中国中断了,产生百工手艺人、小商小贩或生意郎的传统,却绵延不绝,并不断地得以发扬光大。更耐人寻味的是,这种百工手艺人、小商小贩或生意郎的文化传统,在经过改革开放洗礼以后,在当代社会也成为一个产生大商人的传统。当代浙江富豪榜上的人物,有90%出身贫寒,被称为"草根浙商",其中相当一部分,就是从改革开放之初的"工"与"商"相结合的手艺人、小商小贩开始发家的。在当代浙江,这种例子可以说是不胜枚举,比如,鲁冠球以前是打铁匠、邱继宝和南存辉以前是补鞋匠、胡成中以前是裁缝、郑坚江以前是汽车修理工,等等。

"工"与"商"结合的百工手艺人、小商小贩或生意郎的浙商文化传统,在当代社会也成为一个产生大商人的传统这种现象,只有在当代中国特殊的社会经济环境中,才能予以比较充分的理解。在改革开放初期,一个没有手艺的人,事实上是很难在异乡生存的。计划经济实行一种特殊的用工制度,只有拥有当地城镇户口的人,才可能成为当地企事业单位的职工。对于一个外地人来说,在异乡的唯一可能的谋生途径,就是成为企事业单位的临时工。毋庸赘言,在当时的情况下,成为一个临时工,也不是一件很容易的事情。改革开放初期,临时工的数额少,成为临时工的门槛高,必须通过走后门、托关系的途径。所以,尽管国家政策已经将发展个体经济作为"公有制经济必要的和有益的补充",而予以提倡,但包括户籍制度和用工制度在内的长期计划经济的制度安排,事实上又对异乡人的谋生活动或经济活动构成了一种限制和歧视。但是,"工"与"商"结合的百工手艺人、小商小贩,却可能独辟蹊径,冲破计划经济的这种限制,一个手艺人,可以通过弹棉花、修鞋、打金、裁缝等手工业等活动而在异乡得以生存。因此,人多地少的生存压力,使浙江人在自主谋生意愿的驱动下,必须离开自己的故土,而具有一定的手工技艺,则使他们在离开自己的故土后,有可能生存下来。

在改革开放之初,浙江的百工手艺人、小商小贩或生意郎,有可能在异乡生存下来,这一点对于以后新浙商的形成,无疑是非常重要的。中外商业史表明,许多人都是在离开自己的故乡,在与风俗、生活方式不同的异乡人发生关系后,才成为专业商人甚至大商人的。正如马克斯·韦伯所说:"最初,商业是异俗集团间的一种事务,在同一个部落或同一团体成员之间是不存在的,它是最古老的社会共同体的一种,只以异俗团体为目标的对外现象。不过商业也可以是异俗团体之间生产专门化的结果。在此情形下,或者是异俗团体间生产者的通商,或者是贩卖他族的生产物。然而,无论如何,最古老的商业通常只是异族部落间的交换关系。"①布罗代尔也认为,"中世纪和近代欧洲历史上的政治纠纷和宗教狂热促使许多人离乡背井,他们流亡国外,结成少数人集团。……他们被迫离乡背井,而远离家乡使他们财运亨通。"②明清时期的中国商帮,大都是在外地开展经营活动的,在各地经营的大商人主要是异乡人的徽商、晋商、陕商等,由本地的农村商人上升为大商人的现象即使有,也是极为罕见的。因此需要进一步回答的问题是:离乡背井,为什么能够使人财运亨通?

殷海光认为,传统人际关系具有将经济交易限制在传统关系范围之内的作用。当他们相互进行经济交易时,"满脑子盘算的都是人情方面的亲疏厚薄,满身缠绕的都是人事牵连,一天到晚小心留意的是人际的得失利弊。"③这便使交易者们陷入了一种"两难境地",时刻面临着对家族、邻里、朋友、亲戚等的道德责任与赢利目标的冲突。所以,大规模的交易活动,需要一种非常重要的社会距离。如王询所说:"传统社会中的交易要求商人与顾客保持一定的社会距离,而主流社会的成员却陷入相互之间密切的人际关系之中,无法放手按商业原则经营。因此,只能是社区内的人们认可的'特殊身份者'或'外来者'才能追求利润最大化,才能成为专业的商人。"④费孝通也认为,有亲密的血缘社会中商业是难以存在的。这并不是说这种社会不发生交易,而是说他们的交易是以人情来维系的,是相互馈赠的方式。社会关系越亲密,对等的交换也越少,普通的情形是在血缘关系之外去建立商业基础。"寄籍在血缘性社区边缘上的外边人成了商业活动的媒介。村子里的人对他可以讲价钱,可以当场算清,不必讲人情,没有什么不好意思。所以依我所知道的村子里开店面的,除了穷苦的老年人摆个摊子,等于是乞丐性质外,大多是外边来的'新客'。商业是在血缘之外

---

① (德)马克斯·韦伯:《韦伯作品集》第 2 卷《经济与历史支配的类型》,广西人民出版社,2004 年,第 126 页。

② (法)布罗代尔:《15—18 世纪的物质文明、经济和资本主义》,三联书店,1993 年版第 2 卷,第 160 页。

③ 殷海光:《中国文化的展望》,中国和平出版社,1988 年,第 136 页。

④ 王询:《文化传统与经济组织》,东北财经大学出版社,1999 年,第 175 页。

发展的。"①"外来者""异乡人"能够突破传统人际关系的束缚,这是他们能够成为专业商人的一个极其重要的原因。另一方面,地球上的各个区域气候、地貌诸自然条件差异巨大,各地经济发展不平衡,形成了不同的物产以及相同物产之间的价格差异。因此,不同地区在物产方面互通有无,便形成了一种商业机会,而这种幸运的商业机会,只有离乡背井的异乡人才能发现,而绝不可能降临于一个终身固守于故土的人。因为只有异乡人才能知道"故乡"和"异乡"存在哪些差异,而一个终身固守于故土的人,是无法将"故乡"和"异乡"进行比较的。布罗代尔因此认为,"远程贸易肯定创造超额利润:这是利用两个市场相隔很远,供求双方互不见面,全靠中间人从中撮合而进行的价格投机。……远程贸易固然要冒风险,但往往能获得超额利润,就像开奖中彩一样。"②

因此,工与商相结合的"艺商"传统的意义,远远超出了手工艺和小商小贩活动本身。如果浙江人永远停留于手工艺和小商小贩活动本身之中,那么今天就不可能有辉煌的浙江民营经济了。手工艺和小商小贩活动在中国工商史上的重大意义,就在于这些活动能使浙江人在改革开放之初的艰难环境中,作为"异乡人"在外地生存下来,从而能够发现各区域的不同物产和相同物产之间的价格差异以及其中所蕴含的巨大商机。在此情形下,浙江的工商文化传统会自然而然地发生裂变和创新。在追求利润最大化动机的驱使下,弹花者、箍桶者、缝纫者、理发者、打金者、补鞋者以及挑担卖糖者、卖小百货者,在掘了第一桶金、积累了一定的原始资本以后,可能选择回家兴办与原来工商活动有关的家庭工厂,如补鞋者办起了皮鞋厂、打金者办起了五金厂等,也可能在异地发现新的获利机会后,不再继续从事原先的艺商活动,而是去从事能够给自身带来更大利润的新行当。在这方面,永嘉桥头纽扣市场的兴盛,便很有说服力。1979 年,据说是一位王姓的弹棉花郎在江西弹棉花的过程中发现了一个商机:一批处理纽扣。从此,他不再弹棉花,而是将处理纽扣带回桥头摆起了纽扣摊。一年以

① 费孝通:《乡土中国》,三联书店,1985 年版,第 76—77 页。
② (法)布罗代尔:《15—18 世纪的物质文明、经济和资本主义》,三联书店,1993 年版第 2 卷,第 437 页。

后,镇上的纽扣摊发展到了100多家。1983年初,永嘉县政府批准桥头镇为纽扣专业市场。1986年全镇有700多个纽扣店、摊,全国300多家纽扣厂生产的1300个品种的纽扣在这里都有销售。1985年,桥头镇人不再满足于单纯做买卖,他们开始用经营积累的资金办厂生产纽扣。1986年全区有430家纽扣厂,其中300家是家庭工厂。①桥头纽扣市场的兴起过程,可以看作当代浙江工商演进路径的一个缩影。在改革开放以来的浙江,一家企业的兴起、一个专业市场的崛起,都可能与手工艺和小商小贩活动存在着某种程度的关联。义乌中国小商品城、永康中国科技五金城的兴起,如果离开了义乌人鸡毛换糖的经历和永康人打金的历史,便会变得难以理解。

哈耶克认为,一些创新性的惯例一开始被采纳,是为了其他的原因,甚至完全出于偶然,尔后这些惯例之所以得到延续,是因为它们使产生于其间的群体能够胜过其他群体。也就是说,当事人在应对特定的环境时,偶然地或出于其他原因采纳了某个规则,导致他在后来的竞争中获得优势,那么该规则作为优胜劣汰的结果被延续下来;同时,其他当事人会通过模仿该规则以增加自身竞争力,使该规则得以广泛传播。演化经济学也认为,在创新阶段,如果大数定律发挥作用,创新很可能被扼杀;但如果系统是开放和远离均衡的,由于自增强(正反馈)的作用,创新就会通过系统的涨落被放大,从而使之越过某个不稳定的阈值而进入一个新的组织结构。在这个突变过程中,大数定律失效了。但当新结构形成后,自增强又会启动大数定律,新思想和新的做事方式进入扩散阶段,逐渐成为社会流行的状态。

哈耶克以及演化经济学的上述理论,可以用来解释当代浙江现象。在改革开放之初,大多数浙江的手艺人、小商小贩流动到异乡,并非志在成为大商人,他们的动机往往十分简单,即如其祖先一样迫于生存压力而去谋取糊口之资。但是,一个可能是非常偶然的因素,改变了他们的传统路径。当在外地谋生的手工艺人和生意郎发现了新的商机,不再弹花、箍桶、缝纫、理发、打金、补鞋和挑担卖糖、卖小百货,而是去从事能够带来更大利润的行当时,事实上的创新活动便已

---

① 事例参见费孝通《小商品 大市场》,载《纵论浙江》,浙江人民出版社,2003年。

经悄然发生,新的惯例也开始形成了。当然,在当代浙商中,并不是每一位都具有手工艺和小商小贩活动的直接经历。同时,由于人的理性是有限的,人面临有限理性的约束和知识分散化的环境,个体的异质性和知识分布的差异性,导致获利机会的发现和获取的不同,其中一些人获得成功。但是,在外地谋生的手工艺人和生意郎的创新性惯例,在赚钱效应的作用下,会急速地向其他人群扩散。由于自增强(正反馈)的作用,在外地谋生的手工艺人和生意郎的创新,就会通过系统的涨落被放大,从而使之越过某个不稳定的阈值而进入一个新的组织结构。也就是说,当那些闯荡异乡的人财运亨通时,浙江的其他当事人会通过对他们的模仿,以谋求利益的最大化,增加自身竞争力,闯荡异乡的人的新思想和新的做事方式从而进入扩散阶段,逐渐成为社会流行的状态。这不仅可以在一定程度上解释浙江"一村一品"、"一乡一品"的专业化特色产业区的形成原因,也可以在一定程度上解释浙江专业市场的形成原因。正如一位浙江学者所说,源自邻里效应、一村一品的浙江特色产业区,天然就是众多参与者信息共享、互教互学、提高整体竞争技能的"学习型社区"和"创新型组织","浙江的特色产业区表面看是从小产品、简单产品起步,而其实质则是从土地中转移出来的一批批农民只能从这类产品生产开始,借助邻里效应,逐步扩散,形成星罗棋布的一村一品圈。"①很明显,今天在义乌中国日用商品城以及永康中国科技五金城中的经商者,并非每一位都具有"鸡毛换糖"或"打金"经历,但是,"鸡毛换糖"者或"打金"者的新思想和新的做事方式及其"赚钱效应",无疑会对其他人产生了一种"示范"的效应,从而使"新思想和新的做事方式"进入了迅猛扩散的阶段。因此,星星之火可以燎原,不起眼的"鸡毛换糖"会演变成波澜壮阔的"国际商贸城",涓涓细流的"小五金"会演变成波涛汹涌的"中国科技五金城"。

---

① 颜春友:《浙江民营经济发展与特色产业区》,载《纵论浙江》,浙江人民出版社,2003年,第239页。

# 浙学与浙江精神

## 滕　复

　　"浙学"是浙江传统学术的总称。浙江自古称"越",不仅文化历史悠久和繁荣,而且也是中华古老文明的历史发祥地之一。从河姆渡文化算起,浙江的文化已经有七千年的历史。在这七千年的漫长历史中,越民族筚路蓝缕,艰苦奋斗,不仅将浙江建设成为一方沃土、"鱼米之乡",而且创造了极其丰富灿烂的文化和思想,锻造了不朽的、展现了浙江人民独特的生命品质、价值观念和人文风采的浙江精神。从先秦开始一直到近代,浙江无数杰出的学人不断地涌现出来,他们在思想、学术和文化上作出的贡献,一方面,深受浙江本土文化熏陶并随着历史的演进,逐渐形成了极具特色的"浙学"及其思想传统;另一方面也不断展现和丰富浙江固有的文化精神内涵,对浙江精神的形成和发展,产生了极其重要的影响。因而有必要研究浙江历史发展中体现出来的浙江精神同浙江学术传统中体现出来的思想精神之间的关系。历史上浙江社会的经济、文化的发展,始终表现出来一股特能吃苦、充满韧劲、讲求实效和勇于开拓的精神,这是"浙学"的基本思想精神产生的人文基础和文化土壤;而"浙学"中体现出来的基本思想精神,如实事求是、兼容并包、自得创新、开拓进取等价值要素,一方面,它是浙江社会发展中人文精神的升华和概括,另一方面,它又通过教化和传承的方式,对整个浙江精神的传播和发展,产生了重要的影响。因此,阐明浙江文化与浙学思想传统及浙江精神之间的关系,是研究浙江精神的一个重要任务。浙江的发展即将跨入新的时代,向现代社会转型,浙江精神也因此需要添加新的价值要素,赋予新的内涵。

# 一、浙学思想传统与浙江精神孕育的
## 历史和文化土壤

人类的思想是人类精神的具体表现,而无论思想还是精神,都是人类文化的产物,并且打上鲜明的文化烙印。文化是分地域和种族的,不同的地域、不同的种族或民族,将产生不同的文化,它们呈现出不同的样式及特点,从而使文化带有极其丰富的个性色彩。浙江文化正是这样一种极富个性色彩的文化,而浙学及其思想传统的产生及发展,以及浙江精神的孕育,正是浙江这样一种悠久的、极富个性色彩的历史文化造就的。

首先,浙江人民数千年奋斗的历史,以及由此推动并生动展现的浙江文化波澜壮阔的发展史,铸造了浙江人的文化精神、道德品格、生活态度和价值理念。

根据考古的资料证明,浙江早在十万年前就已经有文明的曙光出现;五万年前,"建德人"就已经在浙西的山地密林中生活,他们靠渔猎为生,并且已经能够使用火;两万年前到八千年前,随着海侵的进退,"建德人"曾相继在太湖平原、杭嘉湖平原和宁绍平原生存并建立起文明的聚落。这是越民族最早的祖先。新中国考古对河姆渡、马家浜、罗家角等地的遗址发掘,再现了浙江先民当时生活的大致情形。大约在七千年前,越民族受海侵的影响,一部分在河姆渡、马家浜、罗家角等地势高燥处定居,他们已经能够建造木结构的房屋,其生产也完全由渔猎转为稻作农业。另有一部分则顺着季风、沿着海流,向日本列岛和南洋群岛等地迁徙。这就是后来《越绝书》中所述到的"内越"和"外越"的由来。事实上,越族由于数千年的不断向外迁徙,包括了中国南方在内的整个东亚和南亚,都留有越族人开拓进取的痕迹,并且受到古越文化的深深影响。

越民族作为浙江的先民,历史上在相当长的一个时期内,其生活的自然环境条件是相当恶劣的。地质学考古的结果证明,大约自更新世晚期以来,浙江沿海的平原地区,包括大部分杭嘉湖平原和宁绍平原在内,曾经发生过三次海侵。最后一次海侵大约在七千年前达到最高峰,此时浙江沿海平原的绝大部分已经是一片浅海。①直到春秋战国时期,浙江沿海平原仍然不断受到潮汐的浸灌,土地盐碱化严重,沼泽密布,开发利用相当困难。《管子》中所说"越之水重浊而洎,故其民愚极而垢",②说的正是浙江先民恶劣的环境和困苦的生活处境。司马迁《史记》在描述先秦浙江先民时亦说:"越王勾践,其先禹之苗裔,而夏后帝少康之庶子也。封于会稽,以奉守禹之祀。文身断发,披草莱而邑焉。"③虽然浙江的区域文明起源同中原文明一样早,但是,经过了夏、商、周三代的发展,浙江由于自然环境的原因,加上远离中原,地方偏僻,因而到了周末,浙江无论是经济还是文化,都已经落后于中原地区。后来秦始皇统一中国,任用法家,设郡县、建驿道,统一文字、货币,使政令划一,并推行严刑酷法的统治。虽然秦始皇置会稽郡,也曾巡视浙江,登会稽山祭禹刻石,不过,他对浙江这样的地区,始终存有戒心。始皇对于浙江采取强制性归化手段,包括颁布法令来矫正民俗,以及残酷的移民政策,如《越绝书》所记,迫令越人迁徙至浙西、皖南等地,同时以越地作为北方"有罪吏民"流放之所。其结果,是导致了越人大量的流散甚至逃亡,对浙江的经济文化造成巨大的破坏,使得浙江在秦与西汉时期,仍然是中国落后的地区之一。④

　　浙江先民正是在长期的逆境中,在生存的奋斗中,培育了自己的道德和品格,形成了自己具有浙江特色的思想和精神。浙江的经济文化在春秋战国时期特别是越王勾践时曾有过长足的发展。越王勾践在艰难的时期,卧薪尝胆,"身自耕作,夫人自织,食不加肉,衣不重采,折节贤人,厚遇宾客,振贫吊死,与百姓同其劳。"⑤这是一种能吃苦的精神,它来自早年浙江先民与海侵作斗争的传统。由于生存环境的恶劣,农耕异常艰难,因而商业和手工业很早就成为浙江先民谋生的手段。应该说重商精神也是浙江先民的一大特色。《越绝书》和《国语·

---

① 参见曹家欣《第四纪地质》,商务印书馆,1983 年,第 205 页。
② 《水地》第三十九。
③ 《史记》卷四十一《越王勾践世家第十一》。
④ 参见滕复等著《浙江文化史》,浙江人民出版社,1992 年,第 8—9 页。
⑤ 《史记》卷四十一。

越语》中都提到越国重臣范蠡、计然(计倪)对于商业的重视。《史记》记载范蠡在辞官以后,泛海经商。居于陶,易姓为朱,自称"陶朱公"。"候时转物,逐什一之利。居无何,则至赀累巨万。"[①]这可以说是中国历史上有史料记载的第一位商业巨富,被誉为中华商祖,"陶朱公"也因此成为商业巨富的代名词。重商必然重利,因此使得浙江的思想价值观念乃至整个文化精神中也带有浓厚的重商重利的传统。浙江先民的重商重利是有着自身的原因的。浙江虽然较早地发展出稻作农业,但是由于海侵,长期不能够有稳定的耕种和收成。因此必须在农耕之外,寻找其他的生存方法。越人自七千年前就开始向外开拓,这一方面是向外移民,形成后来的东南亚到处都有越人,也就是文化人类学上称之为"百越"的局面;另一方面,则是到外面谋生,其中应该有相当的部分人,在做类似"陶朱公"那样的"候时转物,逐什一之利"的工作,也就是经商,"陶朱公"只是其中的一个代表,并且是做得最成功的一个而已。手工业的情况也是如此。春秋战国时期是中国历史上最有活力的时代,在各国之间,存在一个充满生机的巨大的国际贸易市场,因此商业和手工业十分发达。而越人则是这个市场里面最成功的。除了商业上的"陶朱公",越国当时还有手工业上最出名的"欧冶子",他是最著名的铸剑大师,可以说是冶金方面的第一人。浙江汉代以后,由于海潮浸灌土地的情形越来越少,尤其是平原沼泽地的治理,海塘、水道等水利建设的增设,大量的农田不断开垦出来,稳定的稻作农业逐渐发达,浙江人已经可以靠农业生存,但是浙江人重商重利的文化精神并没有改变。

西汉时武帝定下政策开发江南,吴王刘濞受封会稽郡,因此,浙江迅速发展起来。刘濞曾在浙江铸钱煮盐,促进了汉代浙江商业、手工业的发展;而浙江的农业也开始使用铁质的农具,这对于水田的开垦具有极其重要的作用。水田和稻作农业始终是浙江农业的一大特色,这种稻作农业在河姆渡文化时期就已经构成浙江农业生产的主要方式和内容。东汉至南北朝是浙江发展的一个高峰,大量的北方移民涌入浙江,如西汉末年战乱导致大量移民涌入浙江,东晋永嘉南迁举国

---

① 《史记》卷四十一。

人口向江浙迁移等等。不仅为浙江提供了充裕的劳动力人口,同时带来北方中原地区的农业、手工业技术,以及北方的文化和思想观念。浙江先民很快将这些容纳到自己的地方思想文化之中,迅速推动了当时浙江经济文化的发展。袁康、吴平的《越绝书》中所描述的越国畜牧业、水产养殖业、手工业、交通运输业等经济资料,尤其是在"地传"篇中描绘的当时以山阴城为中心的于越手工业的分布情景,例如冶金工业地姑中山、练塘、锡山和六山,造船工业地船宫,木材采伐地木客,纺织工业地麻林山和葛山等的情景,虽然有先秦的影子,但某种程度上也应该是依据汉代特别是东汉时期越地经济文化发展状况所作出的一个推断结果。

南宋建都杭州,使浙江文化无论是经济、政治还是其他方面,都发展到了一个极点,使浙江成了中国政治、经济和文化的中心。浙江容纳了大量的外来人口,同时也意味着吸纳大量的外来文化和思想,主要是中原文化和思想,而这些文化和思想最终恰到好处地融入了浙江自己的文化和思想之中,因此展现出了浙江精神的另一个方面,即海纳百川,兼容并包。浙江吸纳外来的文化和思想,如上所述,最早应向上推到夏朝。据《吴越春秋》和《史记》记载,夏后帝少康封其庶子于越,让他守护大禹的陵寝宗庙,以及打理日常的祭祀。其领地大体上也是以大禹陵所在地会稽为中心的广大地区,今日浙江的大部分土地都在其内。贺循《会稽记》云:"少康,其少子号曰于越,越国之称始此。"①少康之子带来了北方的中原文化,使越文化中原文化融合在一起,但并没有消解浙江文化及精神的自身特点。之所以如此,归根结底是同浙江文化中的注重实效、实事求是的精神分不开的。浙江历史的自身条件及个性发展,决定了浙江先民一起从自身的实际出发,不盲信、盲从,不做悬空思索、空虚无望之事。这种讲求实效、实事求是的精神,可以说是浙江精神的核心,是浙江精神里面最本质的东西。如浙江人虽然思想活跃,善于手工、经商,但是稻作农业却是发展的最好的。浙江历史自然环境的特点是有广阔的杭嘉湖平原、宁绍平原和金衢盆地,加上湿热的气候,这是稻作农业最佳的发展之地。特别是

---

① 《史记》越王勾践世家第十一。

两大平原,只要修建海塘,开辟和疏浚河道,改良土壤,就可以大有作为。事实上浙江先人是一直这样做的。在汉代以前,浙江就有海堤与河道的修筑。浙江先民沿着杭州湾修筑起拦海的大堤,挡住侵入的海水,在沼泽般的浙东洼地,修筑河道,疏通湖水,建起水田。这些河道在《越绝书》里,称之为“山阴古水道”。唐代的浙东观察使孟简修纤道,东西长一百多里,而这实际上也是重大的河道水利整治工程。历史上著名的还有五代钱镠修建钱塘堤,清代汤绍恩修建海塘枢纽三江闸等等。古代水利的建设对于浙江古代农业的发展,起到巨大的促进作用。浙江人在昔日一片盐碱的滩涂、沼泽洼地上,逐渐开辟出可耕种的水田,慢慢地改良土壤,这不是一朝一夕的事。所谓沧海变桑田,正是浙江杭嘉湖平原、宁绍平原变化的最真实的历史写照。而这种巨大的变迁,在自然界是要几千甚至几万年的事,而在人类,则不知道要经过多少代人不断的努力和奋斗。与天斗,其乐无穷,与地斗,其乐无穷。我们因此可以想象到,浙江先民自从河姆渡以来,数千年在这块土地上进行耕作的艰辛情形。这既体现了浙江人的务实,是浙江先人立足于本土,讲求实效的结果,也体现了浙江人深入骨髓、深植于血脉之中的能吃苦、能拼搏的韧劲。浙江古代能够成为中国的“鱼米之乡”和“丝绸之乡”,不是偶然的。能吃苦,讲实效,有韧劲,既是浙江人的世界观和价值观,也是浙江人的方法论,是行为准则、思想方法和生活态度。

上述浙江文化发展的经历及由此形成的浙江文化精神、生活态度和价值理念,影响了历代浙江的学术、学派和学人,成为其思想的文化土壤和源泉。反过来,浙江学术思想中所体现出来的基本精神,也可以说是历史的浙江文化精神的集中反映。历史上许多著名的思想家、学人、学派,他们的思想都无一例外的包含了一种传统、一种特色,一种可以称之为“浙江精神”的东西。先秦汉唐时期的学者、学派是如此,宋元明清时代的学者、学派也是如此。

## 二、浙学思想特色与人文精神

浙江自古以来文人辈出,学术、思想与文化鼎盛。先秦时期有计倪、范蠡等著名的思想家和政治家,他们在中国的思想史上最早提出了关于农商具利的思想;汉唐时期有王充的"疾虚妄"重实际的哲学,有魏伯阳、葛洪对道教理论的贡献,有佛教天台宗的创立以及他们对于佛教中国化的创造,有著名的史学家赵晔和开创了方志学的袁康、吴平,以及有"书圣"王羲之和天才诗人谢灵运等;宋元明清时期更是群星灿烂,思想文化与学术走向空前的繁荣,不仅在思想领域产生了陈亮、叶适、吕祖谦、王阳明、刘宗周、龚自珍等一大批著名的思想家以及永嘉、永康事功学、金华婺学和王阳明心学等众多的思想流派,而且在史学、文学、科学的许多领域,也涌现出像黄宗羲、陆游、沈括等众多不朽的大家。近代以来浙江的文化学术其繁荣的势头未有丝毫的减退,不仅在文化上有王国维、鲁迅这样百年不出、开一代风气的伟大人物,而且在新经学、新史学、新文学、新儒学、新佛学、新教育等几乎所有的学术领域,都有开创性的人物和思想文化流派出现。其中著名的人物如孙诒让、蔡元培、章太炎、马一浮、茅盾、太虚等等,他们不仅是浙江地方的大家,是"浙学"的重要代表,同时也各自站在了中国文化的最高处,成为中国文化极有代表性的一群。

"浙学"虽然说是历史悠久、群星荟萃、异彩纷呈,每个时代的学者、学派都有自己独到的学术成就和思想文化上的创造,但是,纵观整个浙学学术的历史,尤其是其中表现出来的学术思想,可以看出前后有着深厚的渊源,是一脉相承的。历史上的浙学在其丰富性和多样性的背后,往往体现出文化价值和思想观念的前后相似性乃至一致性,呈现为共同的思想和人文精神,这正是浙江文化特色的所在。

那么,浙学的传统到底具备了哪些方面的基本的思想精神呢?

我认为主要有以下几个方面:

### 1. 实事求是、讲求实效的精神

浙学的思想一向注重实际,主张实事求是。学术上讲求经世致用,思想上反对空言说教,主张尊重客观的规律,要求学问与社会的实践、百姓的生产和生活紧密结合起来。如先秦时期的范蠡和计倪的思想,《越绝书》里曾记载越王勾践与范蠡和计倪的问对。当时越王问是否可以攻吴。范蠡回答的是应该首先把握天地、日月、星辰、四时的盈缩之机,关注各国实力的消长,顺势而为,与时俱进,不可逆势而动;计倪的回答是要看国家和百姓的粮食储备如何,并且提出应该实行"农末(商)俱利"的政策,让农民和商人实现双赢,共同获利。认为这样才能够提高农业的生产并搞活市场,从而达到"国富兵强"的目的。范蠡、计倪的答问充分体现了注重实际、尊重客观、实事求是的思想,对后世的影响很大。汉代王充批判天人感应的神秘空洞的说教,主张凡事应讲"证验"和"实效";宋代陈亮、叶适的事功学主张"事上理会,步步着实",讲求实事、事功,开物成务,主张关心百姓日用和国家社稷,以及对朱熹理学忽视功利、专尚义理,只教学者空谈性命、"穷理修身,学取圣贤事业"的批判;舒璘、沈焕等四明心学"所论常平、茶盐、保长、义仓、荒政,皆凿凿可见之行事,而言学者寡"注重学术的社会功用和目的的思想;以及王阳明的主张知行合一,反对"冥行妄作"或"悬空思索",陈确的"天理正从人欲中见",章学诚的"史学所以经世,固非空言著述"等主张,包括整个宋元明清的浙江思想家和学派所表现出来的思想上的鲜明的"经世致用"特色,都无不充分体现了自先秦以来就已经有深厚积蕴的实事求是浙江精神和思想的内含。特别要指出的是,先秦计倪所阐发的"农末俱利"的思想,后来演变为陈亮的"义利双行"、黄宗羲的"工商皆本"的思想,对于冲破儒家思想中的重农轻商、重义轻利的迂腐的价值观,起到了十分重要的作用。

## 2. 海纳百川的精神

浙江学术自古善于兼采众家之长,海纳百川,他山攻错。浙东学术本来就是在博采中原关、闽、濂、洛之学的基础上,根据浙江社会以及思想文化的实际,经过思想的融合、创新而形成的学问。我们从吕祖谦、黄震和王阳明的思想和态度上可以非常清楚地看到这种精神。如全祖望曾评价吕祖谦的学问说:"宋乾、淳以后,学派分而为三:朱学也,吕学也,陆学也。三家同时,皆不甚合。朱学以格物致知,陆学以明心,吕学则兼取其长,而复以中原文献之统润色之。门庭路径虽别,要其归于圣人则一也。"[1]他在评价黄震的学术态度时又曾说:"慈湖之学宗陆,东发之学宗朱,门户截然,故《日钞》颇不以心学为是。由今考之,则东发尝与杜洲之讲会,面其后别为一家者也。夫门户之病,最足

---

① 《宋元学案》卷五十一《东莱学案·案语》。

锢人,圣贤所重在实践,不在诃说,故东发虽诋心学,而所上史馆箚子,未尝不服慈湖为己之功。然则杜洲祠祭,其仍推东发者,盖亦以他山之石,是可以见前辈之异而同也。"王阳明学问上的最大成就,就是对宋代以来的朱熹理学和陆九渊心学思想之间的分歧和争论作出了深刻的总结,"范围朱、陆而进退之","融尽其高明卓绝之见而底于实地"①将浙东的事功学与心学融为一炉,并立足于"实地",形成了他自家的思想,因而受到黄宗羲的极力推崇,认为他是自孟子以来能够扫清思想界迷雾的第一人。

浙学思想上的兼收并蓄并非是生吞活剥,而是去除门户之见,有所取舍。更重要的是"重在实践"。一切从实践出发,理论最终要经过实践的检验和印证。如朱熹曾指责陈亮"平时自处于法度之外,不乐闻儒生礼法之论",并要他"绌去义利双行,王霸并用之说,而从事于惩忿窒欲、迁善改过之事,粹然以醇儒之道自律"。②陈亮对于朱熹的说法大不赞成,他认为"古今异宜,圣贤之事不可尽以为法,但有救时之志,除乱之功,则其所为虽不尽合义理,亦自不妨为一世英雄"。③是否英雄,不是以历史为准绳,不是以圣贤为标准,而是要看实践,实践才是检验真理的标准。

### 3. 自得创新的精神

浙学思想上强调学术的主体性,强调创新,主张学问贵在"自得"(王阳明语),成一家之言。在这一方面,无论是从先秦的范蠡、计倪、汉代的魏伯阳、王充,还是宋明及以后直到近代的各个学派和思想家,基本都是如此。如宋代吕祖谦曾鼓励门人弟子不要蹈袭旧说,一定要跳出前人的窠臼。他在《丽泽讲义》中说:"今之为学者,自初至长多随所习熟者为之,皆不出窠臼;惟出窠臼外,然后有功。"尤其是后来的王阳明,思想最具有自得创新的精神。王阳明对"掇拾于煨烬之余"④的汉儒经学传统和本质上接续经学的"空疏谬妄、支离牵滞"(同上)的宋明理学传统都做出了深入的批判,对于与自己的思想相近的陆九渊心

---

① 黄宗羲:《明儒学案》师说。
② 朱熹:《寄陈同甫书四》。见《朱文公文集》卷三十六。
③ 朱熹:《寄陈同甫书八》。见《朱文公文集》卷三十六。
④ 王阳明:《传习录》中。

学思想,他也毫不留情,指出陆九渊的思想虽然颇得《易》系辞"易简"之宗旨,但是在一些问题(如知行关系)上,仍然有"沿袭之累",与程朱理学纠缠不清,不能够做到完全的"自得"。客观上说,王阳明的心学虽然对于前人的思想都进行了深入的批判,具有十分鲜明的批判精神,但是他的思想并不保守,相反具有极大的包容性,比之陆九渊的心学思想,有着更加广泛的思想来源。只不过是他从自身出发,尊重自己的"性之所觉",着眼于"事上工夫",因而最终将他的学问和思想提升到超越朱、陆的高度。

讲究学问的"自得",不仅要超越他人,而且要超越时代。马一浮中年以后返归儒学,他在思想上对于宋明儒学态度虽然更多的偏爱王阳明,但是他始终认为一个现代的学者在面对儒学时,正确的态度是"不分古今、不分汉宋、不分朱陆"。①讲求自得的实质就是创新,而创新的动力和思想火花则同样来自实践,是面对社会的实践,"通经致用",从而发现"实理之所在",并最终形成自己的理论。

### 4. 开拓进取的精神

浙学由于主张实事求是、海纳百川、自得创新,因而决定了它必然具有强烈的开拓进取的思想精神和品格。纵观历史上浙江的大思想家、大学问家,他们的学问大多从开拓进取中来,不蹈袭他人的思想和学说,在社会实践上更是身体力行,勇往直前。范蠡、计倪是杰出的政治家,陈亮是豪杰式的人物,叶适具有鲜明的批判精神,王阳明更是运筹帷幄、底定天下的圣杰,黄宗羲则在黑暗的清王朝的高压下,发出民主的呐喊。浙学的开拓进取,不仅是要在传统的文化学术领域自得创新,而且是要开辟新学术,开拓新领域。袁康、吴平的方志,黄宗羲的学术史、章学诚的史学史等等都是这样的开拓,是一种更新层次上的创新。

在浙学,开拓进取同样需要实事求是,需要着眼于实践。晚清大学问家孙诒让是温州瑞安人,他一方面在经学领域开拓进取,成为中国近代新经学的中坚,但另一方面,他并不枯坐书斋,埋首故纸,而是热情参与到当时的实业救国的行列中去,不仅自己投资办实业,而且

---

① 马一浮:《答池君》,《马一浮集》第一册,浙江古籍出版社,1996 年版,第 512 页。

极力反对清庭用洋人的资本办铁路,提出实业自主,国人出资,办自己的民族工业。

实事求是、海纳百川、自得创新、开拓进取,这不仅仅是浙学的基本精神,而且也是浙江历史文化的精神,是浙江人的精神。浙学的基本精神除了以上陈述的几条外,还有人文关怀、注重传承等等,兹不赘述。浙江人民在七千年的文明进程中(从河姆渡文化算起),面对艰苦动荡的自然环境与社会环境,始终以务实的态度、大海般的襟怀、自主自立敢于创新的勇气、以及不断开拓向前的魄力,将浙江建设成为物华天宝、人杰地灵的天堂,创造了灿烂的历史文化。而正是浙江的历史文化、浙江人民的历史精神,构成了浙江学者思想创造的根本源泉。浙学精神总结了浙江文化的历史,同时又反过来不断对浙江文化和精神的发展产生重要的影响。

## 三、与时俱进的浙江精神

浙江的悠久历史、丰厚的文化内涵以及充满地域特色的人文精神,在改革开放的今天,焕发出了无穷的生命力和创造力,再次展现出夺目的光彩。浙江在二十多年的改革开放进程中,在邓小平理论和"三个代表"的思想指导下,自强不息、坚忍不拔、讲求实效、勇于创新,走出了一条充满个性的致富之路,不仅极大地改变了过去一穷二白的面貌,在全国率先跨人了小康社会,而且浙江改革的经验,对于全国也具有长久的示范意义。所有这一切,归根结底,是浙江人民充分弘扬了浙江精神的结果。

"爆竹声中一岁除,春风送暖入屠苏。千门万户瞳瞳日,总把新桃换旧符。"浙江的改革开放,虽然依靠弘扬传统的浙江精神,不断取得巨大的成就,可以说是日新月异,但是,并不能因此而自满,需要不断地总结浙江经验。浙江的经济、社会、文化在不断向前发展,浙江精神也要不断地与时俱进。这要求我们在弘扬传统浙江精神的同时,面对时代的发展和传统文化向现代的转型,进一步锻造新的浙江精神。目前,浙江经济、社会、文化的发展,已经到了一个关口,面临着多方面的社会转型。大体上浙江面临的转型主要表现为:1、传统农业社会向现代工业化社会的转型;2、贫穷社会向富裕社会的转型;3、小商品社会向大市场社会的转型;4、农民社会向市民社会的转型;5、农村社会向城市社会的转型;6、传统道德社会向现代法治社会的转型等等。这些社会形态方面的的转型过程,必然带来新的问题,不仅需要社会物质层面的治理,而且需要与之相适应的社会精神层面的提升。从社会转型的角度看,浙江走在中国市场化的前列,在市场社会背景下,整个社会从内容到架构,从经济基础到上层建筑,都已经逐步发生根本性的改变。不仅经济逐渐融入全球化的现代框架,而且昔日以家庭血缘关系为纽带的、人情化的以及相对封闭的传统社会人际关系,越来越被开放的、以公众交往为纽带的并建立在信用基础上的现代社会人际关系所取代。人们不仅处在新的生活方式中,面对新的生产关系,而且要接受新的文化和思想,要形成新的生活态度和新的价值观念。农民变为市民,传统的百姓变为社会的公民。因此,浙江精神必须要融入新的内容,融入诸如民主价值、公平理念、信用原则、公民责任、理性和谐乃至世界关怀等等新的价值要素,赋予其新的内涵,才能适合新时代的需要。这不仅是要保证经济的进一步发展,也是全面建设小康社会,建设和谐浙江的重要环节。

与时俱进的浙江精神,本文限于篇幅,不能多谈。最后需要强调的是,有着丰厚底蕴的"浙学",对于历史的浙江人文精神曾经发生过极其重大的影响,因此,在今天,进一步发展和繁荣浙江的文化和学术,同样显得尤为重要。唯有浙江学术的繁荣和发展,才能够使浙江的文化不断提升到新的精神的层面,形成新时代的思想精神、价值理念,并最终通过教化和传承,影响到社会的每一个人。展望过去,是为了更好地放眼未来。我们总结浙江精神,提炼浙江精神的目的也正在于此。

# 南宋浙学研究的现代价值

朱晓鹏

　　早在 7000 多年前就已建立起了足以与黄河流域的文明相媲美的灿烂的史前文明的浙江文化,在中国历史上一直具有自己鲜明的文化特色和杰出的文化贡献。无论是先秦还是汉唐,浙江的经济文化一直在稳步发展,并逐渐成为全国的中心地区。尤其是自南宋迁都杭州后直至近现代,浙江的经济文化发展更是进入了空前的繁荣状态,并因此造就了许多杰出的大思想家和影响巨大的学说或学派,如浙东事功学派、阳明学派、浙东史学等等在中国哲学史、思想史上都占据了十分重要的地位。浙江历史上在哲学、思想文化领域所取得的这些辉煌成就可以称之为富有自身的独特气质和面貌、与浙江这一特定的地域及相关的人文社会背景显然具有密切关联性的"浙学"。从思想学术史上揭示这种具有地域文化属性的浙学的精神传统及区域人文社会的内在关联性,梳理出其内部演进的思想谱系和价值意蕴,探寻其在当代延续伸展的生长点和可行路径等,当是一件具有多方面意义和价值的工作。南宋浙学的研究一直是中国哲学史、学术思想史上的一个重要课题,但以往的有关研究虽然对此作了很重要的资料积累,对某些学术思想史也有所梳理和概括,但总体而言,这方面的研究却还有许多不足。我们有必要通过厘清若干思想学术史上的是非和模糊之处,探求南宋浙学独特的思想内涵、历史作用和现代价值,挖掘出南宋浙学及整个浙学中所蕴含的根本性的"本土性问题"及问题意识和解决方案,揭示其所具有的重要的现代性意义和普适性价值。

# 一、南宋浙学的研究现状

以往人们对"浙学"概念的理解,有一个很大的不足,即它局限在南宋以陈亮、叶适等为代表的事功之学或清代以黄宗羲、章学诚等为代表的浙东学派的范围内,却还不是一个能包括南宋事功之学和清代浙东学派的统一性概念,更不是一个能够涵盖整个浙江历史上的学术思想的统一性概念。有鉴于此,我们不妨把原有的"浙学"概念加以改造扩展,使之成为一个不仅能包括南宋事功之学和清代浙东史学的统一性概念,而且是一个能够涵盖整个浙江历史上的学术思想的统一性概念,即浙江自古以来那些杰出的思想家和影响巨大的学说或学派,上溯古越文化、下迄浙东学派,都应属于"浙学"的范围。显然,这是一个广义的"浙学"概念。这样,准确地说,南宋以陈亮、叶适等为代表的事功之学就可以不再称之为"浙学"或浙东学派,而应该称之为南宋浙学。南宋浙学既是传统浙学的延续和创新,更是传统浙学的主体,体现着一种文化传承和创新的浙学范型。

南宋浙学的研究作为是中国哲学史、学术思想史上的一个重要课题。从历史上黄宗羲、全祖望等人的《宋元学案》,章学诚的《文史通义》到近现代学者何炳松的《浙东学派溯源》(1932年)等,或作了很学术价值的的资料积累工作,或进行了对某些学术思想史的梳理和概括。不过,国内学界真正深入研究这一课题,是从上世纪下半期特别是八十年代以来开始的。随着对宋明理学、浙东学派、浙江思想文化史研究及若干相关个案研究的展开和一些重要原著资料的整理出版,本课题的研究获得了前所未有的推进。如王凤贤等著的《浙东学派研究》,周梦江著的《叶适与永嘉学派》、《叶适评传》,方如金等著的《陈亮与南宋浙东学派研究》,潘富恩著的《吕祖谦思想初探》、《吕祖谦评传》,董平等著的《陈亮评传》以及新近出版的大型《南宋史研究丛书》等研究专著;整理出版的《叶适集》、《陈亮集》、《陈傅良集》、《薛季宣集》、《周行己集》、《吕祖谦全集》、《黄宗羲全集》(含《宋元学案》四册)等一大批重要的原著、原始资料;召开的多个浙东学派国际学术研讨会、叶适及永嘉学派国际学术研讨会、陈亮国际学术研讨会、浙东学派与浙江精神学术研讨会等大型学术会议,编辑出版的《论浙东学术》、《叶适与永嘉学派论集》、《浙学研究集萃》等多部专题论文集。这些学术研究活动和成果有力地深化了南宋浙学的研究,并在学术界产生了较大的影响,为今后的进一步研究提供了很好的基础。与此同时,本课题研究也受到了港台及国外学者的重视,他们也出版、发表了一些论著。尤其值得一提的是,美国学者田浩教授所著的《功利主义儒家——陈亮对朱熹的挑战》一书不但深入细致地研究了陈亮思想的内涵和特质,而且开创了西方中国思想史研究界重视对非主流思想家的研究以至使其渐成主流研究的学术风气。[1]

总体来说,国内外学术界对本课题的研究还是十分重视的,也取得了不少成果。不过,这方面的已有研究中也有一些不足和偏颇,即个案研究较多,整体性研究较少;地方性的各自研究较多,宏观性的统一研究较少;阐述性研究较多,以问题为中心的专题研究较少。即使多达50卷的《南宋史研究丛书》中,也还没有一部专门研究南宋浙学的学术专著,这不能不说是其一个缺憾。特别是学术界对南宋浙学的形成、理论来源、思想归属、演变机制、总体脉络、思想特质等方面的系统研究仍然较为欠缺,也存在较多的歧见,如绝大多数学者都把南宋浙学看作是儒学特别是程朱理学在浙江的传承、发展,以一种传统的泛儒学主义的观念或以朱陆为中心的学术史观来看待、描述南宋浙学的形成和演变及其思想归属等问题,表明了一种学术思想史上的局限性。

此外,就南宋浙学对整个浙学传统和浙江精神的形成和发展的影响以及它对当代浙江的经济社会发展、思想文化建设的现实意义的研究来说,这方面的研究是直到近些年随着浙江的经济社会和文化的快速发展和现代化进程而日益受到重视,凸显出其研究的重要价值的。目前已有不少学者特别是浙江省内的学者开始进行有关的研究,取得了一些重要成果,如陈立旭等著《文化与浙江区域经济发展》、《从传统到现代化——浙江模式的文化社会学阐释》,何福清主编的《纵论浙

---

[1] 田浩:《功利主义儒家——陈亮对朱熹的挑战》(中文版),江苏人民出版社,1997年。

江》、张仁寿、史晋川、陆立军等学者对温州模式、台州模式、义乌模式、浙江经济发展的文化动因等的一系列研究等,都对浙江区域文化资源对浙江经济社会发展的影响、浙江历史上的事功之学与当代浙江人较突出的讲求实效、自主创新的精神气质之间的关系等重大问题进行了富有价值的探讨,为本课题研究作了重要的积累。另外,韦伯命题、新制度学派、费孝通的乡土中国理论、儒家文化与东亚工业化研究、市场经济与文化发展的关系等一般性理论研究成果也为本课题研究提供了很好的理论参照和广阔的思想视野。当然,目前这方面的研究还有一些不足,如大部分研究偏重于各个内容的直接叙述比较,有简单化、雷同化之嫌,单篇的论文较多,专门性、综合性的学术专著较少;也缺乏从一定的理论系统和分析框架入手来深入系统地研究地域、环境、思想家的大传统与民间的观念民俗等的小传统、经济社会生活等诸因素之间的复杂互动模式、互动机制、传递转化演进路径等问题。尤其是需要通过厘清若干思想学术史上的许多是非和模糊之处,探求其独特的思想内涵、历史作用和现代价值,挖掘出南宋浙学及整个浙学中所蕴含的根本性的"本土性问题"及问题意识和解决方案,揭示其所具有的重要的现代性意义和普适性价值。显然,这种研究对于探讨在目前日益全球化背景下重新评估所谓"地方性知识"的意义的普适性价值特别是对现代社会和文化精神的构建具有重要的价值,以及当代西方学术思想的本土化途径等问题都会是十分必要的。

## 二、南宋浙学研究的意义

南宋浙江作为当时中国的政治经济文化中心,其思想文化成就对整个中国文化的发展影响巨大。浙江又素称"文物之邦",具有悠久的历史文化积淀和思想学术传统,尤其是南宋的事功之学对于形成浙学传统和浙江精神乃至整个中国的思想文化具有重要作用,南宋浙学研究通过对南宋时期浙东事功之学的形成发展及其基本精神的研究和它对整个浙学传统和浙江精神的形成和发展的影响,以及它对当代浙江及当代中国的经济社会发展、思想文化建设的现实意义的研究,显然具有重要的意义和价值。同时,这无疑也是当代浙江学者应该自觉承担的历史使命,有利于弘扬优秀传统文化,建设现代新文化,促进当代的经济社会发展。

要认识南宋浙学研究的重要价值和意义,首先要涉及如何认识南宋浙学的思想特质问题。按照以往中国哲学史和思想史的框架和视野,人们对以叶适、陈亮为代表的事功之学的评价大多持一种比较轻忽的态度,对其在思想史上的重要性和特殊意义认识不够,我把它概括为两个特点:一个是认为陈亮叶适等人的思想只是一种比较边缘化的非主流的思想学说,仅仅具有地区性意义。所以其地位和重要性难以与同时期的理学陆学相提并论。第二点,很多人研究浙东学派,都承认和朱熹的理学很不一样,很多地方甚至是对立的。但是在进一步分析时,却并没有把它看作是从根本上不同于理学或者儒学的东西,而是主张它是儒学系统甚至理学本身的不同派别。例如 2004 年我们省主办了关于陈亮的国际学术研讨会,我特意看了与会者的相关论文,仔细梳理了他们的观点,又看了其他一些相关的研究,发现绝大多数学者都是这样看的,即认为陈亮的思想学说没有超出儒学的范围。比如讲功利,原始儒学也讲。另外从思想渊源上说,认为浙东学派的思想来源于二程等人。这些观点比较普遍。这些说法并非没有理由,但我觉得总体讲还缺乏说服力。如果从根本性的思想特质来比较,我们可能可以得出不同的结论。

首先,南宋浙学与当时的正统理学之间,其基本观点是对立的。这种对立不能轻易地淡化或忽视,因为这是两种不同的思想体系。比如南宋浙学在哲学基本思想上几乎都主张道在器中、道在事中、道存于物等观点,主张本体与现象、普遍与特殊的统一。在价值取向上也往往主张理欲统一、义利合一。但是在传统儒学、理学那里,却多主张理欲对立、义利对立。在人生观上,浙学主张学为成人,而传统儒学主张学为圣人。在学风上,南宋浙学提倡为学而务实之风,倡导学与行都要见之于事功。对现实民生与政治改革等事情非常关注。所以事功学派的学术特点就在于关注现实问题,并把这种关注纳入自己的学术研究与思想探讨,进而付之于实践。这就与一般的儒学不同。另外在政治上反对传统的重农抑商政策,反对本末对立的观念,主张富民强国。这一系列的主张很难说与传统儒学乃至朱熹理学相一致。硬要说它是传统儒学中的一个不同的派别,有些牵强。历史上有很多学者都承认其中有很大的区别。比如朱熹与陈亮反复论争,也承认陈亮"新论奇伟不常,真所创见"。所以我认为他们相互间的差异是比较明显的。能否比较客观地历史地看待这些差异,是一个很重要的学术史观上的态度与方法问题。长期以来我们的哲学史思想史总是强调用一种大一统的观念去解释、去描述,由于儒学长期占据正统的意识形态地位,于是什么东西都要放到儒学里面去解释,放到儒学里面去找到一个位置,也许是这个原因影响了对南宋浙学及其他异质性学说的评价,这些异质的思想学说往往在思想史上不能得到重视,甚至不能得到认真的客观的评价。

第二点特质,陈亮等人的事功之学超越了传统儒学泛道德主义化约论的立场,开创了宋儒注重道德心性修养的价值关怀之外构建一种新的思想范式的途径。传统儒学和宋儒的主要话语与理论关怀在于道德,在于心性修养。这有其意义与价值,而且在朱熹那里达到了思想的高峰。但现代人回过头去看传统思想,就可以看到其局限性。其论域基本限定在道德心性的范围中,而现代的学术思想的范围大大超出了这个领域,如政治学、经济学、社会学,甚至现在的伦理学也与历史上的伦理之学有很大差别。更何况还有许多更具体的学问。我觉得南宋浙学的思想家们与朱熹等人所关怀的很不一样。他们所关心的恰恰是带有近代学科化色彩的东西,对传统的伦理道德心性不是特别重视。他们也认为这些很重要,但同时又主张学术研究、思想关怀不能完全局限在这里,而是要把道德心性的思想原则应用到事功上去,应用到社会实际、百姓生活中去。所以他们强调要实事实功、经世致用,凡是与经世致用有关的,如政治、经济、财政、税收、军事等等,全部纳入关怀的领域。这是一个很大的区别。当然朱熹也非常博学,是一个百科全书式的人物,成为传统思想集大成的顶峰,而且他的思想方法也具有近代理性化的精神,用理性化去构建思想体系,做了他应做的努力,达到了他所可能达到的最高度。但陈亮叶适却在他完全没有关注的领域开创了新的天地。这些领域甚至也不能说是朱熹他们所欠缺的,而是整个中国传统思想所欠缺的,却又恰恰是近现代社会发展所需要的。在这些领域,陈傅良、陈亮、叶适等人投入了很大关注,甚至吕祖谦也关注这些。整个浙东学派的学者都有这个倾向。包括明代的王阳明,也有这个倾向。这样的思想倾向与传统的思想确实不一样,所以也就不被囿于传统思想范围的学者所理解,甚至不能接受,比如朱熹就一再讥讽陈亮他们"大不成学问"。从传统学术视野来看,陈亮他们搞的这些东西的确鸡零狗碎,不成体系,不成学问。朱熹站在传统的学术眼光看,可以理解。因为这些东西都不能纳入传统的学术范围,而且这些知识毕竟正处于初创期,不是近代意义上的学科,没有构成体系,甚至学者们没有很强烈的学术自觉要去构建新学科,只是觉得这些问题很重要,很有意义,所以愿意花大力气去研究。比如经制之学,就希望从经史中找到制度性的东西,建立一套制度规范,来重建社会秩序。这些思想在我们今天看来,应该是很好理解的,甚至可以说是向近代思想学科化范式转型的雏形。因此,我们可以理解朱熹的传统学术立场,但我们作为现代人却不能停留在朱熹的学术态度立场上去看待浙东学派的这些思想。

总之,在关于南宋浙学的理论来源和思想属性等问题上,我们不赞同许多研究者简单地把它们归之于传统儒家的观点,而应摆脱以传统儒家为正统、以朱陆为中心的南宋以来的传统学术史观和学术史面貌的影响与束缚,重新找出南宋浙学本身的形成、演变的固有线索及其规律,阐明以陈亮、叶适等为代表的事功之学在总体上已与传统儒家核心思想有很大距离,而应以一种多元的、开放的学术史观重新解读和梳理浙学史,恢复其作为中国思想史上十分辉煌而独特的、富有光彩的思想学说的本来面目和应有地位,这将是在一定程度上是对一些传统的说法、"定论"的突破,对于重新理解中国哲学史、思想史,重新梳理、系统总结浙学史,发展当代浙学,都有重要的意义。

另一方面,深入系统地研究南宋浙学的形成和发展过程、演进路径,它与地域环境、民间文化传统、不同的思想学说的相互关系、互动机制等,厘清若干思想学术史上的是非,探求其独特的思想内涵、历史作用和现代价值,有利于挖掘南宋浙学及整个浙学中所蕴含的根本性的"本土性问题"及问题意识和解决方案,揭示其所具有的现代性和普适性价值。显然,这种研究对于探讨在目前日益全球化背景下重新评估所谓"地方性知识"的意义的普适性价值特别是对现代社会和文化精神的构建具有重要的价值,以及当代问题意识下学术思想的本土化途径等问题都会富有启迪作用。它还有利于解读"浙江现象",推广浙江经验。针对当代浙江经济社会快速发展、"浙商"全面崛起等的"浙江奇迹",以南宋事功之学为个案对浙学传统和浙江精神作追根溯源性的研究,有利于超越一般的经济文化层面去探讨产生"浙江现象"的哲学、思想等深层次的动因,寻求浙江和当代中国的可持续、和谐发展的精神动力。因为叶适、陈亮等人作为中国历史上的著名思想家,虽然其事功之学早已成为整个中国文化传统中的一个重要组成部分,但由于叶适、陈亮等人的事功之学毕竟又是与浙江这一特定的地域及其相关的人文背景密切相关连的,因而不能不带有自身的独特气质和面貌。可以说,南宋浙学思想既是浙江的思想文化精神传统及其独特的性格气质的典型体现,又反过来以其特有的思想内涵和精神气质,极大地丰富了浙江固有的历史文化精神,形塑了浙学的优秀传统。

## 三、南宋浙学研究的方法问题

任何真正的思想家的思想和学说,都是针对着自己的问题来展开的,而所谓"自己的问题"又是由自己所处的环境和条件,即已有的历史传统、现实的和思想的双重环境等因素构成的。因而我们要去解读和寻绎一种思想、学说的内在意蕴和演进逻辑,就必须依循其据以产生发展的原有条件和环境进行。按照这种基本思路,南宋浙学研究应该力图把南宋浙学的形成、发展和它对整个浙学传统和浙江精神的意义、影响的研究,放在一个充分互动的关系模式中予以考察,即认为南宋浙学的形成和发展是由历史上长期形成的整个浙学传统、浙江精神、浙江独特的自然环境、地域因素、民风民俗及当时的社会经济政治生活等因素综合作用的结果。而同时,前者也反过来给后者产生了重要而持续的影响,形成了两者之间充分而良性的互动。所以,南宋浙学研究的一个重要任务就是要探寻这种互动关系的内在机制、演化脉胳及其所包含的多方面的价值意蕴。

　　美国人类学家罗伯特·雷德菲尔德(Robert Redfield)在其《乡民社会与文化》一书中提出，较复杂的文明中存在着两个层次的文化传统，即所谓"大传统"(Great Tradition)和"小传统"(Little Tradition)。他把主要是由知识分子、思想家等少数人信奉和生产的精英文化称之为"大传统"，把民间大多数人所奉行的民俗文化称之为"小传统"。大传统主要依赖于典籍记忆，尤其是哲学、宗教、文学经典所构造的记忆、想象与理想而存在、延续。小传统主要以民俗、民间文化活动等"非物质"性的、活的文化形态流传和延续。南宋浙学作为一种"大传统"，其形成和发展就是在与"小传统"的良性互动中实现的。南宋事功学派的"讲求实效、注重功利"以及重视工商的精神无疑浸润于浙江民间的社会实践和思想观念，是对当时当地普遍的社会心态的概括与提炼。大传统从小传统中找到源头活水。如果没有地方民间社会不求经、理，但求功利、注重实用以及重视工商的社会心理基础和社会背景，他们是难以产生与占统治地位的传统理学针锋相对的学术精神的。可见，发达的民间工商业无疑为浙东学派"讲求实效、注重功利"以及"重视工商"的精神提供了极其丰厚的社会土壤。

　　另一方面，浙东事功学的"讲求实效、注重功利"以及重视工商的精神，不仅从民间得以提炼并为浙江地方民间的相应实践活动提供了理论依据，而且经过广泛的传播，又反过来深刻地影响了浙江地方民间的心理。随着岁月的流逝，在浙江历史上形成的"讲求实效、注重功利"以及重视工商的精神，延续并广泛地深入民间，构成了浙江人的"遗传因子"，这对改革开放以来浙江经济体制变迁的演进轨迹也不可能不生产深刻的作用。正如诺斯所说，价值信念、伦理道德、习惯以及意识形态等统称为文化的东西即非正式制度安排，是影响经济体制演进轨迹的重要因素。

　　南宋浙学的学者们之所以能与民间形成良性的互动关系，一个主要原因在于其思想学术性格本身就具有特别强烈的平民性，可以说，平民性正是浙江思想家的一个突出特点！故而其思想能够来自于民间，又很容易地回到民间、作用于民间。事实上，这也是当代浙江经济社会快速发展的奥秘之一，如浙江经济以中小企业民营企业为主力军，表现为典型的"老百姓经济"；大多数改革都得益于"自下而上"的推进,是一种诱致性的制度变迁等等。从这个意义上说,浙学也可以说是一种平民哲学、"草根哲学"。这种平民哲学正是适合于宋以来由于工商业不断发展、世俗化日益加强而导致的平民化趋势愈来愈明显的浙江社会。而这也是传统浙学在当代浙江的经济文化和社会发展中仍具有重大生命力的一个主要原因。

由此也可见,对南宋浙学及整个浙学传统中所蕴含的根本性"本土性问题"及其解决方案的研究,具有极深刻的现代性和普适性价值,包含有可以导向现代理性和现代社会构建的丰富可贵的精神资源,如工商社会、市场经济、自然人性论、权利意识、主体性观念、追求功利实效、从道德人向经济人的转向、价值观上的世俗化取向等等。这些具有重要的现代性和普适性价值的思想资源,无疑值得我们去进行深入系统的研究挖掘,并标举出其在中国思想史上的独特价值和地位。

为了达成上述研究目标,在具体研究过程中,我们对南宋浙学的研究,就需要采取科学可行的方法,以马克思主义唯物史观为指导,从哲学、文化学、历史学、社会学、经济学、思想史等多学科视角出发进行,采取历史与逻辑相结合,文献考证、整理分析与史迹考察相结合的方法,对南宋浙学的形成和发展的历史过程、逻辑线索、基本史实等进行认真的考察梳理和客观认定,避免主观联系、任意拔高、夸张比附的主观主义研究方法。同时,通过考察辨析南宋浙学的形成和发展历史过程中的一些核心概念、主要理念的基本内涵和意义特点,分析南宋浙学的内在逻辑结构、基本精神及其与环境、历史、社会、文化传统等互动的机制、传递转化途径等。还要采用比较的方法将南宋浙学与不同的思想学说特别是程朱理学、心学,浙学和浙江文化与湘学、闽学等不同的地域文化、传统浙学与现代社会的基本价值取向等等进行比较分析,从中提炼出科学的评价和理论概括,阐发其具有的重要的现代性和普适性价值和意义。

此外,还应该采取深入系统的实地考察调查方法。通过对温州、金华、永康等浙东事功学派的主要活动地方考察调查有关南宋浙学的史迹史料,对南宋浙学的形成和发展的历史过程、逻辑线索、基本史实等进行认真的考察考证,对于了解历史上的浙学传统与浙江精神互动的路径选择、传承机制等,以积累各种第一手资料,厘清若干思想学术史上的是非,应该是有十分直接的意义的。更重要的是,通过深入系统的实地考察调查,我们可以具体地了解和感受了南宋浙学的形成和发展过程、演进路径、思想特质与浙江独特的自然环境、地域因素、民风民俗、文化传统及当时的社会经济政治生活等因素的综合作用下的互动关系,探寻这种互动关系的内在机制、演化脉胳及其所包含的多方面的价值意蕴,同时也可以加以特别考察了解浙东事功学"讲求实效、注重功利"以及重视工商的精神等的"大传统",是如何从民间心理文化的"小传统"中得以提炼并又成为浙江地方民间的相应实践活动的理论依据的,以及浙江区域文化与当代浙江区域经济、社会发展的互动关系。还可以从实地考察调查中具体地了解和感受历史文化的留存、保护、影响等各种实际情况,并结合实际,提出历史文化留存的保护、历史文化旅游开发、当代思想文化的发展建设等各种意见、建议。这些对于当代中国重建乡土社会、民间社会的良好秩序,恢复和延续传统社会中优秀的自然和人文精神传统,都能起到积极的作用。

# 叶适对《中庸》的批评及其对儒学的阐释

陈　锐

　　叶适的思想除了其批判精神和现实主义外,在对儒学传统及政治历史的思考中也有重要的理论建树,表现出宋代特有的理性和怀疑精神。他对《中庸》的辩难揭示了其逻辑矛盾,把中庸理解成道的辨证变化过程,其内外交相成之道为更完整地理解儒学作出了贡献。他对二元论的批评,历史主义的态度,以及对古代和宋代社会政治和经济的分析成为中国思想史中的重要的承前启后的环节,和欧洲 17 世纪后的思想演变有相通之处,对思考今天的现实问题也有重要的意义。

一

　　在南宋思想家中,永嘉学派的集大成者叶适的思想具有强烈的批判精神和现实主义风格,因而不同于朱陆二派,与之"遂称鼎足"。但在这同时,也正是"其意欲废后儒之浮论,所言不无过高",力图避免"以义理为空言之患",因此也就往往被正统儒学所批评,被认为"义理未得为光明正大",或"其偏执固所不免"。19 世纪以后,随着社会的变化和西方文化的影响,其现实的"功利之学"以及其对"心性之学"的批评得到了越来越多的重视,但是也多少被认为缺乏系统深刻的理论兴趣。

　　实际上,假如我们不是停留于那种纯粹的理论分析,而是把叶适的思想放在历史变迁的背景来看的话,也许就会获得更多的内容。从整个宋代哲学的发展来看,它在形式上表现为儒学的复兴和道统的重建,在内在的精神上类似欧洲 17 世纪的近代哲学和科学,即在批评传统宗教的同时包含着理性精神的成长。宋代的思想家对传统和经典敢于不循旧说,二程兄弟主张"学者要先会疑。"朱熹也说:"读书无疑者,却教有疑。"对《易传》中宇宙论形而上学的兴趣,《四书》地位的确立,都意味着那个时代对纯粹理论思维和形而上学的热情。相对来说,叶适的思想则类似欧洲 18 世纪后的思想发展,即越来越多的关注于政治、经济和社会现实问题,并在对传统和经典的质疑中表现出强烈的批判精神。在他看来,宋代儒学虽然在纠正汉唐儒学的弊病上有重要贡献,但也空谈心性,忽视了现实世界。叶适的思想尽管不同于宋代的理学,但其独立思考和怀疑的特质也是宋代理性精神发展的产物,在其辩难中表现出哲学思考的深度和广度。此外,叶适的思想尽管在批评宋代理学时表现出注重事功和现实主义的风格,但也不能简单等同于功利主义,因为他与陈亮等浙东思想家类似,主要是要批评那种道和事、义和利、内和外的二元对立,因而在同时又表现出对传统三代之治中"合外内之道"的向往和对后世道德堕落的批评。

在传统儒学经典中,《中庸》一书往往被认为最具有哲学性和理论深度。而在叶适的思想中,一个重要之点是对儒学的"中庸"的分析批评,他的整个思想也都与此密切相关。在他看来,传统对中庸的理解在理论上存在着不完备之处,在逻辑上存在难以解释的矛盾。由此他提出了自己对中庸的理解,即把中庸理解成包含着各种对立成分的道的运动变化过程,它是不依赖人的选择而存在的。在这个基础上,叶适既批评《中庸》一书"过是不外求也",同时又发展了《中庸》中的"合外内之道"的思想,主张儒学的真谛是"内外交相成之道"。叶适以此为思想脉络去批评宋儒的空谈心性,同时又不满荀子和汉唐儒学务外而遗内。在叶适看来,在古代社会和思想中,它们都是不可分离的统一体,道和物、君和民、义和利、治和教都是统一的,"道无内外",但在后代社会,由于人的智谋巧诈,却将它们分离开来。

## 二

在传统儒家思想中,"中庸"占有核心的地位,是修身齐家、治国平天下的行为和道德准则。但是在孔子及以前的思想中,却主要作为一种实践智慧和方法,是如何"执两用中",无过不及,并没有提供抽象的理论解释。以后相传子思作《中庸》,书中包含了从各个角度对之的抽象思考,理论深化了,其中"高者极高,深者极深",留下了一些复杂和难以解释之处。可以想见,当时思想界在关于中庸的问题上已经产生了不少歧义,因为如果仅仅将中庸看成是"执两用中"的治国与处世之道,那么就很难将之上升为普遍永恒的道德理论。《中庸》书中除了保留了作为"执两用中"的实践智慧外,更重要的提供了一种形而上的思考,将"中"看成是超越于特殊现象之上的普遍和潜在的存在,其中包含着一种神秘的境界,与孟子的思想存在若干相通之处,从而在理论上避免了一些困难,为道德提供了终极的基础。但是书中抽象的思考在偏于"实事求是"、忽视理论的汉唐儒学的氛围中被忽视了。宋代的理学经过了佛教的洗礼,他们尽管批评佛教的空虚不实,但也从中继承了相当的对抽象理论的兴趣。在这个意义上,《中庸》由于其理论色彩被上升为《四书》之一,被宋儒看成"孔门传授心法,子思恐其久而差也,故笔之于书,以授孟子"。[1]其中"推本尧舜以来相传之意,质以平日所闻父师之言,……故其言之也切,其虑之也远,故其说之也详。"[2]宋代的理学家和以后 20 世纪的新儒学类似,对《中庸》的兴趣主要是其中的抽象的理论和神秘的境界,是利用其中的思考来重建儒家的道德形而上学,而其中"执两用中"的实践智慧则被放在一个较次要的位置上,至于其中所包含的理论上的矛盾,则也在很大程度上被回避了。

　　但是,叶适主要关心的不是像宋儒学那样为道德提供一个形而上的基础,而是认为孔子的儒学是实践和统一的,没有像后世那样空谈理论以及各种分离。他在解释经典时不满意那种理性的二元论的思维方式,致力于发现其中的逻辑矛盾和不合理之处。在这点上,他对经典的质疑实际上也是宋代理性思考和怀疑精神的产物,和二程兄弟、朱熹等总体上是类似的,不同处是具有更强烈的批判精神和现实主义的风格。他认为"《礼记》中与圣人不抵牾如此类者甚少,虽《中

---

①　朱熹:《四书章句集注》,北京:中华书局,1961 年,第 17 页。

②　朱熹:《四书章句集注》,北京:中华书局,1961 年,第 15 页。

庸》《大学》亦不过三四尔"。①他看到人们可以把"中"解释为独立常存的本体,但如果一涉及到那种具体的行为准则,即"执两用中"的时候,就往往会出现难以摆脱的逻辑矛盾。在《习学记言序目》中,叶适对《中庸》中存在的一些问题进行了分析,其中较为主要的如《中庸》第四章的内容:

> 子曰:"道之不行,我知之矣,智者过之,愚者不及也。道之不明也,我知之矣,贤者过之,不肖者不及也。人莫不饮食也,鲜能知味也。"②

对于《中庸》里的这段话,二程兄弟和朱熹都仍然是按照传统的方式去解释,贤智与愚不肖都属于过与不及两个极端,因而不能知道行道,那种超越众人和等同于众人的都不能认识道,"行之过,不与众共;不及,则无以异于众,是不明之因也。"③朱熹则说:"道者,天理之当然,中而已矣。……知者知之过,既以道为不足行;愚者不及知,又不知所以行"。④然而,叶适在《习学记言序目·中庸》中对此却提出了疑义。在他看来,这其中存在着逻辑的矛盾,孔门弟子子张和子夏尽管属于过和不及两个极端,但只是由于"学之偏,学之不能化也"。他们都是智者、贤者,人们所说的道之明和道之行历来是贤者和智者的责任,"且任道者,贤与智者之责也,安其质而流于偏,故道废;尽其性而归于中,则道兴;愚、不肖者何为哉。"⑤道之行与道之明本来和愚、不肖没有什么关系,因此,按照《中庸》第四章的说法,就势必导致无法解释的逻辑矛盾,即将能够明道和行道的贤智放在贤智和愚、不肖两个极端之间,"然则欲道之行,必处知、愚之间矣;……然则欲道之明,必处贤、不肖之间矣。"⑥此外,人们一方面认为孔门弟子都是贤者智者,同时又由于他们一些人的"不及"被认为等同于愚、不肖;对于最后的"鲜能知味",叶适认为放在此章之后,也会使人误认为"是以贤智、愚不肖同为不知味者,害尤大矣,此中

---

① 叶适:《习学记言序目》,北京:中华书局,2009年,第108页。
② 朱熹:《四书章句集注》,北京:中华书局,1961年,第19页。
③ 程灏,程颐:《二程集》,北京:中华书局,1981年,第1153页。
④ 朱熹:《四书章句集注》,北京:中华书局,1961年。
⑤ 叶适:《习学记言序目》,北京:中华书局,2009年,第109页。
⑥ 叶适:《习学记言序目》,北京:中华书局,2009年,第109页。

庸之贼,非所以训也。"①

另外的问题如第二章和第三章的内容:

> 仲尼曰:"君子中庸,小人反中庸。君子而中庸也,君子而时中;小人之中庸也,小人而无忌惮也。"

> 子曰:"中庸其至矣乎,民鲜久矣。"②

叶适认为,此处的内容也存在着逻辑矛盾,既然孔子说中庸是最高的道德,"民鲜久矣",那就表明当时社会中的君子多不具有这种品德,"所谓君子,盖不以中庸许之矣";然而假如又说"君子中庸,小人反中庸",那就表明当时的诸君子皆具有中庸的美德,"则是凡当时所谓君子者,举皆以中庸许之,而非鲜能也。"叶适认为这里是存在矛盾的,在不同的章节中君子既具有又不具有中庸的美德。此外,叶适还认为"许君子以中庸而时中,滥于善犹可也,小人为恶何所不至,而必以反中庸言之,亦将滥于恶乎。"也就是说,叶适认为没有必要说小人"反中庸",因为既然中庸是很高的美德,"白刃可蹈,中庸不可能",那么小人"反中庸"也就没有什么大不了的了。叶适认为在谈到善恶是非的时候,"孔子不许当时君子之中庸,何也? 孔子于善恶是非之反,固皆以君子小人对之,而中庸独无对者,其德至矣,民尽心焉耳。"③他看到君子的善可以和小人的恶相对比,但中庸是最高的道德,决不可以找出一个"反中庸"与之相对立。古人谈中道,切近生活,不诉诸性命义理等空言,也没有什么自相矛盾,"按中道古之圣人所建,《易》以卦爻分位数,若其疏义明切,而孔子固专以中赞之矣。若其疏义明切,如与凡鄙人语,使皆可晓,而中之用常在自新,则古人诸书所述,未有及程子之言也"。④但是后世的"儒者失孔子之意,不择而易言之,后世学者又过信之,轻重失伦,虚实无统,而中庸之道卒于无所明。"⑤

以上是叶适对《中庸》的两处重要辩难。就《中庸》本身来说,其中在理论上包含着多种可能的角度和倾向,其后经过了宋儒的解释,尽

---

① 叶适:《习学记言序目》,北京:中华书局,2009 年,第 110 页。
② 朱熹:《四书章句集注》,北京:中华书局,1961 年,第 19 页。
③ 叶适:《习学记言序目》,北京:中华书局,2009 年,第 110 页。
④ 叶适:《习学记言序目》,北京:中华书局,2009 年,第 227 页。
⑤ 叶适:《习学记言序目》,北京:中华书局,2009 年,第 110 页。

管其形而上的方面得到了深化,但由于将其奉为不易之经典,其主要的内容是进一步解释和完善,而不是去正视其中的矛盾,即使偶尔有涉及,也是强调其共通的方面。但是,叶适对经典的批评尽管被人指为"偏执"或缺少理论性,但此处却表现出很强的逻辑性以及思辨的深度,他的辩驳揭示出了"中庸"本身固有的矛盾。在人类的思想史中,任何理论本身如马克思主义所主张的,即往往包含着自身的否定和有限的方面,儒学也是如此,只不过在某种特定的氛围中被回避而已。就儒家的"中道"来说,当它在先秦儒学中作为一种政治和道德实践的准则时,表现出相当灵活的方面和有效性,也确实体现了儒家不同于墨家、道家等学派的特征。孟子距扬墨,就是要在两个极端间维持一个中道。"伊川曰:儒者潜心正道,不容有差,其始甚微,其终则不可救。如师也过,商也不及。于圣人中道,师只是过于厚些,商只是不及些。然而厚则渐至于兼爱,不及则便至于为我。其过不及同出于儒者,其末遂至于杨墨。"①但是这种说法也蕴涵着一种危险,即一旦不是把它作为一种灵活的实践智慧,不是作为一种类似于"度"那样的概念,而是把它上升为普遍先验的道德本体时,就会面临逻辑或理论上的困难。

在二程兄弟的思想中,实际上已经意识到了这些困难,他们之所以对《中庸》关于"未发"的说法感兴趣,是因为"未发"可以使"中"摆脱特殊性,到达普遍的存在,未发作为中是普遍的,不依赖人的思考、选择或意识的安排,"杨子执一毛不为,墨子又摩顶放踵为之,此皆是不得中。至如子莫执中,欲执此二者之中,不知怎么执得? 识得则事物上皆天然有个中在那上,不待人安排也。安排著,则不中矣。"②"季明问:……曰:'中有时而中否?'曰:'何时而不中? 以事言之,则有时而中。以道言之,何时而不中?'"③叶适及其永嘉学派受到洛学的影响,自然也会注意到在中庸问题上遇到的困难。在叶适看来,中庸本身作为至高的道德本体可以应用于一切领域,但不能应用于道德自身,我们决不能说在道德和不道德之间有一个中道。人们在具体的领域中

---

① 程灏,程颐:《二程集》,北京:中华书局,1981 年,第 177 页。
② 程灏,程颐:《二程集》,北京:中华书局,1981 年,第 181 页。
③ 程灏,程颐:《二程集》,北京:中华书局,1981 年,第 201 页。

可以寻找"执两用中",但决不可能应用于善与恶、智与愚之间。叶适
对《中庸》第四章的辩难也就是比程颐更深刻地揭示了这种理论本身
的逻辑矛盾。

人们在谈到中西哲学的时候,常常说西方哲学和科学中充满着那
种逻辑分析的精神,那许多悖论的出现也正是这种逻辑推演的产物。
在亚里士多德的伦理学中,也论述了那种类似儒家的"中道"。他将伦
理学作为政治学的前提,"人自身的善也就是政治科学的目的。"①"德
性作为对于我们的中庸之道,它是一种具有选择能力的品质,它受到
理性的规定,像一个明智人那样提出要求。中庸在过度和不及之间,
在两种恶事之间。在感受和行为中都有不及和超越应有的限度。德
性则寻求和选取中间。……德性就是中间性,中庸是最高善和极端的
美。"②"中庸之道有助于政治安定",否则"内乱就很快会发生,邦国也
就不久归于毁灭。"③但是,亚里士多德在将中道作为最高的德性时,也
意识到其中隐含着的逻辑问题,所以他告戒说不是所有事物都可以运
用中道的,"并非全部行为和感受都具有都可能具有中间性。有一些
行为和感受的名称就是和罪过联系在一起的,例如,恶意、歹毒、无耻
等,在行为方面如通奸、偷盗、杀人等,所有这一切,以及诸如此类的行
为都是错误的,因为其本身都是罪过,谈不上什么过度和不及。"④在这
里,可以看到,亚里士多德的思路与叶适类似,即尽管中庸是最高的道
德,但在善和恶的,问题上却是不能运用中道的,否则就会导致逻辑
矛盾。

在这个意义上,也许世界上的许多哲学和宗教理论都带有类似的
特点,在这些理论中都有一个基本和终极的概念,它可以规范和解释
整个世界,但却都无法解释自身。在基督教中,恶的起源始终是困扰
着神学的理论难题,上帝创造世界,但恶究竟是不是神创造的,假如恶

---

① 苗力田主编:《亚里士多德全集》第 8 卷,北京:中国人民大学出版社,1992 年,第 4 页。
② 苗力田主编:《亚里士多德全集》第 8 卷,北京:中国人民大学出版社,1992 年,第 36 页。
③ 亚里士多德:《政治学》,北京:商务印书馆,1983 年,第 206 页。
④ 苗力田主编:《亚里士多德全集》第 8 卷,北京:中国人民大学出版社,1992 年,第 36 页。

与上帝外在对立,不是神创造的,那么神就不是全知全能的,假如恶是神创造的,那么神就不是尽善尽美的。在佛教中,"缘起"和生灭是其理论基础,但是,作为最终目标的涅槃却是无条件的,不生不灭的。柏拉图理念论中的分有说在遇到卑下和恶的事物时也遇到类似困难。在中国传统思想中,也多少存在着类似的问题,只不过不甚突出并往往被忽略了。在儒家学说中,中道是其整个理论的核心,但也很难应用到自身;恶终极的道德原则必须是无条件的,普遍的,但恶的起源始终也困扰着许多思想家,叶适认为中庸作为最高的道德不能与"反中庸"相对立,"而中庸独无对者,其至德矣,圣人尽心焉尔。"假如有一个反中庸与中庸外在对立,那就中庸很难成为最高的德性,就失去普遍和终极的意义。中庸不能运用于善和恶这些根本的问题上,在贤和愚不肖之间是不能运用中道的。在这里,叶适的辩难对于理解儒学的道德具有重要的意义。当然,他主要是指出了儒学道德理论存在的重要疑难,既不是全部,也没有提供问题的解决。例如说,当儒家的道德与阴阳问题相联系时,也同样会导致理论上的困难。有学者说:"从《周易》开始,就出现常用'阳'来表示'善'、'阳'和'君子'等正方,而用'阴'来表示'恶'、'邪'和'小人'等反方。严格地说,这是不符合太极与阴阳的规律的。……阴和阳本身并无善恶可言。"[①]

三

在《习学记言序目·中庸》中,叶适主要是对《中庸》一书的逻辑上的质疑。而在《水心别集·中庸》中,则从正面阐述了自己对中庸的理解。前面说过,在子思的时代已经出现了对中庸的解释上的歧义,《中庸》一书在保留了执两用中、无过不及的同时,提供一种形而上的思考,具有神秘主义的内容,以避免理论上的困难,给道德提供一个先验普遍的基础。《中庸》将中看成是超越于特殊现象之上的普遍和潜在的存在,一切特殊的事实皆是其表现,"喜怒哀乐之未

---

① 徐儒宗:《中庸论》,杭州:浙江古籍出版社,2004年,第102页。

发,谓之中;发而皆中节,谓之和。中也者,天下之大本也;和也者,天下之达道也。"①这样,中庸就不再是过和不及之间的特殊有限的存在,而是泛化于天地万物之中,是空间中的"中和"与时间中的"时中",可以"致广大而极精微",②"君子之道费而隐。夫妇之愚,可以与知焉,及其至也,虽圣人有所不知焉;夫妇之不肖,可以能行焉,及其至大,虽圣人有所不能焉。"③这种天道的流行就是诚,圣人能体悟万物,就能把握住中道,中庸也不再是经过选择和思考的理性化的实践智慧,而是一种万物一体的境界,"诚者,天之道也;诚之者,人之道也。诚者不勉而中,不思而得,从容中道。"④这种中的状态是不依赖人的努力而存在的,其中主观和客观、成己和成物都不可分离,"诚者自成也,而道自道也。……成己,仁也;成物,知也。性之德也,合外内之道也,故时措之宜也。"⑤

宋代的理学家则由此出发,进一步将"中"解释为形而上的永恒的道德本体,"濂溪先生曰:圣人定之以中正仁义而主静",⑥"中也者,所以状性之体段。……道无不中,故以中形道。"⑦"天下事事物物皆有中。'发而皆中节谓之和',非是谓之中便不是和也,言和则中在其中矣。"⑧朱熹则说:中是天下之"大本者,天命之性,天下之理皆由此出,道之体也。达道者,循性之谓,天下古今之所共由,道之用也。"⑨至于叶适,他对中庸的解释与宋代的理学家有若干共通之处,但也有自己的特点。在对"中"的解释上,他也认为"中"体现了道的常存不动和本体,而"和"则是体现了道的变化流行,"道之统纪体用卓然,百圣所同,而此章显示开明,尤为精的。盖于未发之际能见其未发,则道心可以常存而不微;于将发之际能使其发而中节,则人心可以常行而不危。"⑩

---

①  朱熹:《四书章句集注》,北京:中华书局,1961 年,第 18 页。
②  朱熹:《四书章句集注》,北京:中华书局,1961 年,第 35 页。
③  朱熹:《四书章句集注》,北京:中华书局,1961 年,第 22 页。
④  朱熹:《四书章句集注》,北京:中华书局,1961 年,第 31 页。
⑤  朱熹:《四书章句集注》,北京:中华书局,1961 年,第 34 页。
⑥  周敦颐:《周子通书》,上海:上海古籍出版社,2008 年,第 48 页。
⑦  程灏,程颐:《二程集》,北京:中华书局,1981 年,第 606 页。
⑧  程灏,程颐:《二程集》,北京:中华书局,1981 年,第 182 页。
⑨  朱熹:《四书章句集注》,北京:中华书局,1961 年,第 18 页。
⑩  叶适:《习学记言序目》,北京:中华书局,2009 年,第 109 页。

他认为《中庸》中的未发的中与已发的和将普遍长存的天地万物之理与特殊变化的世界统一起来，"自舜禹孔颜相授最切，其后唯此言能继之。"①但叶适认为后世学者在理解这些内容的时候存在局限性，"然患学者涵玩未熟，操持未审，自私其说，以近为远，而天下之人不得共由之，非其言之过，而不知言者之过也。此道常在，无阶级之异，无圣狂，贤不肖之殊，皆具于此章，但不加察尔。"②相对来说，朱熹等人更侧重于将"中"。看成独立不变的本体，以便为道德提供终极基础。而叶适关心的是将中庸理解成道的辨证变化，并批评后世学者运用理智将其分离开来，而不是去寻找一个终极的永恒不动的道德本体。

由此出发，他不再仅仅将中庸理解成一种"过犹不及"的政治和道德实践，而是将之看成社会和自然的普遍法则或者是带有辨证意义的道的运动变化，"道源于一而成于两。古之言道者必以两。凡物之形，阴、阳、刚、柔、逆、顺、向、背、奇、耦、离、合、经、纬、纪、纲，皆两也。夫岂惟此，凡天下之可言者，皆两也，非一也。……然则中庸者，所以济物之两而明道之一也。"③万物皆由这种"两"所生成，它们并不是完全对立和排斥，而是"交错纷纭，若见若闻，是谓人文。"在自然中，日月寒暑、风雨霜露，"此天之中庸"也；对于大地来说，它的中庸就是"艺之而必生，凿之而及泉"。对于人来说也是如此，"惟人亦然，如是而生，如是而死，君臣父子、仁义教化，有所谓诚然也。"两者的变化流行于万物之间，"无所不可，无以累之。传于万世而不可易，何欤？呜呼！是其所谓中庸者邪！"④心之未发的中与已发的和也不是完全对立和差别的，未发是潜在的，已发则是潜能的实现，"未发之前非无物也，而得其所谓中焉，是其本也枝叶悉备；既发之后非有物焉，而得其所谓和焉。是其道也幽显感格；未发而不中，既发而不和，而天地万物，吾见其错陈而已。"那么如何到达这种中庸或诚呢？那也就是"致中和，天地位焉，万物有焉"，"故中和者，所以养其诚也。中和足以养诚，诚足以为中庸，足以济物之两而明道之一也，此孔子之所谓至也。""道至于中庸

---

① 叶适：《习学记言序目》，北京：中华书局，2009 年，第 109 页。
② 叶适：《习学记言序目》，北京：中华书局，2009 年，第 109 页。
③ 叶适：《叶适集》，北京：中华书局，1983 年，第 732 页。
④ 叶适：《叶适集》，北京：中华书局，1983 年，第 733 页。

而止焉。"①

　　但是,叶适认为后世学者不能认识到这一点,"天下不知其为两也久矣,各执其一而自遂。奇诵秘怪,蹇陋而不弘者,皆生于两之不明。"②那些不知"两"的人是自执一方而反对另一方,而有的能知"两"的人也未能真的认识到它们的运动变化,所以是"形具而机不运,迹滞而神不化。"③此外,它们的运动变化也不依赖人的努力和意愿,人应当顺应万物,但是后世之人却往往运用自己的机谋巧诈,互相排斥,"是以施于君者失其父之所愿,援乎上者非其下之所欲,乖忤反逆,此天道穷而人文乱也。"④中庸之所以如孔子所说的是"民鲜能久矣",不过是由于人的"智巧果敢之所不能为也",是"为则遂于一,不为则留于两。"但在古代社会,却未有后世的巧诈之心,"古之人,致中和为我用,则天地自位,万物自有,而吾顺之者也。尧、舜、禹、汤、文、武之君臣是也。夫如是,则伪不起焉"。⑤

　　从叶适的整个思想看,也许比朱熹等人更接近《中庸》的原意,即倾向于将中庸看成是"内外交相明"、"合内外"这些正面和肯定的表达。实际上,二程兄弟也有类似的倾向,如"诚者合内外之道"⑥,"天人无二,不必以合言;性无内外,不可以分语。""理与心一,而人不能会为一者,有己则喜自私,私则万殊,宜其难一也。"⑦"'生之谓性',性即气,气即性,生之谓也。人生气秉,理有善恶。"⑧也许正是在这些地方,作为浙东思想家的叶适如何炳松在《浙东学派溯源》中所说,是受洛学的影响,他们的共同处皆是要批评那种二元论,并与朱熹的二元论形成差异。当然相对来说,"合内外之道"在二程兄弟那里只是一种成分,带有神秘主义的色彩,叶适则将对理智分析和二元论的批评作为其整个思想的出发点,来分析历史和现实问题,在叶适那里存

①　叶适:《叶适集》,北京:中华书局,1983年,第733页。
②　叶适:《叶适集》,北京:中华书局,1983年,第732页。
③　叶适:《叶适集》,北京:中华书局,1983年,第732页。
④　叶适:《叶适集》,北京:中华书局,1983年,第732页。
⑤　叶适:《叶适集》,北京:中华书局,1983年,第733页。
⑥　叶适:《叶适集》,北京:中华书局,1983年,第9页。
⑦　程灏,程颐:《二程集》,北京:中华书局,1981年,第1254页。
⑧　叶适:《叶适集》,北京:中华书局,1983年,第10页。

在一定的类似道家的历史退化成分。历史感增加了。他认为在宇宙
自然中,在远古社会,许多东西都是融为一体的,只是后世学者的理
智分析才将它们分离开来。譬如说,对于《中庸》第四章中关于智贤
和愚不肖、过和及这两个极端,他在《水心别集·中庸》中则从"合"的
角度反对把二者分离开来,在古代并没有后世的智和愚、贤和不肖的
对立,只是到了东周以后,社会衰乱,才出现种种对立,不能到达中
庸,"由周而后,……过者以不及为陋,不及者以过为远,两者不相合
而小人之无忌惮行焉。于是智愚并困而贤不肖俱祸。鸣呼·熟知君
子之中庸耶!"[1]叶适所关心的是两者的相合,他认为古代社会中的道
德教育与实践也是统一的,这类似章学诚所说的官师合一,而后世的
学者使理论脱离实践,以义理为空言,"古人教德必先立义,教成则德
成矣,故曰'宽战,刚而无虐,简而无傲',教立于此,而德成于彼,非以
义理为空言也。"[2]

已经说过,那种"执两用中"在政治道德实践中是有着重要意义
的,是亚里士多德所说的理性的选择。但是一旦涉及到根本的理论,
就难免会出现各种问题。它在表述方式上存在着否定的成分,总是
要排斥"过"和"不及"两个极端,而且在思想倾向上总是要把对立的
东西分离开来,而不是把它们看成道的辨证运动的一个组成部分。
事实上,《中庸》的作者也许意识到了这些理论上存在的问题和困难,
才会在其中汇集了各种角度的论述,才会强调"君子尊德性而道问
学,致广大而尽精微,极高明而道中庸"。[3]在这点上,叶适实际上是发
展了《中庸》本身就包含的"合外内之道"[4]的思想,如果用这种正面肯
定的"合内外"的方法,可以把对立的东西包容在其中,以避免理论上
的困难。这样叶适就可以说:"古者以天下之至圣人而愚夫愚妇之所
能行,极天下之高明而道众人之中庸"。[5]但是假如严格按照那种关于
"用中"的方法,像二程兄弟那样认为过是超越众人,不及是等同于众

---

① 叶适:《叶适集》,北京:中华书局,1983 年,第 733 页。
② 叶适:《习学记言序目》,北京:中华书局,2009 年,第 112 页。
③ 朱熹:《四书章句集注》,北京:中华书局,1961 年,第 35 页。
④ 朱熹:《四书章句集注》,北京:中华书局,1961 年,第 34 页。
⑤ 叶适:《叶适集》,北京:中华书局,1983 年,第 732 页。

人,这样就势必把愚夫愚妇排斥出去,也就不合《中庸》十二章"君子之道造,端乎夫妇;其至也,察乎天地"的要求,难以建立普遍的道德理论。总之,在那种"执两用中"和"过犹不及"说法中包含着否定性的成分,它们对于建立肯定和终极的道德本体是存在逻辑矛盾的。在其他的宗教和道德哲学中也会看到类似的情况,当它们需要确立一个终极道德原则的时候,在逻辑上也必须是肯定的,正面表述的,否则其基础就是不可靠的。基督教的上帝是积极和肯定的,但在基督教历史上也有一种"否定神学",它们也在一定意义上对正统神学构成了挑战。佛教的终极境界和思维方式带有较多否定的特征,是超越于善恶对立的,但其目的是解脱和自由,而不是去为道德原则提供一个先验终极的基础。在这个意义上,孟子的良知和宋儒的"天命之性"为之提供了一个终极的道德本体。但在同时,它又很难避免逻辑上的责难,浙东思想家对二元论的批评也正包含了这种逻辑上的意义。当然,叶适自己的"成于两"和"内外交相成"尽管从正面对儒家的中庸进行了阐发,避免了一些理论上的困难,但在终极的道德原则问题上也仍然存在着问题,并在其中也包含着一种类似《中庸》中的神秘的成分。

## 四

叶适由此出发去分析一切的学术、政治和历史问题,社会衰乱和道之不明即是由于"各执其一以自遂"。他心目中的中庸主要不是在两个极端间选取中道,也不是去寻求终极本体,以为道德找到一个基础,而是强调对立双方的不可分离或"相合",是"内外交相成之道",道和事、义和利、形而上和形而下、内和外都是如此。对于道的问题,他说古人虽然讲道,但从未有将道看成一个超越于具体事物的独立的存在,道与实际的社会生活是不分的,孔子也未曾离物而言道,"周官言道则兼艺,贵自国子弟,贱及格民庶皆教之。其言'儒以道得民','至德因为道本',最为要切,而未尝言其所以为道者。虽书至尧舜时已已言道,及孔子言道尤著明,然终不的言道是何物。岂古人所谓道者,上下皆通知之,但患所行不至耶?……而《易传》子思孟子亦争言道,皆定为某物,而后世之于道始有异说,而又益以庄列西方之学,愈乖离矣。"①他也不赞成《易传》中那种"形而上者谓之道"的说法,认为那也是将形而上和形而下分离开来,"若夫言形上则无下,而道愈隐矣。"②在天理人欲的问题上也是很难区分的,"而以天理人欲为圣狂之分者,其择义未精也。"③在义和利的关系上,他反对董仲舒的义利分离的说法,"'仁人正谊不谋利,明道不计功',此语初看极好,细看全疏阔。古人以利于人而不自居其功,故道义光明。后世儒者行仲舒之论,既无功利,则道义乃为无用之虚语尔。"④

叶适由此去批评宋儒的道统说,他以为对于儒学来说:"道无内外,而学则内外交相明。……孔子又三语成圣人之功,而极至于无内外,其所以学者,皆内外交相明之事"。⑤《习学记言序目》卷四十四《荀子》像孔子弟子往往各有所偏,"故颜曾欲求之于心,子贡游夏子徒欲求之于书,孔子皆指其偏失处,至明至切。"⑥"仁智皆道之偏也"⑦,而宋代的理学却务内而遗外,那种"孔子殁,或言传之曾子,曾子传子思、子思传孟子"⑧的说法未必可靠,"曾子之学,以身为本容色辞气之外不暇问,于大道多所述略,未可为至。"⑨至于《中庸》为子思所作也不可信,"而子思作《中庸》,若以《中庸》为孔子遗言,是颜闵犹无是告。而独闵其家,非是;若子思所自作,则高者极高,深者极深,宜非上世所传也。"⑩而且《中庸》之书,"过是不求外矣。"⑪以后孟子的思想则是"专以心性为宗主,虚意多,实力少,测知广,凝聚狭,而尧舜以来内外交相成之道废矣"。⑫在学

① 叶适:《习学记言序目》,北京:中华书局,2009 年,第 86 页。
② 叶适:《习学记言序目》,北京:中华书局,2009 年,第 47 页。
③ 叶适:《习学记言序目》,北京:中华书局,2009 年,第 25 页。
④ 叶适:《习学记言序目》,北京:中华书局,2009 年,第 324 页。
⑤ 叶适:《习学记言序目》,北京:中华书局,2009 年,第 645 页。
⑥ 叶适:《习学记言序目》,北京:中华书局,2009 年,第 102 页。
⑦ 叶适:《习学记言序目》,北京:中华书局,2009 年,第 42 页。
⑧ 叶适:《习学记言序目》,北京:中华书局,2009 年,第 738 页。
⑨ 叶适:《习学记言序目》,北京:中华书局,2009 年,第 739 页。
⑩ 叶适:《习学记言序目》,北京:中华书局,2009 年,第 739 页。
⑪ 叶适:《习学记言序目》,北京:中华书局,2009 年,第 109 页。
⑫ 叶适:《习学记言序目》,北京:中华书局,2009 年,第 207 页。

和思的问题上,孟子说"耳目之官,不思而蔽于物",但在叶适看来,学源于外,思源于内,两者也是不可分离,"按洪范,耳目之官不思则为聪明,自外入以成其内也;……古人未有不内外交相成以至于圣贤,故尧舜皆备诸德,而以聪明为首。"①在另一方面,当而叶适评论荀子时,又认为荀子是务外而遗内,"荀卿累千数百余言,比物引类,条端数十,为辞甚苦,然终不能使人知学是何物,但杂举泛称,从此则彼背,外得则内失;其言学数有终,义则不可须臾离,全是于陋儒专门上立见识,又隆礼而贬《诗》《书》,此最为入道之害"。②荀子偏重了"外",而"近世之学则又偏堕太甚,谓独自内出,不由外入,往往以为一念之功,圣贤可招揖而致,不知此身之稂莠,未可遽以嘉禾自名也。"③

在对古代历史和学术演变的分析中,叶适认为古代社会并没有出现后世道与物的背离,因为那时内与外是相合的,"道不可见,而在唐、虞、三世者,上之治谓之皇极,下之教谓之大学,行之天下谓之中庸,此道之合而可名者也。其散在事物,而无不合于此"。④但是在以后的社会演变中,"变周为秦,上下皆失,而天下之道亡。"⑤到了汉代,天下之人以为道在六经,但学者"分门为师,补续简编之断阙,寻绎章句之同异,因而为言者又数百家。……而道终不可明。"⑥到了晋代则"南北险阻,道术湮灭。至唐起而一之,刺采百家众说,祖述汉世经师之旧,而名其书为正义,使天下皆取中焉。然则于圣人之道,亦莫不自谓既明而无蔽焉。夫其或出于章句,或出于度数,或出于谶纬,或甘心于夷狄之学,岂不皆以为道哉?……然则缘其名以考其实,即其事以达其义,岂非无一之当哉?"⑦这些后世学术务外而遗内,不能明道,是由于"未尝求之于心,而沿袭于口耳之末流。幻妄于赘附之奇庞";到了宋代,道学的兴起力图纠正过去的弊病,"是故今世之学,以心起之,推而至于穷事物之理,反而至于复性命之际,然后因孔氏之经以求唐、虞、三

① 叶适:《习学记言序目》,北京:中华书局,2009 年,第 207 页。
② 叶适:《习学记言序目》,北京:中华书局,2009 年,第 645 页。
③ 叶适:《习学记言序目》,北京:中华书局,2009 年,第 645 页。
④ 叶适:《叶适集》,北京:中华书局,1983 年,第 726 页。
⑤ 叶适:《叶适集》,北京:中华书局,1983 年,第 726 页。
⑥ 叶适:《叶适集》,北京:中华书局,1983 年,第 726 页。
⑦ 叶适:《叶适集》,北京:中华书局,1983 年,第 727 页。

代之道，无不得其所同然者，而皇极、中庸、大学之意始可以复见而无疑"。①宋代的心性之学对于纠正过去的务外而遗内无疑是有很大贡献的，但在另一方面，它们又走向另一个极端，以至忽视了外在的方面，"今之为道者，务出内以治外也。然而与君臣、父子、兄弟、朋友、夫妇，常患其不合也。守其心以自信，或不合焉，则道何以成？"②

在看待君德和如何治理天下的问题上，叶适也认为理想的政治一定是内外相合，"臣闻人君必以道服天下，而不以名位临天下……然而不得其道以行之，则生杀予夺之命，皆无以服天下之心"。③三代时君王治理天下，外在的权位与"心"、"道"是统一的。那时君王与民众也没有出现分离，"古者民与君为一，后世民与君为二……古者民以不足病其官，后世官以不足病其民。凡后世之治无不与古异。"④"然则天下何以治！唐、虞、三代，内外无不合，故心不劳而自存，推之父子而合，推之君臣而合，推之兄弟、朋友夫妇而合。上合天明，下合地性。"⑤但是到了后世，外在的权力、名位代替了"道"，君王的权力无限扩张，那些论述为君之道的人"或以为权者上之所独制，而不得与臣下共之者也，故杀之足以为己威，生之足以为己惠，而天下之事自己而出者谓之君；或以为人主之所恃者法也，以法御天下，则虽其父兄亲戚而有所不顾。此三者，虽非先王之所废也，然而不以是先天下。而后世之君，奈何独甘心焉！是以申、商、韩非之祸炽于天下而不可禁，而其君之德已削矣。"⑥对于叶适来说，历史由此表现除了道德退化的过程。他在批评宋代社会时反复说宋代是以智谋和诈术治天下，其治理天下不再依于"道"，而是"近功浅利"、"以智笼愚，以巧使拙"，"以智巧行令，其令必壅；以智巧用权，其权必侵；以智巧守法，其法必坏。"⑦君王为了摆脱财政危机，满足贪欲，名为理财，实为聚敛。"理财有聚敛异，今之言理财者，聚敛而已矣。……故君子避理财其名，而小人执理财之权。……

① 叶适：《叶适集》，北京：中华书局，1983 年，第 727 页。
② 叶适：《叶适集》，北京：中华书局，1983 年，第 727 页。
③ 叶适：《叶适集》，北京：中华书局，1983 年，第 633 页。
④ 叶适：《叶适集》，北京：中华书局，1983 年，第 651 页。
⑤ 叶适：《叶适集》，北京：中华书局，1983 年，第 727 页。
⑥ 叶适：《叶适集》，北京：中华书局，1983 年，第 633 页。
⑦ 叶适：《叶适集》，北京：中华书局，1983 年，第 634 页。

故举天下之大计属之小人,虽明知其负天下之不义,而莫之恤,以为是故当然而不疑也。"[①]

# 五

就叶适的思想来说,他的思想除了对学术和政治的强烈批判和注重现实的功利主义以外,在理论思维上同样有重要的建树。他之反对道学的义理和空言之患,并不等于他对理论思考没有兴趣或缺少深刻性。他的思考不是为内在道德完善而论证的心性之学,而是建立在对历史和政治现实思考的基础上。在这点上,叶适作为永嘉学派的集大成者,表现出与其他浙东思想家类似的风格,即在对作为主流的道学的二元论的批评中表现包含着某种辨证或反智识主义的成分,在那种带有神秘色彩的境界中包含和兼容了双重的因素,在关注现实的同时也渗透着对古代理想政治的向往。叶适反对程朱的道统,但也不能简单等同于功利主义,因为他认为义和利、道和物是不可分离的,并由此站在儒家的立场上,以道或古代的道物不分去批评后世学者的理智分析以及现实的政治和道德堕落。从另外的角度看。他的思想也类似于欧洲 18 世纪以后的哲学的潮流,都表现出对过去的思辩形而上学的扬弃,并走向某种政治哲学或社会哲学,与西方近现代的历史哲学潮流也有若干相和合之处。由此我们在理解叶适的思想时,不能仅仅将之看成宋代儒学的补充,而是应该将从宋到明清看成类似西方近代化的过程,并在此基础上来认识叶适思想的重要意义。他对《中庸》中一些内容的辩难,历史变化的观念,对现实世界的兴趣,以及他的内外交相成之道,仁智合一,都为更完整地理解儒学作出了贡献,增加了客观性和学术性。他对古代历史和宋代社会集权政治的分析,也同时折射出当时国家力量的加强,并为人们认识中国的政治史和经济史提供了丰富的内容,对我们思考许多现实问题也具有重要的参考意义。

---

① 叶适:《叶适集》,北京:中华书局,1983 年,第 658 页。

# 叶适的经济思想及其现代意义

朱晓鹏

改革开放以来,温州经济与社会发展取得了令人瞩目的成绩,其"温州模式"成为我国改革开放和社会经济发展最具活力的形态之一,从而引起了人们的普遍关注与研究。人们发现,在影响一个地方的经济社会发展的诸多因素中,文化因素发挥了极其重要的作用,例如文化因素通过劳动者的素质、生产技术的水平等方面明显地影响一个地方的经济发展绩效;又如按照新制度学的观点,文化作为非正式的制度会对一定社会的经济社会制度选择和制度创新等较正式的制度变迁过程形成"路径依赖"作用。显然,温州经济社会发展也离不开文化因素的这种重要作用。不过,令人感兴趣的是,在考察改革开放以来温州经济社会发展的文化动因时,我们可以看到存在着某种类似于生物学上的"隔代遗传"现象:近二、三十年来温州飞速发展的文化动因与其说是主要来自于现代文化,不如说是更深地植根于传统文化,当代温州经济社会文化的发展所展示的与其说是一种纯粹的现代化过程,不如说更多地表现为是对一种被迫中断了近半个世纪的自然历史进程的延续和扩展,从而表明温州的传统文化及传统精神特质对当代温州经济社会发展中的制度选择、制度创新具有显著的"路径依赖"作用。

叶适作为南宋时期追求事功的永嘉学派的代表人物,具有许多重要而有价值的经济思想。他主张义利并存、肯定人的物质利益的重要性,表现了讲求实效、注重功利的功利主义的价值取向;他反对"抑末厚本"及政府对经济活动的过多干预,追求一种类似于经济自由主义的理想目标;他还坚持理财是为了富民,希望建立一种小而不费的廉价政府。叶适的这些主张,是适合商品经济发展需要的进步思想,不仅对南宋以后温州的历史发展产生重要影响,而且构成当代温州社会经济发展和制度创新的重要传统文化背景及精神资源。

由此可见,以叶适为代表的宋代永嘉学派是中国思想文化史上极具光彩的学派,也是构成温州传统文化及传统精神特质的重要组成部分。正是基于以上认识的大背景,通过以叶适的经济思想的探讨为核心,可以考察和挖掘其所代表的温州乃至浙江的传统文化及其精神特质的现代意义和影响。

## 一、义利并存:功利主义的价值取向

"讲求实效,注重功利"的功利主义价值取向是温州传统文化精神的一个显著特点。在温州历史上,一些著名的政治家和思想家都提出过许多有利于经济发展的思想主张,形成了一种讲求实效、注重功利的精神传统。其中,南宋以后兴起的浙东事功学派中以叶适为代表的永嘉学派在这一点上表现得尤其明显。叶适在学术思想上的一个重要贡献,就是倡导了一种"务实而不务虚",[1]追求经世致用的学风。因此,叶适的功利主义经济思想首先肯定人们的物质利益和物质生活是整个社会生活的基础,也是人的道德生活的基础。他说:"先王制土处民,富而教之,必世而后仁"[2];"夫衣食逸则知教,被服深则近雅。"[3]这样叶适也就充分肯定人的物质利益及对这种物质利益追求的合理性,认为圣贤与小人的区别就在于是否能看到这一点并给人民以切实的利益。因为"就利远害"是"众人之心",[4]人一般都有自利本性,所以为政之道首先在于不能忽视个人的物质利益原则,对这种物质利益原则只可疏导而不可人为堵绝,否则将丧失民心,引起政治动乱:"其途可通而不可塞,塞则沮天下之望;可广而不可狭,狭则来天下之争。"[5]从这种经济哲学思想出发,叶适针对朱熹提倡"正义不谋利,明道不计功"的观点,及整个宋代理学崇尚

---

① 叶适:《水心文集补遗·奏札》。
② 叶适:《习学记言》卷二十二《汉书二·志》。
③ 叶适:《水心文集》卷十二《丁少詹文集序》。
④ 叶适:《习学记言》卷五《尚书》。
⑤ 叶适:《水心别集》卷三《进卷·官法下》。

空谈义理、轻视功利,将功利和义理对立起来的倾向,进一步提出了义利并存的新价值观。他说:"'仁人正谊(义)不谋利,明道不计功',此语初看极好,细看全疏阔。古人以利与人,而不自居其功,故道义光明,后世儒者行(董)仲舒之论,既无功利,则道义乃无用之虚语耳。"①仁义道德应以功利为内容,通过功利得以表现,没有功利,仁义道德就会变成空洞的说教。所以叶适明确主张"以利和义,不以义抑利",②使功利与仁义并存,物质生活与道德生活相统一。

叶适这种"讲求实效,重视功利"的精神,是植根于温州这块极其丰厚的社会土壤上的,是当时温州经济社会发展现实的反映,也是对当时普遍的社会心态的理论概括与提炼。如果没有地方民间社会不求性理、但求功利,注重实用的社会心理基础和当时温州社会经济较为开放发达的社会背景,是难以产生叶适这种与占统治地位的传统观念针锋相对的思想倾向的。当然,人们实际的追求功利的行为和逐利心态始终存在,但这种功利行为和心态在现代社会兴起之前,无论在东方还是西方均不为社会主流意识形态所承认,正像韦伯所说:"占统治地位的教义则把资本主义的获利精神斥为卑鄙无耻或至少不会给予这种精神以肯定的道德评价。"③所以,叶适敢于对孔子以来一直占统治地位的"君子喻于义,小人喻于利"和"谋道不谋食"的贵义贱利的传统思想和"罕言利"的伪道学进行一针见血的批判,在众说纷纭的义利之辨中独树一帜,的确具有反叛传统、启蒙革新的精神意蕴,表现了注重现实与实践、讲求实效、注重功利的精神,及事功之学的鲜明的文化个性。正如黄宗羲所说:"永嘉之学,教人就事上理会,步步着实,言之必可行,足以开物成务。"④

以叶适为代表的永嘉学派"讲求实效、注重功利"的原则及其表现在精神上的价值取向和实践上的逐利追求,虽然是以温州的社会土壤为根基的,反过来它又有力地塑造和强化了温州这一地方的讲求实

---

① 叶适:《习学记言》卷二十三《汉书三·列传》。

② 叶适:《习学记言》卷二十七《魏志》。

③ 马克斯·韦伯:《新教伦理与资本主义精神》,于晓、陈维纲译,三联书店,1987年,第54页。

④ 黄宗羲:《宋元学案·艮斋学案》。

效、注重功利的民间心理和区域文化传统,构成了温州经济社会发展中不可或缺的"遗传因子",无论在历史上还是当代现实中,都具有重大的意义,发挥了深刻的作用。从历史上来看,由于温州地处东部沿海地区,便于经商贸易,又由于地少人多,不得不务于工商,乃至从事各种走南闯北拾遗补缺之业,因而形成了温州人普遍较勤奋务实、吃苦耐劳、注重功利和实效、敢于冒险和竞争、善于学习和进取的精神风尚。正是凭借这种精神风尚,温州早在唐宋时期就因地制宜地发展起了较为发达繁荣的工商业,形成了敢想敢干、追求实效,重视工商、具有实用主义、功利主义倾向的瓯越文化形态。从当代现实中来看,在封建时代产生过永嘉学派这样充满反封建的务实尚利思想的温州大地,在当代极左思潮盛行时,又出现了李云河、戴洁天式的干部和徐适存、诸葛邦式的农民,他们创造和坚持务实的"包产到户"制,抵制农业生产上吃"大锅饭"、搞"大呼隆劳动"等脱离实际、没有效率的极左做法。在改革开放以来,又创造出独具特色和活力的"温州模式",当许多人还在顾及自己的面子和铁饭碗而犹豫不决时,温州人已经用自己的务实、肯干精神自发地、大规模地投身于商品经济的大潮中;温州人的务实精神更体现在许多实质性的经济变革、制度创新竟是在原有的计划体制的正式规则"名称"和"形式"还没有变的情况下,灵活地采取"先生孩子,后起名字"或"戴红帽子"等方式,不重形式,但求实效地取得了摆脱旧体制、旧规则的约束,创造新的经济绩效,实现制度创新的巨大成功。可以说,温州改革开放以来经济迅速发展取得了巨大的经济绩效,"温州模式"作为渐进式制度创新方式获得了令人瞩目的成功,在很大程度上就得益于温州文化精神中所体现的"讲求实效,注重功利"这样一种传统,因为这种传统使得温州人能够以一种务实的态度来对待改革开放、社会经济变革中的一切问题,以是否有利于生产力发展和经济绩效提高作为衡量制度创新及行为观念取向的基本标准。显然,"讲求实效、注重功利"的文化传统仍然是当代温州经济社会发展中可资利用和发扬的重要精神力量。对此,许多研究"温州模式"的经济学家和文化学者们也都持肯定态度。[①]

① 参见张仁寿、李红《温州模式研究》,中国社会科学出版社,1990年,第26—27页;陈立旭等《文化与浙江经济区域发展》,浙江人民出版社,2001年。

## 二、本末并举:经济自由主义的理想目标

我国自古以来是一个农业占优势的国家,自给自足的小农经济历来是封建国家的立国之本,因此,历代的许多思想家大都主张"抑末厚本"、"重农轻商",重视农业生产,抑制工商业的发展,把"利出一孔"、[1]"驱民归农"[2]、切断民众任何别的谋生之路,牢牢地掌握予夺之柄,从而使整个社会经济严格地限制在自然经济的范围之内,当作维护其既有统治秩序的法宝。叶适生长在当时商品经济较为发达的东南沿海,其故乡温州永嘉县在北宋中期熙宁十年其商税额就已高达二万五千三百九十一贯之多,是全国各县平均商税额的七倍。[3]面对商品经济发达的形势,叶适认识到工商业生产对国家、社会的重要作用,他在承认农业生产重要性的前提下,反对政府限制工商业发展的政策,对封建统治者和正统观念所坚持的"抑末厚本"的经济思想予以了批判否定,他指出:"按《书》'懋迁有无化居',周'讥而不征',春秋'通商惠工'皆以国家之力扶持商贾,流通货币……汉高祖始行困辱商人之策,至武帝乃有算船告缗之令、盐铁榷酤之人,极于平准,取天下百货自居之。夫四民交致其用,而后治化兴。抑末厚本,非正论也。使其果出于厚本而抑末,虽偏沿有义。若后世但夺以自利,则何名为抑,恐此意(司马)迁亦未知也。"[4]在叶适看来,"抑末厚本","非正论也",他并不反对崇本,但反对为崇本而抑末。春秋以前不仅不"抑末",而且实行"通商惠工"的政策;至汉代才开始行"困辱商人之策"等抑末措施,为的是统治者要"取天下百货自居之"、"夺之以自利"。所以,叶适的结论是:士、农、工、商"四民交致其用,而后治化兴"。国家对于工商不仅不能限制和歧视,反而要在经济上一视同仁、各得其所,在政治上也要给予平等的权利。总之,叶适主张实行比较自由放任的经济政策,反对国

---

① 《商君书·弱民》。
② 《汉书》二十三上,《食货上》。
③ 《宋会要辑稿·食货》十六之七八。
④ 叶适:《习学记言》卷十九《史记·平准书》。

家对经济生活作过多的限制性干涉,是我国封建时代历史上对于以国家力量和政治原则压抑商品经济发展的正统经济思想抨击最力的一个人。叶适的这些思想主张,具有鲜明的经济自由主义理想性质,在中国传统社会原有政治经济的制度框架内是难以实现的,但叶适能以其追求务实事功的精神大胆地提出来,在中国封建专制社会里已属难能可贵,况且他所阐发的这种经济自由主义思想,对于后世一些地区(如温州本地)发展商品经济、实行本末并举是有积极的促进作用的。

叶适的经济自由主义的思想主张,还突出地体现在以下两个具体事例上:

一是叶适明确反对盐茶禁榷,认为政府不仅不能禁止民间工商业,反而应促进其自由发展。中国历代封建统治者出于维护自身利益和专制统治的需要,实行重农抑商、抑末厚本政策,限制、打击工商业的发展。对于国计民生实在必不可少的工商业,则往往实行官营,严厉禁止或限制私营。例如,对于盐、铁、茶等重要的工商业,政府历来是实行专卖等垄断性经营或对私营苛以重税。至南宋,盐茶禁榷政策尤为严厉、为害尤烈。盐茶禁榷之害,不仅严重破坏生产、阻碍商品经济发展,而且会造成社会动乱,激起人民的反抗。盐、茶被政府垄断收售,而且是以很低的价格收购,以高出数十倍的价格出售并由此造成官吏贪污受贿,人民怨声载道,私贩禁而不绝。作为关心民众疾苦、主张发展自由工商业的进步思想家,叶适从维护盐民、茶农的权益出发,反对政府的盐茶禁榷政策,把它看成是财政"四患"之一。他指出:"夫山泽之利,三代虽不以与民,而亦未尝禁民以自利";"若茶则民所自种,官直禁而夺之尔。"①"山泽之利"本来是劳动者应享受的或自己创造的财富,连三代"亦未尝禁民以自利",可后世"官直禁而夺之",而民还得"坐盐茶、榷酤"之罪。因此,叶适痛斥这种"茶盐之患","榷之太甚,利之太深,刑之太重"。如果不改变这种政策,"则无以立国","虽然,榷之不宽,取利不轻,制刑不省,亦终不可以为政于天下"。②

叶适既反对政府盐茶禁榷掠夺性政策,也反对政府重官商抑私商的科尔贝主义,主张私营工商业应该拥有"开阖、轻重之权"以"自

---

① 叶适:《习学记言》卷四十七《吕氏文鉴》。
② 叶适:《水心别集》卷十一《外稿·茶》。

利"，自由地从事合法的工商业活动，以获取应有的利益，政府既不可生红眼病，"嫉其自利而为国利"，①又不可对民间的工商业活动横加干涉、管制。因为在封建官僚主义的国家里，政府过多的干预、管制就是变相的榨取、掠夺，只有自由放任才有利于工商业的发展。可以设想，如果南宋统治者真的能够采纳叶适的主张，改弦更张，摒弃传统抑末的国策性错误，"以国家之力扶持商贾"、"通商惠工"，把国力的培养建立在发展自由工商业的商品经济、允许"四民交致其用"，各行各业自主发展、百姓自得其利的基础上，也许就有可能富国强兵、重振河山。

二是叶适坚决反对抑制兼并，维护土地私有化的发展方向。中国古代的私有制不够发达，"国有制"经济占居主导地位。但从唐代中期均田制被破坏后，国有土地已大大减少，地主的土地所有制已占压倒优势。特别是北宋"不立田制"、"不抑兼并"的国策，使土地自由买卖成风，土地兼并及私有化进一步发展。在这种情况下，当时朝野兴起了一股要求限制土地兼并现象、主张恢复井田制的思潮。叶适说："俗吏见近事，儒者好远谋，故小者欲抑夺兼并之家以宽细民，而大者则欲复古井田之制。……夫二说者，其为论虽可通，而皆非有益于当世。"②叶适认识到，井田制是一种比土地私有制更低级、落后的土地制度，它"远在数千岁之上"，早已失去现实的客观基础而"湮淤绝灭"，已不可能在现实中实行。所以，在宋代土地私有制已经确立的情况下，再去单凭政府的行政手段来强制干预土地制度的变迁，实行井田制，抑制兼并，实际上则是复古与倒退。叶适主张对土地兼并及私有化都采取较自由放任的政策，承认私有制及雇佣关系的合理性、肯定富人的社会作用，甚至对"豪暴过甚兼取无己者"，也不要予以干涉，要让其自然演变，"不抑而止"。这的确是当时最为彻底的经济自由主义思想。

叶适有关本末并举的思想，一方面，对于温州历史上进一步形成和强化重视工商的瓯越文化精神有着重要的意义。温州人自古能在人多地少的情况下，因地制宜，发展多种多样的工商业，并且勇于外出

① 叶适：《水心文集》卷四《奏议·财计上》。
② 叶适：《水心别集》卷二《民事下》。

经营谋生,"能握微资以自营殖",[①]"人习机巧","民以力胜",[②]形成了重工商、善工商,商品经济较发达的局面。另一方面,它又是当代温州经济社会发展的重要精神资源。在近二三十年来温州经济发展的演进轨迹和制度创新的模式中,就深深地打上了重视工商的传统印记,如家庭工业、前店后厂、沿街成市、专业市场、以商促工、以工兴市、以及股份合作制、集资创办社会公益事业、发展小城镇等社会经济绩效和制度创新模式上的一系列巨大成就,无不是重视发展"百业并举"的商品生产、发挥各显其能、自由竞争的市场经济机制所带来的效应。

当然,在中国,工商业的发展很大程度上取决于政府能否支持鼓励乃至自由放任的经济自由主义政策。"温州模式"的一条基本经验就是政府对各种经济活动能采取较自由宽松的政策,较少进行强制干预。特别是在温州模式初创时期,面对商品生产和交换、个私经济发展等各种新现象,"各级领导层和经济职能部门在大力发展社会主义商品经济的大前提下,对其抱着一种有意识的'无为而治'态度"。[③]正是这种"无为而治"的态度和管理方式为温州模式的成功提供了重要的保障,因为它通过表面上的"没人管"、"不作为"实际上创造了一种能够让新事物按其规律自然发展的宽松的制度环境,从而使人们能够冲破旧体制、旧观念的层层樊篱,自由自主地进行各种经济活动,激发起人们的实干逐利和自主创新的空前热情,在市场经济的汪洋大海中大加作为。

### 三、理财富民:廉价政府的思想萌芽

在叶适的经济思想中,有一个很重要的内容是其关于理财、富民的思想。这些思想除了进一步表明了叶适所具有的追求功利实效、发展工商业,主张经济自由主义的思想倾向外,还显示了叶适另一些有利于商品经济及社会发展的民本主义的经济政治思想。

---

① 万历《温州府志》卷五。
② 乾隆《温州府志》卷四。
③ 袁恩桢主编:《温州模式与富裕之路》,上海社会科学院出版社,1987年,第170页。

叶适不赞同一般士大夫避言理财的迂腐之见,充分肯定讲求财政是国家的头等大事,善于理财是圣君贤臣。但是,国家统理财政的目的是什么呢?叶适认为这首先得区分开"理财"与"聚敛"之别。理财是与天下为利,聚敛则是政府官吏的自利。所以理财的根本目的不是聚敛,不是为了解决封建国家的财政需要,而是要"为天下理之",因为"聚天下之人,则不可以无衣食之具"。①既然是为民理财,那么理财的根本手段也就是发展国民经济,凡有利于国民经济发展的手段都是理财的有效途径。所以,叶适提出"以天下之财与天下共理之"。即要采取自由的经济政策,允许私人从事各种经济活动以"自利",增进财富,而政府的作用则在于保护私人经济利益,采取措施对私人的经济活动"浚导之",以免"壅遏",而不能因"嫉其自利而欲为国利"。

既然国家财政应以发展国民经济为本,政府理财不是为了自己而是为民理财,与民共理财,不横加干预私人经济,那么国家就无需多敛财,而要少取诸民,因为"合天下以奉一君,地大税广",即使二十取一乃至三十取一,也尽够开支了。据此,他认为先儒所称道的什一税制仍然偏重,不合"中正"之意。②他的结论是:封建国家敛财愈多,治化越差,敛财越少,国愈富强。封建时代财政受官僚主义之患而敛多事散的腐败现象比比皆是,形成恶性循环。叶适认为,要扭转这种恶性循环,从财政方面来说,就必须彻底改变"财多愈富"、"财多愈治"的传统观念,而代之以"财少后富"、"财少愈治"③的新观念。总之,叶适认为,政府理财不是为了自利,而是为了利民。这样,政府就不应与民争利,而是要藏富于民,扶助富民。因为只有民富,才有国富,国富的目的最终为了民富,所以富民应是政府的一项基本职能作用。为此,叶适进一步提出了一个"小政府"的设想。叶适后学李春龢在读了叶适《别集》后,"叹其治之精,有益于经世","其论宋政之弊及所以疗复之方,至为详备"。④而叶适所论宋政之弊,主要就是"冗官"、"冗兵"、"冗费",即过于庞大低效的政府机构、国家机器,而其开出的"疗复之方",主要

---

① 叶适:《水心别集》卷二《进卷·财计上》。
② 叶适:《习学记言》卷七《周礼》。
③ 叶适:《水心文集》卷十一《卷财总论二》,卷十二《四屯驻大兵》等。
④ 李春龢:《水经别集·序》。

就是要削冗去赘、建立小而不费的廉价政府。叶适的上述设想,已接近于现代自由市场经济条件下关于"小政府、大社会"的思想,有可贵的思想价值及现代意义。

叶适认定政府的主要职能作用就是富民,即积极促进国民经济的发展,因而只需建立一个小而不费的廉价政府就够了。那么,国家及政府为什么要不是富国而是富民、不是自利而利民呢?这一方面已如上述,是因为叶适相信国富而不是民富,不仅不是好事,反而会导致政府机构的冗赘低效和官吏的贪污腐败,造成国家"敛多事散"、"财多不治"的局面。另一方面是因为叶适认识到"富民"具有许多积极的作用。叶适曾分析肯定过富人的多方面作用,他说:"今俗吏欲抑兼并,破富人以扶贫弱者,意则善矣。"但是,"县官不幸而失养民之权,转归于富人,其积非一世也。小民之无田者,假田于富人,得田而无以为耕,借资于富人;……富人者,州县之本,上下之所赖也。"①叶适指出,南宋社会中那些"上当官输"的富人是社会的中坚,理应受到国家的保护。虽然叶适这里所说的富人主要指地主、商人,肯定这些富人的作用就是肯定和维护一般庶族地主或者富商们的利益和地位,有其阶级的局限性,但叶适的"富民论"并不反对一般平民致富,而且主张国家应让他们也可以自由地致富、自利,政府不可横加限制、剥夺,如他反对政府对平民的山泽茶盐之利"禁而夺之"。又如他认为"后世之所以为不如三者,罪在于不能使于下无贫民耳"。②叶适相信,政府若一味地收捐取税、搜刮民财,"再倍而取",不仅会使民无衣食之具,而且无异于杀鸡取卵、竭泽而渔,再继续这样"一切不顾取之者",必将是民穷财尽,财政崩溃,天下不治。相反,若能削减捐税,节支开源,并且"以国家之力,扶持商贾",使"小民蒙自活之利,疲俗有宽息之实",③"天下速得生养之利",④甚至进一步藏富于民,则"四民交致其用而后治化兴"矣。

中国历史上许多思想家、政治家及统治者都常常探讨究竟使民

---

① 叶适:《水心别集》卷二《民事下》。
② 叶适:《水心别集》卷二《民事下》。
③ 叶适:《水心文集》卷一《上宁宗皇帝札子三》。
④ 叶适:《水心别集》卷二《民事下》。

"贫"好还是"富"好这么一个问题,当然其标准就是哪一种情况有利于统治之需。他们经常得出的一个共同结论是既不可使民太贫,也不可使民太富,认为"治国之举,贵令贫者富,富者贫",①因太富太贫都不利于维持现有的专制统治。实际上,他们认为最理想的状态是"无令人有余力,地有余利","家不积粟"。可见,总体来说,中国历代的专制统治者们都是不喜欢或者说不敢"富民"的。马克思说:"超过劳动者个人需要的农业劳动生产率,是一切社会的基础,并且首先是资本主义产生的基础。"②正是由于中国的封建专制统治者残酷地剥削、压榨生产劳动者的剩余产品,使他们普遍没有什么产品剩余率,这样就使他们很难拥有足够的经济力量去促成自然经济的解体和商品经济的发展,并最终挣脱封建专制政权的政治经济统治。叶适的"富民论"虽然在主观上并不反对封建专制政权的根本统治,但它在实际上是肯定了像致富逐利、私有制、雇佣劳动等一些有利于商品经济发展的现象的,客观上对封建专制统治的根基造成了强烈的震憾和冲击,具有思想解放的巨大意义。

改革开放以来,我国政府号召让一部分人先富起来,大力推进富民事业、鼓励人民敢富能富、并真正藏富于民。在这方面,温州的发展就是我国的当代富民政策取得成功的一个典型。也正因为改革开放首先使广大人民得到了利益和实惠,使老百姓可以较自由地去追求自己的利益、实现勤劳致富,改革开放才获得了来自下层民众的最深沉巨大的原动力,也使经济发展的制度创新呈现出了一种具有鲜明特色的自下而上的渐进式变迁过程。可以说,叶适当年所无法实现的富民理想,在当代温州及整个中国都将逐渐成为真正的现实,这既是社会的进步,也是实行改革开放、发展社会主义市场经济的必然结果。

叶适的经济思想有很多丰富的内容,也蕴含了许多重要的价值。不过,叶适毕竟不是专门的经济学家,也限于当时的社会历史条件和认识水平,其经济思想是不够全面的,也是有不少局限的。但无论如何,以叶适为代表的永嘉学派的各种思想观念早已成为瓯越乃至浙江

---

① 《商君书·说民》。
② 马克思:《资本论》第三卷,人民出版社,1957年,第885页。

文化传统中的一个重要内容,并对温州及整个浙江的历史发展和当代变革产生深远的影响,其所具有历史的和现实的双重意义则是勿需置疑的,而这一点也正是我们还需进一步认识和研究的。

# 叶适的思想品格与浙商精神

## 颜炳罡

叶适(1150—1223),南宋时期著名政论家、哲学家,永嘉学派的集大成者。叶适生活于南宋高宗、孝宗、光宗、宁宗时朝,其主要政治与学术活动则在孝宗到宁宗之间。叶适思想有着独特的品格和鲜明的地方特质:一方面,永嘉地区的文化传统、特有的风土人情、人民的生活方式、生产方式以及价值趋向、社会习俗等等孕育了永嘉学派,使叶适思想具有鲜明的区域性特征;另一方面,永嘉学派的出现尤其是叶适思想的形成又进一步强化了永嘉地区的人文特点、风土人性以及人们的生活习惯与价值观念,其流风余韵,锻造了当代浙商精神。一、叶适的"务实"的学风培育了浙商实干的品格;二、其"以义和利","正义明利"的价值取向为浙商提供了价值支撑;三、叶适敢于怀疑、勇于挑战的学术特质型塑了浙商的"创新"精神;四、叶适的"理财非聚敛"的财富观是浙商财富观的思想基础。

## 一、叶适"务实"、"崇实"的学风与浙商的实干精神

黄宗羲在论及永嘉学派的学术特点时说:"永嘉之学,教人就事上理会,步步著实,言之必使可行,足以开物成务。盖亦鉴一种闭目合眼,曚瞳精神,自附道学者,于古今事物之变不知为何等也";[①]"教人就事上理会,步步着实。"这是永嘉之学的显著特点,这一特点既与朱子为代表的理学区别开来,也不同于陆九渊所代表的心学传统。如果朱

---

① 《宋元学案·艮斋学案》。

子理学崇尚的是形上的理,陆九渊心学的崇尚的是心,那么永嘉学派所崇上的是"实"。从永嘉学的开创者薛季宣到永嘉学的集大成者叶适,无一不务实、崇实。

与这种务实、崇实的学术追求相联系,叶适在哲学"物之所在,道则在焉"的道器观。在叶适看来,"夫形于天地之间者,物也;皆一而有不同者,物之情也;因其不同而听之,不失其所以一者,物之理也。"[1]宇宙间形形色色、大大小小,万象纷呈的一切都是物,虽然都是物(皆一)但却千差万别,这是物的真实情状(物之情),虽然千差万别,但不失其统一性,这就是物之理。理是物之理,没有离开物之外的理,"道虽至大,理备事足,而终于归之于物",[2]"未有于天地之先而言道者也。"[3]理是物之理,道是物之道,是器之道,朱子理在气先,或性即理以及陆象山的"心即理"区别开来。

这种哲学落实在实践上必然是"步步着实,言之必使可行"。叶适指出:"若但将王政说令好看而不求其实,则是以空言誉古人,于治道无可进之理。"[4]他一再要求南宋最高当局,"崇实用,退虚名。"[5]"黜虚从实","修实政,行实德"。叶适学问关注的重心不在于空谈心性,虚说命理,而是进行实务性研究,提出了一系列解决国计民生、收复失地,还我山河的对应之策。如在奏议中,大量讨论和关心的是法度、资格、学校、荐举、吏胥、监司、实谋、茶盐、治势、财政、兵役等等,由此,他强烈批判那种议论胜而用力寡的学术作风。他说:"今世议论胜而用力寡……虽有精微深博之论,务使天下之义理不可逾越,然亦空言也。"他感叹:"盖一代之好尚既如此,岂能尽天下之虑乎!"故而他决心"除百年之宿蠹,开兴王之大道,计岁月之举措,求日新之功效。"[6]

叶适主张"去空言",崇实、务实、行实的思想构筑了浙商的精神品格。八十年代初,改革开放的春风乍起,黄河两岸,大江上下,到处可以见到浙江人的身影,他们或者走街穿巷,甚至担挑肩扛,推销着自己

---

① 《水心别集》卷五。
② 《习学记言序目》卷四十七。
③ 《习学记言序目》卷四十七。
④ 《习学记言序目》卷二十二。
⑤ 《水心别集·始议二》。
⑥ 《水心别集·始议二》。

的产品;或者修雨伞、或修皮鞋、或擦皮鞋、或修拉链、或理发……他们不讲面子,只求实惠,不怕吃苦,只怕没钱赚。浙商"能干常人不肯干的活,能吃常人不肯吃的苦,能赚别人看不起的钱"。他们不等政策、不靠关系、不要施舍,相信自己,相信市场,加之真干、实干、敢干、能干,正是靠这种干劲,在激烈的市场竞争中杀出一片自己的天空。但其他地区的人,放不下架子,守着面子,口里喊着钱塘江(钱淌江),事实钱还是滚滚财富淌入江。当面对上个世纪80年代初,企业倒闭潮、失业人口激增,许多人不得已放下面子,进入这些行业的时候,浙江人已经实现了靓丽的转身,他们大多数人完成初步原始资本积累,当起了老板。商人肯干、能干、实干、敢干,求实、崇实、务实,正是浙商在当代中国崛起的重要因素。

## 二、正义谋利:浙商之价值支撑

义利之辨是中国哲学尤其是儒家哲学的重要问题。自孔子以来,哲学家们就反复讨论这一话题并借以提醒世人。当然,儒家的义利之辨有多种不同的指向:其一是指向个体的自我修养,其二是指向我与人、人与人、人与天下国家之关系,其三指向天下国家治理的原则。当指向个体的道德修养时,儒家强调"君子以义为质"。①孟子认为义是人之本性,是人的价值与尊严,当个人的自然生命与道义发生冲突时,甚至主张"舍生而取义者也"。②当指向个人与他人、个人与社会、国家利益关系时,儒家的义利之辨是处理个人利益与公共利益的关系原则,所以孔子强调"以义为上"、"见得思义"。当指向天下国家治理时,儒家义利之辨是指国家治国的指导原则,孟子告诫梁惠王"上下交争利,则国危矣!"《大学》告诫统治者"国不以利为利,以义为利也"。作为治国原则,儒家一方面强调义是处理、协调社会各方利益的基本原则,"分,何以能行? 曰义","义以分则合",③另一方面,要求统治者不要与

---

① 《论语·卫灵公》。
② 《孟子·告子上》。
③ 《荀子·王制》。

民争利,要宽政、惠民、爱民、"民之所欲欲之,民之所恶恶之"。①在先秦儒家看来,义与利永远如影随形,一体共在。荀子说:"义与利者,人之所两有也。"②任何圣君也无法使人只有义而没有利,任何暴君也不能使人只讲利而没有义。天下国家的治乱安危只是"义胜利",还是"利胜义"的而已。

至汉代,思想家董仲舒出现,他明确提出:"正其谊而不谋其利,明其道而不计其功。"③董氏之言,作为指向个体修养的原则当然没有什么问题,如果将其作为治理天下国家的指导思想自然就会出现偏差。当朱熹视为"义,为天理之公;利为人欲之私"时,强调了义与利对立面,相对轻忽了义与利的两有性。而南宋,偏安于东南一隅,对于一切有志之士而言,如何收复失地,重整河山,则是压倒一切的大问题,而要收复失地就需要强大的军队,强大的军队必须有财力作后盾。在这种情形下,空谈心性修养的确"迂阔而远于事情"了。叶适指出:

> "仁人正谊不谋利,明道不计功",此语初看极好,细看全疏阔。古人以利与人,而不自居其功,故道义光明。后世儒者行仲舒之论,既无功利,则道义者乃无用之虚语尔;然举者不能胜,行者不能至,而反以为诟于天下矣。④

在叶适,正谊不谋利,明道不计功,对于对家国天下,对于黎民百姓,好看而中用。"古人以利与人而不自居其功,故道义光明。"许多学者指出叶适是功利主义者,不过,如果说从实际效果作为评判道德标准的角度说,叶适的确存有功利主义的倾向。但叶适不是英国边沁那样只强调个人利益的功利主义,而是"以利与人"的功利主义或者说谋天下之利的功利主义。更确切地说,叶适是义利合一的功利主义。

"既无功利,则道义者乃无用之虚语尔","道义",是与人有利、与家有利、与国有利、与天下有利,失去了与人、与家、与国、与天下之利,

---

① 《大学》。
② 《荀子·大略》。
③ 《汉书·董仲舒传》。
④ 《习学记言序目》卷第二十三。

道义就会无从谈起,就会沦为"无用之虚语"。在处理义利关系上,他主张:"古人以利和义,不以义拟利。"①古人言利,然而仍不失为纯义,而现在有些人闭口不言利,张口闭口全是义,然而未尝不专于利。他说:"古人之称曰:'利,义之和';其次又曰:'义,利之本';其后曰:'何必曰利'? 然则虽和义犹不害其为纯义也,虽废利犹不害其为专利也,此古今之分也。"②他以古今之分,对那些主张私欲净尽,天理流行的理学家们进行强烈地批判,指出"昔之圣人,未尝吝天下之利。"③义与利不是对立的两物,而是一体两面之存在。那些不讲利的人,未尝不专于利,而讲利的人,未尝不致力于纯义,显然,这是为商人辩护! 同时,也成为商人的价值支撑!

浙江,中国东南之省,地狭而资源不丰。自古以来,有着经商的传统,范蠡,这位善于捕捉历史机遇的思想家,虽然没有在越经商的直接经历,但陶朱公的商业才华为历代称颂! 而永嘉学派尤其是叶适提出"以利和人,不以义抑利"的价值观,可谓说对浙商价值观的凝炼,为浙商的追求财富提供了重要的道德力量。

## 三、叶适勇于怀疑、敢于挑战的学术特质
## 与浙商的"创新"精神

叶适学术的品格可谓求真务实,为此他不畏权威,不囿于成见,勇于怀疑,敢于挑战,其所著《习学记言序目》虽然有类于读经史的笔记、札记,其记述所及《易》、《书》、《诗》、三《礼》、《春秋》、《左传》、《论语》、《孟子》等经书和《荀子》、《老子》、《管子》、《子华子》、《孙子》等诸子之书以及从《史记》到《五代史》等官方所修的主要史书,或考订其真伪,或辨其得失,或借古人阐发个人见解,想人之所不敢想,议之所非不敢议,表现了他强烈的现实关怀与创新精神。

自汉代以来,正统的史学家认为,《易》的创始是"人更三圣,世历

---

① 《习学记言序目》卷二十七。
② 《习学记言序目》卷十一。
③ 《水心别集·官法下》。

三古"。所谓伏羲画八卦,文王重卦,孔子作《十翼》。北宋时期,欧阳修在《易童子问》对孔子作《十翼》提出怀疑。而叶适不仅对《十翼》是否为孔子所作提出怀疑,而且对"人更三圣"本身就提出怀疑。他指出,伏羲作八卦,文王重卦,"盖出于相传浮说,不可信。"①这样说法没有任何根据,因而皆所谓"神于野而诞于朴,非学者所宜述也"。②这就从根本上颠覆了千余来的正统观念,是对传统的学术成见的真正挑战。

叶适继承欧阳修的理路,对孔子作《十翼》继续怀疑。他指出,除了《彖》、《象》为孔子所作外,其余诸篇"亦附之孔氏者,妄也"。他说:

> 至所谓上,下系、文言、序卦、文义复重,浅深失中。与彖、象异,而亦附之孔氏者,妄也。③

当然,叶适的观点具有相当的合理性,很值得后人进一步思考、研究。可以说,叶适的这种怀疑已被后世大多数学者承认。令人震惊的是,叶适由此种怀疑看到至今仍有启发意义的一个学术通识。他说:

> 余尝患浮屠氏之学至中国,而中国之人皆以其意立言。非其学能与中国相乱,而中国之人实自乱也! 今《传》之言《易》如此,则何以责夫异端者乎。④

佛学至中国,由是中国学人皆以佛学之意立言。不是佛学本身能与中国学术相混淆,是中国学人自乱阵脚,自丧立场,自失其自主。叶适的这些论述,对于我们处理中学与西学的,仍然有启发意义。

叶适勇于怀疑,敢于挑战的学术品格的另一表现是对宋人的"道统"说进行批判。自朱子《四书章句集注》出,中国之人由重《五经》转而重《四书》,《论语》指向孔子,《大学》定为曾子所著,《中庸》出自子思之手,《孟子》为孟子的作品。在先秦时代,儒分为八,八派之儒皆自谓真孔学而不分嫡庶,然而《四书》出现,先秦儒家由此形成由孔子而曾子,曾子而子思,子思而孟子儒家嫡传系统即道统。固然,道统渊源有自,孟子亦有向此趋之势,但孟子没有挑破,唐韩愈为对抗佛教的法统

---

① 《习学记言序目》卷三。
② 《习学记言序目》卷四。
③ 《习学记言序目》卷三。
④ 《习学记言序目》卷四。

而正式提出道统。而宋代诸儒进而将韩愈之道统观完善之、细化之。叶适对一贯之道,对道统并不怀疑,但他怀疑宋儒所制造的道统。为了证明宋儒的道统是假的,他从曾子入手:

> 余尝疑孔子既以一贯语曾子,直唯而止,无所问质,若素知之者。以其告孟敬子者考之,乃有粗细之异,贵贱之别,未知于一贯之指果合否?曾子又自转为忠恕。忠以尽己,恕以及人,虽曰内外合一,而自古圣人经纬天地之妙用固不止于是,疑此语未经孔子是正,恐亦不可便以为准也。①

叶适从《论语·泰伯》"曾子有疾,孟敬子问之"一章,怀疑曾子悟一贯之道的可能性。当然,此章曾子所言皆修身的具体内容,故而叶适认为"乃有粗细之异,贵贱之别",认为这些容貌、颜色、辞气等修身的具体内容怎能与一贯之道相合呢?或者说如何将这种细节管理与一贯之道相合起来呢?当然,叶适还从"孔子所称,唯颜子而已,不以及曾子",孔子对曾子的评价"参与鲁",以及曾子不在"四科十哲"之列为证据,认为曾子不能传孔子之道。本人认为,叶适的怀疑很有道理。曾参是否独传孔子之道,关键看其是否理解了孔子的一贯之道。曾子用"忠"与"恕"理解一贯之"一"是对孔子一贯之道的误读。孔子的一贯之道是"恕"而非"忠"与"恕"。②叶适能在近千年前,对曾子独传孔子之道怀疑,对子思作《中庸》提出怀疑,这种怀疑精神是相当令人尊敬的,也是很有学术价值的。在为尊者讳,为圣者讳的年代里,叶适的这种敢于挑战,勇于创新的学术品格,是相当大胆的。

叶适之所以不认可朱子等理学家们所设定的"道统",当然不是为反对而反对,而是要力求恢复先秦儒学的原貌,使儒学发展走出"道统"一元化陷阱,促进儒学多元、健全发展。就对儒家传统的维护言,叶适并不逊于朱熹、陆象山,甚至在捍卫儒学的纯粹性方面与朱熹、陆象山相较有过之而无不及。

叶适这种敢于挑战,勇于挑战,不守常规,不人云亦云的独特学术品格,一方面是浙江独特的人文精神的呈现与反映,另一方面,这种品格又进一步强化了浙江的这种文化品格。浙商之所以"敢为天下先"

---

① 《习学记言序目》卷十三。
② 参见拙文《儒分为八再审视》,《儒林》第一辑,山东大学出版社,2005年8月。

以及保持其"永不平庸,永不放弃,永不满足"创新意识,可谓深得叶适哲学之精髓。由什么样的文化土壤就会产生什么样的学术,而有什么样的学术会反哺这块文化土壤。创新是一个民族的灵魂,是一个民族不断发展的永不枯竭动力源泉！浙商,崛起于东南沿海的新群体,在制度、技术、观念等方面有着更加强烈的创新意识与创新冲动,而这种创新深深植根于永嘉学派求真务实的思想传统之中。

## 四、叶适"理财非聚敛"的理财观与浙商的财富观

叶适的财富观至少有三个鲜明的特点:其一,理财而非聚敛,其二,富人,上下之所赖,其三,惠工通商。

叶适认为,衣食等最基本的生活资料是任何人不可或缺的。"夫聚天下之人,则不可以无衣食之具"。然而,对于这些"衣食之具,或此有而彼亡,或彼多而此寡,或不求则伏而不见,或无节则散而莫收,或消削而浸微,或少竭而不继,或其源虽在而浚导之无法,则其流壅遏而不行。"因而要实现有无相通,多寡均衡,继而不竭,就是开源疏流,这样才能财用不匮,使"上有余而下不困","斯为理财而已矣"。又说"古之人,未有不善理财而为圣君贤臣者也。"因此,他明确指出:"理财与聚敛异,今之理财,聚敛而已矣。"[①]理财绝不是聚敛,而现在人们往往一谈及理财就理解为聚敛,"故君子避理财之名,而小人执理财之权。"叶适为天下人衣食计,公然为理财辩护,为理财正名,"天下之财与天下共理之,大禹、周公也。"[②]

叶适的理财论见解深刻,而其富人论更加独到,言人所不敢言,令人称奇。叶适坦然站在富人的立场上,认为是富人养活了穷人,而不是相反;富人对穷人、百工养活间接维护社会的安定。他说:

> 县官不幸而失养民之权,转归于富人,其积非一世也。小民之无田者,假田于富人;得田而无以为耕,借资于富人;岁时有急,求于富人;其甚者,庸作奴婢,归于富人;游手末作,俳优伎艺,传

---

① 《水心别集·理财上》。
② 《水心别集·理财上》。

食于富人;而又上当官输,杂出无数,吏常有非时之责无以应上命,常取具于富人。然而,富人者,州县之本,上下之所赖也。富人为天子养小民,又供上用,虽厚取赢以自封殖,计其勤劳亦略相当矣。①

这是篇颂扬富人的宣言书。认为富人不仅有利小民、百工、俳优,而且有功于州县、天子,是州县乃至天子政权稳定的根本力量。富人既然贡献如此之大,即使利润丰厚,以至于成为巨富,也是合理的。

叶适坚决反对仇富,更反对动辄利用国家机器对富人"欲起而诛之"。他对富人的管理有一套独特方法。他说,即使对待那些贪得无厌、豪暴过甚之人,"吏当教戒之。不可教戒,随事而治之,使之自改则止矣,不宜豫置疾恶于其心,苟欲以立威名也。"那种号召穷人仇富并不是治理天下最好方法,更不是管理富人的最好方法。"而吏先以破坏富人为事,徒使其客主相怨,有不安之心,此非善为治者也。"②我们可以将叶适视为富人的代言人。

当然,这并说明他放任贫富两极分化,但他反对用行政手段人为地去抑制兼并,不主张用打倒富人方式救穷人,而是主张因时施智,观世立法即根据时代的需要,通过制度性设计以及十年的努力,让社会上"无甚富甚贫之民",这样"兼并不抑而自己,使天下速得生养之利"。③在消除贫富两极分化方面,叶适是温和的改良主义者。他的这种探索对于今天解决贫富分化问题仍有启发意义。

叶适生活在商品经济相对活跃的东南沿海,因而他坚决反对自汉代以来所奉行的重农抑商政策,尖锐地指出,"抑末厚本,非正论也"。他说:"《书》'懋迁有无化居',周讥而不征,春秋通商惠工,皆以国家之力扶持商贾,流通货币,故子产拒韩宣子一环不与,今其词尚存也。汉高祖始行困辱商人之策,至武帝乃有算船告缗之令,盐铁榷酤之人,极于平准,取天下百货自居之。夫四民交致其用,而后治化兴,抑末厚本,非正论也。"④叶适认为,通工惠商,扶持商贾,是中国传统的国策,

---

①　《水心别集·民事下》。
②　《水心别集·民事下》。
③　《水心别集·民事下》。
④　《习学记言序目》卷十九。

士农工商,四民相互为用,缺一不可,一味提倡抑末厚本,这是不正确的。可贵的是,叶适坚决反对国家垄断工商、盐铁即"取天下百货自居之",自汉武帝以后,国家盐铁专营,严重限制了民间资本的兴起,扼杀了资本主义在中国萌生的可能。

由"理财"而"尊富",由"尊富"而"通商惠工",叶适的思想环环相扣,共同构成了叶适的财富思想系统。这一系统体现了叶适鲜明的学术品格,他旗帜鲜明地为"理财"正名,指出"理财"是一崇高的事业,是像大禹、周公这样圣君贤臣才能充分胜任的事业。他反对抑制兼并,认为"富人"是"上下之所赖",是国家政权维护的支撑力量,为"富人"的合理存在辩护。他反对长期以来中国社会奉行的抑末厚本政策,主张通商惠工。工商发达就会出现富人,对于政府而言,有财然后理之。理财不是理穷人之财,如果一味刻薄穷人,"而民之饮食居处,上则夺之以自利,是不如六畜也。"①在这个意义上说,理财者,理富人之财也。

叶适的财富观对于塑造浙商的求富品格具有重要意义。浙商特点之一,就是抱团打天下,以理财而闻名。表现之一,就是民间借贷活跃,尤其温州商人,凡有温州人的地方,几乎都有自己的同乡组成的商会,一个温州人到新地方创业,他可以申请向当地同乡的商会借贷,待他挣了钱,将其中的部分存入商会,去帮助与他同样前来创业的人,浙商善理财。在叶适富人观的影响下,浙江人对待富人,不是"仇",而是"羡"。"仇富"心态可能会转化为对社会财富的糟贱与破坏,而"羡富"是你富我会比你更富。正是这种羡富心态支撑,浙江这个地方的人比任何地方的人有着更为强烈的求富心理,人人想当老板,可能这是浙江商人的特点之一。叶适反对抑末厚本,主张通商惠工,这为浙商的崛起提供了理论支撑。

一方水土养育一方人民,而一方人民成就一方文化,而一方文化反而又塑造一方人民的精神。以叶适为代表的永嘉学派渊源有自,永嘉学派的先驱如周行己、许景衡等"皆学于程门,得其传而归,教授乡里",②永嘉学派可追溯到中原地区洛学、关学。然而,永嘉学派的后期发展已不同于中原地区的洛学、关心,这正是由时空转换所造成的文

---

① 《心学记言序目》卷四十五。
② 孙诒让《许景横塘集跋》。

化形态的变异。作为永嘉学派的集大成者,叶适思想独特的学术品格当然受到永嘉人民的养育,反过来,叶适思想的特点反过又塑造了浙人的精神品格、价值追求乃至思维方式。这些精神品格、价值追求通过当代兴起的新浙商将其淋漓尽致地凸现出来。理清文化与社会之间错综复杂的关系,以服务于当代社会的发展,实现当代人的文化自觉,造福于后世子孙,可能是我们今天研究以叶适为代表的永嘉学派的真实意义。

# 王阳明哲学对传统教育的影响

陈 锐

　　中国社会自宋代以后,宗教的观念逐渐淡化,一种理性和现实的人生态度逐渐占据了主导地位,人们开始致力于对外在现实世界的认识和控制。这是一种智识主义的潮流,它们促进了教育和文化的繁荣和普及,学术的研究日益精密,但同时也走向僵死的形式主义,以及学术和道德的堕落。与此相反,则存在着一种反智识主义的倾向,致力于对上述的状况进行批判和教育改革。王阳明的哲学正是这种潮流的集中体现,它与西方哲学和教育中的一些思潮具有类似之处,并对传统教育的发展和变革产生了重要影响。

一

　　对于历史上的许多哲学来说,它们同教育的关系尤其显得重要。如果说,在西方我们不断地看到卢梭、尼采等对教育的思考,看到杜威将哲学归结为关于教育的一般理论,那么在尤为需要教育和知识的传承来保证稳定发展的中国传统社会中,就更是如此了。儒学由于自身的特点,在很大程度上承担了教育的职能,以致许多对道德和知识的思考均起于教育的实践或对现行教育的批判。在另一方面,中国传统的教育也不仅仅是一些形式、制度和规范的汇编,而是也时时融合在各种文化、哲学和社会思潮中,或者说,每当教育处于重要变革和发展的时候,我们就愈是能感到哲学思考的重要性了。在教育和技术急剧变化的当代社会,恐怕也同样如此。

　　中国传统的哲学和教育中有许多东西是值得当代人重新思考和

借鉴的,例如王阳明的哲学。对于我们来说,什么是传统的教育呢?它们不过是尊师重教、注重伦理教化、重视人文教育、忽视自然科学、学而优则仕、墨守传统等等,它们与已经高度技术化的借鉴西方模式的现代教育离得已经很遥远了。我们还能从其中发掘出多少精华呢?似乎至多是一些有教无类、教学相长、当仁不让于师、博学笃志、切问近思罢了。但是,必须看到,有许多东西仅仅是表面的,一些看来是新的东西,其实质倒是旧的,而一些表面上旧的东西,其内容倒是常新的。中国传统的教育并不仅仅是一些僵死的制度和概念,其中也包含着各种对立的思潮和运动,并也同样对我们今天产生着或隐或现的影响。

中国古代的教育是从宋以后逐渐趋于完善的。随着社会和政治的稳定,宗教的观念逐渐淡化,一种理性和现实的人生态度逐渐占据了主导地位,人们开始关注现实的世界,并力求予以清醒的认识和把握,再加上培养国家公职人员的需要,这一切都促进了教育和文化的繁荣和普及。到了明代,那种在宋代成长起来的理性精神被进一步用于对现实世界的控制,教育和文化在普及和繁荣中也制度和规范化,学术的研究愈益精密。这种情况是和当时日益发展的世俗文化相一致的,我们心目中的传统教育也是与它们密切相关的,这也就是余英时所说的宋明时代的智识主义(Intellectualism)的潮流。但在这同时,也导致了许多有害的后果,即走向僵化的形式主义以及学术和人心的堕落。与此不同,在这种传统教育的后面,也就时时存在着一种反智识主义的,对上述状况进行批判和教育改革的潮流,从孟子到宋明以后,它们一直在持续和发展。王阳明的哲学正是这种潮流的集中体现,它们与西方哲学和教育中的许多思潮具有类似的意义,并对传统教育的发展和变革产生了重要的影响。

二

王阳明的心学在很多地方是对明代的教育和学术思考与批判的产物。明代初年,崇儒重教之风大兴,"学校之教,至元其蔽极矣。上下之间,政颓风靡,学校虽设,名存实亡。兵变以来,人习战争,惟知干戈,莫识俎豆。……宜令郡县皆立学校,延师儒,授生徒,讲论圣道,使人日渐月化,以复先王之旧。"①永乐十三年,明成祖颁《四书大全》、《五经大全》和《性理大全》,作为科举考试的钦定教科书,各级学校也依此要求,以朱学传注教授生徒,培养应付科举考试的后备力量。考试规定文章略仿宋经义,代古人语气为之,体用排偶,谓之"八股",通称"制义"。程朱理学在教育思想领域中也占据了主导地位。明代在教学管理、考试制度等方面也日趋规范化,它们导致了文化和教育的繁荣,但同时也产生了许多负面的影响,即日益走向僵化和脱离现实,学人墨守朱子旧说而无所发明,拘于居敬穷理而又颇支离缕析,故形成"此亦述朱,彼亦述朱"的局面。读书人终身从事于词章训诂,相矜以知,相争以利,士风衰薄,"今夫天下不治,由于士风衰薄;而士风之衰薄,由于学术之不明;学术之不明,由于无豪杰之士为之倡焉耳。"②

由于这种情况,成化年间以后,对程朱理学的流弊进行反思和批判的教育改革的潮流已经在酝酿发展。以陈献章为代表的江门学派,以"学贵自得"、"静心修养"、"以自然为宗"的学习方法,开始了对程朱理学的怀疑和挑战。尽管陈献章的学说"孤行独诣,其传不远",但开启了理学革新的风气,推动了书院教育运动的复兴。王阳明正生活在这样的环境中,由于他自幼性格豪迈、狂放,青少年时代深受佛道影响,后来转向理学,"吾自幼笃志二氏,自谓既有所得,谓儒者不足学。其后居夷三载,见得圣人之学若是其简易广大,始自叹悔错用了三十年气力。"③17岁后对理学发生兴趣,攻读宋儒著作,磨勘八股,以应科举考试,开始努力矫正往日的放逸,以"端坐省言"、"居敬持志"作为修养功夫,实践宋儒的道德。21岁时身体力行宋儒的"格物之学",从事格竹试验,结果是"劳思致疾",由此对朱熹格物穷理的成圣之道发生怀疑。后来,他又第二次实践朱熹的修养方法,按循序精进的原则来

---

① 张廷玉等:《明史》,《选举志一》,中华书局。

② 吴光等编校:《王阳明全集》,上海古籍出版社,1992年,卷二十二《送别省吾林都宪序》。

③ 吴光等编校:《王阳明全集》,上海古籍出版社,1992年,《传习录下》。

读书穷理,结果仍然无所得,致使旧疾发作,心志消沉。28 岁登进士后又一度沉浸于佛道,游九华山,归家后筑阳明洞,习道引术,精疲力竭后猛省佛道非人生正道。他在学术探索中出入佛老,泛滥词章,经历了反复的尝试和失败。34 岁时得罪宦官刘瑾,发配贵州龙场,经历了一段最痛苦的精神与肉体上的折磨,最终悟道,由此始建立以"心即理"为基础的"知行合一"说,与朱子之学决裂。

此后,王阳明便开始在讲学实践中贯彻知行合一说。在当时,崇尚陆学的陈献章日益得到士人的关注。结束贬官生涯后,王阳明在借与弟子讲学之机,大胆辩论,申张陆学。他的胆识赢得了许多青年士人的爱戴,纷纷及门就学,一些讲义被弟子整理成册,名为《传习录》(首卷),它标志着阳明学的问世和其教育思想的发展。他的知行合一主要针对末俗的辞章支离之学,又针对朱熹的读书穷理,旨在使学者以道德修养为本,从死书堆里解放出来。他的学说震动朝野,被人指责为异端。迫于舆论的压力,他发现朱熹晚年流露出心学倾向,遂编《朱子晚年定论》,结果又引起了保守派更猛烈的抨击。正德十六年以后,由于他调和与朱学势力的冲突未能成功,开始公然褒崇陆学,明确打出反理学的旗号,始揭"致良知"之教,来唤醒士人的批判精神和自觉意识,成为士林豪杰派的代表人物。致良知之教在理论上发展了知行合一的道德修养论,认为良知说本源于孔孟,直接于陆象山,是儒家真道统的揭示与弘扬。他为陆象山争配享孔庙地位,刻印象山文集,主张抛开经书,反对死守章句,提倡独立思考,"若传习经史,考证古今,以广吾见闻则可,若欲以其求得入圣门路,譬之采摘枝叶,以缀本根而欲通其血脉,盖亦难矣。"[1]

王阳明的讲学愈是受到朝廷和保守派的反对,就愈是在士林中激起强烈的反响,八方从学如云。王阳明每临讲席,环坐而听者不下数百人,送往迎来,月无虚日,它们促进了阳明学的广泛传播。他声称在今只信良知,真是真非处更无掩藏回护,"某愿以狂为进取,不愿为乡愿以媚世。"[2]他的《答顾东桥书》对其教育思想进行了系统的总结和阐发。在《稽山书院尊经阁记》中也阐发了经学即心学的思想。在晚年

---

[1] 吴光等编校:《王阳明全集》,上海古籍出版社,1992 年,卷三十四。
[2] 吴光等编校:《王阳明全集》,上海古籍出版社,1992 年,邹守益《阳明先生文录序》。

着力于《古本大学》的讲授与解释,其讲义被整理成《大学问》。王阳明在其教学实践中,培养了一大批学行卓然独立的弟子,成为明中后期理学教育改革的重要力量。

三

王阳明的教育思想对整个传统教育无疑具有重要的意义。但我们也要看到,尽管他构造了一个思想体系,用知行合一和致良知去批评朱熹的格物穷理,但他的重要性并不全然是理论上的。他的思想代表了一种广泛的社会思潮,包含了一种道德和形而上学的复兴的要求,以及对宋代以来的理性主义潮流的一种反抗。

我们知道,中国社会自宋代以后,一种理性和现实的人生态度代替了宗教的狂热,它与西方近代以来的世俗化文明的进程在相当程度上有着类似之处,朱熹的道问学正体现了这种要求。从宋代到明代,这种倾向在进一步发展,人们日益趋向世俗化。同时人们对世界的认识和对社会的控制也愈益精密和完善,它们促进了学术、教育和文化的繁荣。但在同时,这种理性与世俗化的潮流也导致了许多消极和有害的后果,或者说在某种程度上导致了类似西方那样的异化。知识和教育的进步导致了理论和实践的分离以及道德上的虚伪,知识助长了人的贪婪和冷酷。明代社会的整个气氛一方面走向世俗化和享乐,同时又带有某种紧张和残酷的特征。史家说那个时代始终具有某种戾气,皇帝热衷酷刑,以剥皮始,也以剥皮终。

在知识的领域,过分的控制和规范走向了僵死的形式主义,学问走向烦琐和支离,八股文中所表现的规范只是那个时代的一个有机部分而已。对于这种特征,王阳明说:“濂溪明道始复追其绪,自后辨析日详,然亦日就支离决裂,旋复湮晦”[1];“言益详,道益晦;析理益精,学益支离,无本而事于外者益繁以难。”[2]清代的章学诚也说,古之学术简而易,后世学术曲而难。王阳明思想的意义也就在于代表了对这种潮

---

[1]　吴光等编校:《王阳明全集》,上海古籍出版社,1992年,《朱子晚年定论序》。

[2]　吴光等编校:《王阳明全集》,上海古籍出版社,1992年,《别湛甘泉序》。

流的批评和反抗,而且由于中国古代社会的特点,使得这种反抗在教育和知识的领域中表现出来,并在一定的程度上包含着复兴道德和形而上学的意义。它不同于宗教,但又始终包含着某种宗教的成分。王阳明本人在青少年时代沉浸于佛道,后来虽然转向,但仍然保留着若干影响。正因为如此,我们才能体会其中所包含着的非理性和神秘主义的成分,以及何以会被后人指为空虚不实。

也许在这样的基础上,我们才能更好地理解他与朱熹思想的那些不同点。朱熹之所以强调"格物穷理"和"读书穷理",就在于包含了一种离小和客观化的要求,一种对外在与现实世界进行冷静辨析的知识上的兴趣。这种"道问学"的倾向促进了学术和教育的繁荣。但也有一种危险,即使人过多地沉浸在外在的世俗生活中,而忘记了内在的精神。王阳明的学说倡导"心即理",反对朱熹"析心与理为二",就是要使人从外在的世界回到人的内心。王阳明所关注的是内心的体验和道德,是由此导致的社会政治的腐败和衰乱,而不是外在的知识,"然世之讲学者有二:有讲之以身心者,有讲之口耳者。……程朱格物之说,不免求之于外。"①要挽救道德,必须要通过"身心行著习察"和"百孔千难"的痛苦。

他的知行合一说就是这样。我们往往说他的知行合一说从教育哲学的角度揭示了道德修养与教育中知与行的关系,以全新的知行观回答了程朱理学教育流弊中的知行问题,体现了儒家注重实行的精神,具有经世致用的功利主义与人本主义倾向。但这些理解仍然是有着某种局限性的。其知行合一说的主要意义也只是在于否定的方面,是要否定那些过度的知和分析所造成的僵化和虚文。这种人可能具有外在的虚假的知识,但这些知识只是成为追名逐利的工具,"记诵之广,适足以长其傲也;知识之多,适以行其恶也;闻见之博,适以肆其辩也;辞章之富,适以饰其伪也。"②在他看来,社会道德的危机正是由于这种知和行的分离。因此他强调"知行合一说,专为近世学者分知行为两事,必欲先用知之之功而后行,遂致终身不行,故不得已而为此补

---

① 吴光等编校:《王阳明全集》,上海古籍出版社,1992年,《传习录中》。
② 吴光等编校:《王阳明全集》,上海古籍出版社,1992年,《传习录中》。

偏救蔽言"。①但这个知也不是朱熹所说的外在的知识,不是名物度数草木虫鱼,而是形而上的天理。许多人"以为圣人无所不知,无所不能,我须是将圣人许多知识才能逐一理会始得。故不务去天理上著功夫,徒弊精竭力,从册子上钻研,名物上考索,行迹上比迹,知识愈广而人欲愈滋,才力愈多而天理愈蔽"。②他的行也并不是一种合乎理性的行动,而是一种近乎本能的无条件的存在。由此可见,他的知行合一并不是通常的事功和经世致用,而只是反对将其判为两橛,世界的本质是一,不可分别。

王阳明晚年提出的"致良知"也是其思想的进一步发展。这里的良知有点类似康德的善良意志。康德曾批评了 18 世纪的唯物主义,认为人的道德不依赖于后天的感性和有条件的存在,而是先天的,无条件和绝对的。王阳明也同样反对将道德置于外在的知识之上,道德不是偶然的,不是后天习得和有条件的,而是普遍和绝对的。良知即是心之本体,是先验的道德准则,也是真理的标准。但是他的良知又不同于康德,不是与外在的感性世界相对立,而是混为一体,"天地万物,便在我良知发用流行中,何尝又有一物起于良知之外。"③在这里,他的良知又表现出一种类似黑格尔的泛神论的特点,"日用之见,见闻酬酢,虽千头万绪,莫非良知之发用流行",④就如自然和社会均是绝对精神之展现一样。由此出发,人们读书的目的也在致吾良知,千经万典皆为我之所用,而不是成为经典的奴隶。在良知面前,没有什么权威,"夫学贵得之心,求之于心而非也,虽其言之出于孔子,不敢以为是也,而况其未及孔子者乎!"⑤

历史学家余英时说,从朱熹到戴震,始终存在着一种智识主义的潮流,而王阳明所代表的心学,则处处表现出一种对智识主义的批评和反理性主义的倾向。他始终对那种烦琐的知识和理性的辨析有反感,讨厌那些虚假繁复的文字,在这里,他表现出了类似道家的特点。

---

① 吴光等编校:《王阳明全集》,上海古籍出版社,1992 年,《传习录中》。
② 吴光等编校:《王阳明全集》,上海古籍出版社,1992 年,《传习录上》。
③ 吴光等编校:《王阳明全集》,上海古籍出版社,1992 年,《传习录下》。
④ 吴光等编校:《王阳明全集》,上海古籍出版社,1992 年,《传习录下》。
⑤ 吴光等编校:《王阳明全集》,上海古籍出版社,1992 年,《传习录中》。

那些烦琐的文字和知识导致"文盛道衰",文字终究只是工具,不足为重。古人质朴,无人有意作文章,所以六经皆史。到了春秋以后,天下大乱,"孔子述六经,惧繁文之乱天下,惟简之而不得,使天下务去其文以求其实,非以文教之也。"①王阳明在分析明代社会的腐败和堕落时,将一切归之于学术和教育所存在的问题,就像西方的人本主义者将异化归于科学技术的进步一样,"天下所以不治,只因文盛实衰,人出己见,新奇相高,以眩俗取誉,徒以乱天下之聪明,使天下靡然争务修文词以求知于世,而不复知有敦本尚实反朴还淳之行。"②他相信世道不治是由于世风衰薄,学术不明,务外遗内,将辞章训诂、考据记诵之学作为猎取功名的功利之学,"士皆巧文博辞以饰诈,相规以伪,相轧以利,外冠裳而内禽兽,犹自以为从事于圣贤之学。"③这些都导致了整个知识界的堕落,"今世士夫计逐功名,甚于市井刀锥。"④另外,王阳明关于儿童教育的思想,以及尊重人的个性、情感等也是与其对智识主义的批评相一致。我们知道,理性主义在认识世界时侧重于差别、界限和秩序,它们偏好于那些普遍的规则,但这样一来,就可能忽视其特殊的方面,压抑人的自然本性,忽视儿童自身的特点。对于王阳明的思想,我们可以想到后现代主义者对 18 世纪的启蒙和理性的批评。18世纪的理性主义确立了一个普遍的标准,把一切不成熟的、偏远的以及与妇女和儿童相关的东西都作为落后和不文明的东西而排斥了,当它们被应用到教育上时,就往往是以压抑人的个性为代价的。王阳明的教育思想强调尊重人的个性,主张在教育中狂者狷者各有其特点,不可视作一律。在对待儿童时,要尊重儿童的天性和情感,可是在当时,"若近世之训蒙稚者,日惟督以句读课仿,责其检束而不知导之以礼,求其聪明而不知养之以善,鞭挞绳缚若待拘囚。彼视学舍如囹狱而不肯入,视师长如寇仇而不欲见,……是盖驱之于恶,而求其为善也,何可得乎。"⑤

---

①　吴光等编校:《王阳明全集》,上海古籍出版社,1992 年,《传习录上》。

②　吴光等编校:《王阳明全集》,上海古籍出版社,1992 年,《传习录上》。

③　吴光等编校:《王阳明全集》,上海古籍出版社,1992 年,《书林司训卷》。

④　吴光等编校:《王阳明全集》,上海古籍出版社,1992 年,《送闻人邦允序》。

⑤　吴光等编校:《王阳明全集》,上海古籍出版社,1992 年,《训蒙大意示教读刘伯颂等》。

## 四

　　王阳明的教育思想对于深入了解中国传统教育思想的演变具有
重要的意义。我们通常谈儒学和传统教育,往往只是将其看成单一的
存在,而忽视了儒学本身在其发展中即存在着两种对立的潮流,它们
体现在教育上也同样如此。余英时认为智识主义与反智识主义的对
立是东西方思想史上一个普遍的问题,在西方的基督教中有信仰和学
问的对立,在宋明理学中则表现为尊德性和道问学的对立。不过,从
更广的含义上来说,它们也不仅仅限于宋明理学,而是贯穿于整个儒
学的发展和思想史中。在先秦,儒学就表现为孟子和荀子的对立,荀
况精通儒经,倾向于智识主义和道问学,秦汉之际儒生所传经及解说,
多传自荀况,他的名言是"善假于物"。这种理性的态度反映在教学上
也是注重教师的权威,主张"师云亦云",①而孟子却说"万物皆备于我
矣","学问之道无它,求其放心而已"。②对于书的态度,他是"尽信
《书》,则不如无《书》"。③在谈到读诗时又说:"不以文害辞,不以辞害
志,以意逆志,是为得之。"④在宋代,智识主义和反智识主义尽管存在,
但尚无很大的影响。到了明代,随着教育的发展,理性分析日益精密
化,那种反智识主义才可能成为一种广泛的社会思潮。王阳明的教育
思想正是在这样一种背景下出现的。对于明代社会的这种特殊性,黄
宗羲在《明儒学案·凡例》中说:"尝谓有明文章事功皆不及前代;独于
理学,前代所不及也。牛毛茧丝,无不辨析,真能发先儒之所未发。"⑤
在明初,反智识主义的代表有陈献章,他主张观书博识,不如静坐,认
为学贵得之心,并要将诗文末习和著述等一齐塞断,一齐扫去。在明
末则有王阳明、刘宗周,而王阳明则将之推向了极致。刘宗周说:"舍

① 《诸子集成》(1—8),上海书店影印本,1986年,《荀子·修身》。
② 《诸子集成》(1—8),上海书店影印本,1986年,《孟子·告子上》。
③ 《诸子集成》(1—8),上海书店影印本,1986年,《孟子·尽心下》。
④ 《诸子集成》(1—8),上海书店影印本,1986年,《孟子·万章上》。
⑤ 沈善洪主编:《黄宗羲全集》(7—8),浙江古籍出版社,1992年,《明儒学案·发凡》。

吾心而求圣贤之心，则千言万语，无有是处。阳明先生不喜人读书，令学者直证本心，正为不喜读书者。"①与此不同，在智识主义这一方，明初有娄谅，王阳明时代则有罗钦顺。王阳明编《朱子晚年定论》，罗钦顺首先致书责难，他们之对立实是朱陆在明代之再现。

假如我们从以上的角度去看待王阳明的话，就可以理解王阳明的思想何以会对后世产生如此的影响。那种智识主义和反智识主义的对立是人类思想史上，也是教育史上的普遍现象。当理性的分析走向僵化、机械和烦琐时，就必定会出现一种改革的潮流去消解那种僵死的规范和秩序，以恢复生命的活力和运动。在西方，我们看到卢梭的教育思想以及尼采关于教育的讲演都是起于对僵化的理性与技术的批判。卢梭批判的是 18 世纪的理性主义，尼采则批判了当时技术和分工对教育造成的消极影响。另外，假如我们将之同美国的实用主义作一些比较的话，则也同样看到有一些共同之点。实用主义在美国教育史上的意义也在于代表了一种反智识主义的潮流。由于美国独特的大众文化的传统，始终对那种来自欧洲的纯粹智识阶层、专家和精神贵族有一种排斥，并反对理论与实践的分离。杜威认为，那种知和行的分离是欧洲贵族传统的产物，在古代，理智活动是同闲暇联系在一起的，杜威强调知识是行动的工具，在教育中也反对把书本上的知识以正规教材的形式灌输给学生，教育必须要适合儿童自身的特点和需要。真正的知识不是从外面灌输的，而是从儿童自身生长起来的，所以教育即生长，生长这个概念即包含着一种内在性。当然，美国的情况与明代的社会生活有很大的差别，但在反对脱离实际的书本知识，反对那种高高在上的贵族和知识精英，强调知识与教育的特殊性、内在性和变化等方面具有类似之处。他们都强调尊重儿童的天性，倡导一种平等的观念，就像王阳明的思想和美国的文化传统都包含着泛神论的成分一样。

智识主义和反智识主义的对立在明代到达了一个高峰，那么在以后的时代中，尽管它没有以理学和心学的对立表现出来，但仍然渗透和体现在各种思潮中。在清代，我们看到有戴震和章学诚的对立，在

---

① 沈善洪主编：《黄宗羲全集》(7—8)，浙江古籍出版社，1992 年，《明儒学案》。

二十世纪则是西化派和新儒家。即使在新儒家内部,也有的宗陆王,有的宗程朱,梁漱溟、熊十力和马一浮也都深受王阳明的影响,并也都批判了那个时代的理性分析和世俗化的潮流。在这个意义上,王阳明的思想不仅推动了明代中后期的教育改革,也为以后的各种思潮提供了源泉,成为思想史上的一个不可缺少的重要环节。当然,我们也要看到,王阳明的哲学尽管对那个时代的教育产生了重要影响,但其本身也不是完美无缺的,或者说,它作为一种力量可以起到某种否定的或推动的作用,但始终无法代替教育本身。因为任何社会和教育的存在,也都要通过文字、规范和分析才能存在下去。在这个意义上清代学者对王学的批评就是可以理解的了,就像杜威的教育哲学也始终只是一种理想,也很难产生什么积极和现实的成果一样。总之,每一种社会和教育毕竟是不能缺少理想的,因为只有理想才会带来发展和变化。在这个意义上,王阳明的哲学对教育的影响也仍然会不断地以各种形式再现出来,即使在我们这个时代也可能是如此。

# 当代讲求实效精神与浙东事功学关系再审视

陈立旭

"讲求实效"是对当代浙江经济社会发生重要影响的一种文化精神。在计划经济时期,许多浙江人就已经以一种务实、灵活的态度,来对待甚至冲破极左路线、方针、政策的束缚,包产到户、务工经商等活动可以说一直屡禁不绝,并被不少地方的群众看成脱贫致富的有效途径;在计划经济的严密控制和极左意识形态泛滥的情况下,市场机制仍在缝隙中顽强地发挥作用,并与计划控制相抗争。改革开放以来,浙江的许多实质性经济变革,都是在计划体制的正式规则、"名称"和"形式"没有改、没有变的情况下,许多人首先在事实上采取了与计划经济体制之正式规则相冲突的务实行动,从而改变了事实上的行为约束,创造了各种新的经济关系,使人们得以捕捉获利的机会。当代浙江人何以具有"讲求实效"的文化精神?这种精神与浙东事功学乃至于中国传统主流文化具有何种关系?对此,省内学者已作过诸多的探讨,但我认为,一些学者的观点仍存在着难以自圆其说的困境。本文试图提出一点补充性的看法,以向学者们讨教。

一

浙江人何以具有鲜明的"讲求实效"的文化精神?近年以来,研究当代浙江现象的学者,一般倾向于从浙江思想家的文化传统即大传统的影响方面去解释,其中尤以南宋以后兴起的浙东事功学派的观点,即主张学术与事功的统一,学术的目的在"经世致用",最受人注意。从某种意义上说,这种论断似乎有相当坚强而合理的依据。以陈亮等为代表的永康学派、以吕祖谦等为代表的金华学派以及以叶适等为代表的永嘉学派,确实具有"讲求实效"、注重事功的鲜明文化品格。事功学各派的学说虽有不同之处,但在学术本质上却有一个共同点,即抱着爱国之心,立足事功,主张学术与事功的统一、实事实功,学术的目的,在经世致用。然而,尽管如此,将当代浙江人"讲求实效"或"求真务实"精神的源头活水,归结于浙东事功学派,仍然存在着难以自圆其说的困境。

首先,改革开放以来浙江的制度创新和经济社会发展的奇迹,是由浙江民间社会群体创造的,最能体现"讲求实效"精神的,是改革开放之初占浙江总人口近 90%的农民群体,以及 90%以上出身于寒微之家并以从事弹棉花、补鞋、裁缝、鸡毛换糖、小五金等手工艺和小百货活动起家的所谓"新浙商"群体。这部分社会群体的多数成员,可能连陈亮、叶适、薛季宣、陈傅良、黄宗羲等浙东学事功派思想家的名字都闻所未闻,更遑论受浙东事功学思想观点的影响了。因此,将当代浙江人"讲求实效"精神的源头活水,直接归结于浙东事功学派,似乎缺乏一种充分的、有说服力的经验根据。

其次,退一步说,即使浙东事功学思想也可能在历史过程中影响了民间的社会心理,但陈亮、叶适、吕祖谦等浙东学者的思想要转变成浙江民间的观念,即大传统要转变成小传统,必须有一个媒介通道。而自书面媒介和印刷媒介出现以后,古代的文化传播,就一直是一种破解和使用语言文字的技术,文化传播因而成为一种少数掌握了破解和使用语言文字符号技术的人的文化特权。在这种情况下,在古代中国大传统和小传统之间充当通道作用的,就必然是掌握了使用语言文字技巧的传统知识分子,即读书人出身的官僚士大夫阶层。也就是说,浙东事功学派的思想观念,必须先影响读书人,进而以他们为中介再影响广大民众。诚然,南宋时浙东事功学曾产生了广泛而深刻的社会影响。朱熹在给石天民的信中曾对当年浙学阻遏不住的蔓延趋势作过一个基本评价:"自到浙中,觉得朋友间却别是一种议论,与此不相似,心窃怪之。昨在丹丘(台州),见诚之直说义理与利害只是一事,不可分别。此大可骇!⋯⋯熹窃以为今日之病,唯此为大,其余世俗一等近下见识,未足为吾患也。"①朱熹与陈亮曾反复

---

① 《朱文公文集》卷五十三《答石天民》。

辩论而终不能合,长期争论更使得陈亮的思想广泛传播,以至于朱熹惊叹:"陈同甫学已到江西,浙人信响已多,家家谈王霸……可畏!可畏!"①浙东事功学,在南宋中期朱陆俨然显学的形势下,而能与朱陆相抗衡,遂成"鼎足之势",在当时的社会影响确实不可小视。然而,南宋理宗以后,对包括浙江知识分子在内的中国知识分子最有影响力的思想,却不是陈亮、叶适等的浙东事功学,而是朱熹等的程朱理学。这是因为,自南宋理宗皇帝后,朱熹的思想已经被官方承认为孔孟儒学的真传,并逐渐地在全中国享有"至尊"的地位。至元而下逮明清,朱熹的学说实际上成为官方的国家学说,如康熙在《朱子大全序》中所说,朱熹"集大成而绍千百年绝传之学,……启愚蒙而定亿万世一定之规",其地位可与孔孟相匹。在儒者中甚至出现了非孔孟犹可,非程朱而不可的风气。在元明清时期,朝廷规定科举考试以《四书》、《五经》命题,《四书》的理解以朱熹的注释为准。正如现代思想家冯友兰所说,在朱熹注释的《四书》变成官方的注解尤其是科举考试的必读教材后,一般的知识分子所读儒家的经典,实际上只是读《四书》,对于《四书》的了解实际上只限于朱注。就像现在西方的君主立宪国家,君主被架空了,实权在于内阁总理。在元、明、清时代,孔子虽然还是被尊称为"至圣先师",但却被架空了,朱熹是他的"内阁总理",一般人都尊称他为朱子。②

因此,在儒者中出现非孔孟犹可,非程朱而不可的社会风气风气以及在朝廷希望天下出现"家孔孟,户程朱"的宏观社会背景下,对元明清时期浙江一般知识分子之思想产生重大影响的,只可能是二程、朱熹等的程朱理学思想,而不可能是陈亮、叶适等的浙东事功学思想。这种现象,即使是在陈亮叶适等浙东事功学思想家的故乡,也无例外。比如,在陈亮的故乡永康县,虽然"宋淳熙间,先儒晦庵朱子与东莱龙川二先生,设讲席于五峰洞,天水之人士,其得沾先贤风教者,由是然矣。"③但是,在"普天之下,莫非王土;率土之滨,莫非王臣"的大一统政治背景下,当朱熹的思想上升为全中国的统治思想后,自然也会成为

---

① 《朱子语类》卷一百二十三。
② 冯友兰:《中国哲学史新编》第五册,人民出版社,1988 年,第 159 页。
③ 胡卜安:《中华全国风俗志》上篇卷三《浙江·永康》,中州古籍出版社,1990 年,第 48 页。《周予同经学史论著选集·朱熹》,上海人民出版,1983 年,第 178—179 页。

陈亮故乡的统治思想。这一点在南宋以来的永康地方风俗志上,有诸多的记载。比如,在永康县,"明初,承旧俗,为士者多乐田野。及成化宏治间,文采蔚然,倍于往昔。正靖隆万之际,不惟揄科擢第,比肩林立,而议论政事,亦往往可观矣。"[①]这段话中尤可注意的是,明时永康人"比肩林立"之"揄科擢第",因为欲"揄科擢第",就不能不读朱熹集注的《四书》、《五经》。号称"六艺文章之府"叶适的故乡永嘉亦与永康相类似,自唐朝至清朝,永嘉一共有过 604 位进士,据万历《温州府志》载,当时的永嘉"尚礼文,重丧制,妇女无故不出户庭",由此可见永嘉民风受程朱理学思想的浸润之一斑。

## 二

在中国思想史上,浙东事功学派是被视为程朱理学的对立面出现的。如周予同在《朱熹与当代学派》中指出:"按初期浙学,如陈亮之粗疏,陈傅良之醇恪,其功力与辩解,自非朱熹之敌。但自叶适之《习学记言》出,不仅与朱、陆二派鼎足而三,而且有将破坏朱氏全部哲学之势。"[②]南宋时期,陈亮就曾与理学集大成者朱熹,展开了针锋相对的争论,而同时期叶适在义利观等方面对程朱理学的论辩,也可视作与朱陈之争相呼应的另一幕。浙东事功学派与程朱理学的分歧,透过朱陈"义利"、"王霸"之辩,已清晰可见。朱熹以天理、人欲对儒家尊王贱霸、贵义轻利思想作了新的阐释。朱熹认为三代之王皆是以仁义、义理之心行王道,以道心治理天下,行的是王道政治,实现了"仁"的理想世界。而汉唐之君却不能谨守三代之王相传授的"密旨";他们心术不正,在利欲场中头出头没,借仁义之名行霸道之实,所以尽管功业宏大,但道心已不明于天下,即使有所"暗合",而"其全体却只在利欲上"。[③]朱熹反对以成败论英雄,以功利论是非,而主张

---

① 胡卜安:《中华全国风俗志》上篇卷三《浙江·永康》,中州古籍出版社,1990 年,第 48 页。

② 《周予同经学史论著选集·朱熹》,上海人民出版,1983 年,第 178—179 页。

③ 朱熹:《寄陈同甫》之八。见《朱文公文集》卷三十六。

将王道、义理作为评价历史的尺度。陈亮认为自从盘古开天地以来，王与霸、义与利、理与欲就不是截然两立的，即使在讲仁义的三代，也是王霸并用、义利双行的。王道仁义无非是"爱人利物""救人之心"，并需通过利民之实事实功表现出来。"禹无功，何以成六府？乾无利，何以具四德？如之何以废也！"[1]如果"义"就在"利"中，那么"霸道"也是从"王道"中流出的。"仁义"既存在于三代帝王心中，也存在于汉唐帝王心中。

然而，这仍是一场在总体上属于儒家内部的争论。根据论辩双方在"义利"、"理欲"等问题上的不同看法，可以将程朱理学视为儒学的极端派，将以陈亮、叶适等为代表的浙东事功学派视为儒学内部的温和派。虽然从表面现象上看，程朱理学与浙东事功学派的观点存在着严重的分歧，朱学与浙东事功学在文化精神上的基本对立，尤其"可以归结为以道德拯世与以事功用世的不同"[2]，但是，从一种更加广阔的视角上分析，或者从归根结底的意义上看，无论是儒学的极端派和温和派，乃至于整个中国传统文化的主流，实际上都渗透着一种鲜明的"实用"、"功利"精神，只是温和派表现得更加"露骨"，极端派表现得更加"隐蔽"而已。

从某种意义上看，中国传统主流文化和知识精英阶层（即文人士大夫阶层），在其"义利"、"理欲"之辩中透露出来的似乎是轻利、去利、非利的倾向。"崇利"、"为我"只是极个别学派的例外的、非主流的主张（如战国时期商业发达情况下产生的杨朱学派）。事实上，"重义轻利"确实似乎是中国传统文化中占主导的价值取向。以汉以后的中国文化主流即儒、释、道三家为例，释道两家是主出世的，轻利、非利倾向似乎昭然若揭，而儒家虽主入世，重义轻利的色彩同样十分鲜明。综观中国儒学发展史，无论是先期的"义利之辩"，还是后来的"理欲之辩"，儒学内部在"崇义"、"崇理"，主张"义"、"理"对"利"、"欲"有绝对价值和优先地位这点上，似乎是同条共贯、若合符节的。争论双方只是在肯定上述前提下，对是否可适当地将"利"考虑进去的问题上存在歧义。儒学极端派如二程、朱熹、司马光、陆王等主张去"利"存"义"，

---

① 《宋元学案·龙川学案》引。
② 束景南：《朱子大传》，福建教育出版社 1992 年版，第 498 页。

去"欲"存"理"。如"学者须是革尽人欲,复尽天理,方始是学。"(朱熹)"必欲此心纯乎天理而无一毫人欲之私。"(王守仁)均认为天理与人欲,义与利存在着相当程度的对立。依朱熹的看法,由于有了人欲,人所固有的广大高明的天理就受到了蒙蔽,一齐昏了,不能很好地发挥作用。但是,天理是"公",人欲是"私",天理是"是",人欲是"非",天理人欲的对立实际上是公与私、是与非的对立,两者无任何妥协的余地。因此,对于人欲的态度,便是"克之克之而又克之!"而温和派如王充、司马迁、王安石、陈亮、叶适、颜元、戴震等则主张在肯定予义以优先地位的前提下,给"利"、"欲"以一定的地位。如"人富而仁义附"(司马迁),"无欲无为又焉有理","圣贤之道,无私而非无欲","人生而后有欲,有情,有知","三者,血气心知之自然也。"(戴震)因此,人欲本有其存在之理,人欲并不违背天理。适当的求欲、求利不仅不与"义""理"相冲突,反而是对德性的增进有所助益的。然而,儒学内部无论是极端派或温和派,都似乎是将"崇义"、"崇理"看作具有绝对价值,并对"利"、"欲"有优先地位的。

但是,一种更深入的审视,则可以发现事情的另一面。事实上,儒学内部极端派在主张"学者须是革尽人欲,复尽天理"的同时,对人欲功利、事功用世也并非采取全然否定的态度。如程颐认为,"人无利,直是成不得,安得无利?"[1]"仁义未尝不利","夫利,和义者善也;其害义者不善也。"[2]朱熹认为,"义利之说,乃儒者第一义。"[3]依程颐之见,"仁义根于人心之固有,天理之公也;利心生于物我之相形,人欲之私也。循天理,则不求利而自无不利;循人欲,则求利未得而害己随之。"[4]"必以仁义为先,而不以功利为急。"[5]同时,程颐又认为,"圣人岂不言利?""'罕言利'者,盖凡做事,只循这道理做去,利自在其中矣。"[6]义对利有优先地位,循天理就是"义"兼得"利","利是那义里面生出来底,凡事处制得合宜,利便随之。所以云'利者,义之和',盖是

---

① 《河南程氏遗书》卷十八。
② 《河南程氏遗书》卷十九。
③ 《朱文公文集》卷二十四。
④ 《四书集注·孟子》。
⑤ 《朱文公文集》卷七十六。
⑥ 《朱子语类》卷三十六。

义便兼得利。""只万物各得其分便是利。"①朱熹则认为,顺"正其义则利自在,明其道功自在。专去计较利害,定未必有利。"②朱熹并不否定从"义"出发的"利"、从"义"出发的事功用世,但旗帜鲜明地反对从"欲"出发的"利"从"欲"出发的事功用世。

进一步看,即使在中国传统主流文化"轻利"、"非利"、"反利"的倾向中,仍掩盖不了其中蕴含的更强烈的"讲求实效,追求功利"色彩。换言之,中国主流文化尤其是儒家伦理中表现出来的"义理"对"欲利"的绝对价值和优先地位,在现实生活中往往会反置为"实用""功利"对"义理"的优先地位和绝对价值。儒家内部即使如司马光、程朱陆王等极端派,在其"革尽人欲之私,复尽天理"、"天理存则人欲亡,人欲胜则天理灭"的强硬言词中,流露出来的也还是实用功利的价值取向。事实上,中国古代主流文化尤其是儒家文化在义利、理欲之辩中透露出来的"轻利"、"去欲"、"非利"倾向,固然表达了文化的一定层次的价值取向,但并非绝对的、核心的、根本的价值取向,"义"与"理"在理论的一定层次上固然似乎表现为绝对的、终极的价值,但是如果深入其底蕴细究起来,却仍非绝对的、终极的价值。在实际生活中,"义""理"也不是核心的价值取向或文化的中心指归,其仍要落实到"举而措之天下"的人伦日用上的。另一方面,以儒家为代表的中国传统主流文化在义利、理欲之辩中展现的"轻利"、"去利"、"去欲"取向与实用功利的核心价值取向,其实是有不同的针对性或指向的,因而并非水火不相容,一定程度上也可以说是互相补充并相得益彰的。"轻利""去利"甚至"非利"主要是针对从事手工业、尤其是从事商业或从事其他一切被正统官僚士大夫贱视的获利行当而得利,而此类"轻利"、"去利"、"非利"的目的,还是为了得"大利",即从他们认为从事"正途"如为官从政中得利。因而,以儒家为代表的中国传统主流文化中的"轻利"、"非利"、"去利"的倾向之隐含意蕴,是在自然经济基础上官僚士大夫与皇权的联姻,目的是合力对商业及其他一切被他们视为不正当的赚钱行业的排斥与围剿,并最终瓜分天下利益。因而,譬如商业,虽然"以贫求富,农不如工,工不如商,刺绣不如倚市门",商业乃农工商中最好的

---

① 《朱子语类》卷六十八。
② 《朱子语类》卷三十七。

赚钱门径,然而,正统官僚士大夫显然是不愿看到商人"运其筹策,上争王者之利,下锢齐民之业",甚至"因其富贵,交通王侯,力过吏势,以利相倾"的与官僚和皇权系统争利的局面的,因而采取轻利、去利、贱商策略,殴民而使之归农便难以避免。

上述这种排异己之"利",而得天下大利的官僚士大夫的深层实用精神,在中国传统主流文化尤其是儒学及传统文人士大夫的举措中有赤裸裸的表现。

积极地看,凡为中国传统儒家士大夫提倡的一切知识有无价值,就要看其是否可以落实到经世致用、修齐治平上,也就是所谓"如有用我者,吾其为东周乎?""吾岂匏瓜也哉?焉能系而不食",①"用之则行,舍之则藏。"②"诗书史传子集,垂法后世者,其文也;举而措之天下,能润泽斯民,归于皇极者,其用也。"③"用"乃儒家本有的一种冲动。如陆象山说,儒者虽至于无声无臭,无方无体,皆重于经世。④在儒家文化中,"用"是正常的期待,属第一义,是终极价值,是目的,具有绝对的、优先的地位;"藏"是不得已,属第二义。正如余英时所说:"明代以来,中国专制传统发展到最高峰,儒者不能'行'其道于外,只有'藏'其心于内,这是一种无可奈何的遭遇。但儒家并未完全丧失其原始的'用'的冲动,因此每当政治社会危机深化之际,'经世'的观念便开始抬头,明末与清初都是显例。"⑤这种以"用"为终极价值的致用主义,在客观上无疑导致了单元主义的价值取向。虽然从表面现象上观,儒家坚持将道德伦理作为判断世间事物的最后标准,但在实际上却把是否有用作为判断世间事物的最后标准。在儒家那里,道德伦理乃至于整个文化都是纪纲世界的工具和手段。毫无疑问,这是历史上儒家文化表现出具有相当大的对其他文化的包容度的原因之所在。只要对纪纲世界有用,儒家往往能采取拿来主义的态度。但另一方面,"用"的标准无疑也是儒家消磨其他诸子百家独有价值取向的利器。历史上的儒

---

① 《论语·阳货》。
② 《论语·述而》。
③ 《宋元学案·安定学案》。
④ 《象山先生全集》卷二,《与王顺伯象山先生全集》。
⑤ 余英时:《中国思想的现代诠释》,江苏人民出版社,1989年,第249—250页。

佛之争,就有力地说明了这一点。佛家本有其独特的价值取向,尤其体现在其出世间上,但按照儒家文化的标准,佛家的重要缺陷,恰恰在于其"出世间"上,即不能齐家治国平天下,也就是所谓"无用"。而儒佛道之冲突和合流,以"佛可治心,道可治身,儒可治世"各自在儒家修齐治平的精神旨趣中找到方位而告终,正是体现了作为中国传统主流文化的儒家文化以"用"为标准的惊人的统合力和涵摄力。

概言之,按照儒家之"用"的标准,不仅不同的文化及其价值取向,最终会在"致用"面前走向单一化,而且文化本身独有的终极追求和价值取向即真善美的取向,也会在"致用"面前走向消解。这显然与西欧知识分子将知识和文化作为终极价值和追求的传统形成鲜明的对照。在西欧,为真理而真理、为学术而学术、为艺术而艺术不仅不遭垢病,相反,代有佳话流传:毕达哥拉斯在盆浴时顿悟浮力定律,欣喜若狂,裸体跑出屋外宣布他的发现;维特根斯坦可以在炮击间隙,见缝插针地摘记着哲学思考的精粹;哥白尼、布拉赫(Brahe)、开普勒和伽利略从事科学研究的目的都不是为了"致用"的目的,如施密特所说:"有四个名字在天文学教科书中如雷贯耳:哥白尼、布拉赫(Brahe)、开普勒和伽利略。但是一个不可否定的事实是,这些人都是虔诚的基督徒,他们的科学工作皆受其信仰的影响,这在大多数科学教科书里都被明显地忽略了。"①这种"发明一个因果律也要比做波斯王快活"的不带社会功利目的纯粹求知,足以让西方知识分子安身立命。相形之下,对经世致用的过度企求,使古代中国知识分子从来不能以纯粹求知的充足理由支撑其事业和生命。

从消极的一面看,在中国传统主流文化中,知识乃是为数不少的传统文人博取高官厚禄的进身之阶,是有钱有势、荣宗耀祖之有效的手段。传统文人士大夫的这一实用功利的价值取向,甚至在儒学宗师那里亦有露骨的表达,荀子在《儒效篇》中就曾说:"我欲贱而贵,愚而智,贫而富可乎?曰,其唯学乎。"因而,庄子攻击儒家"摇唇鼓舌,以迷惑天下之主,所以谋封侯富贵也",可以说是切中要害。王阳明也曾将其同时代之为举业者"譬之治家不务居积,专以假贷为功,欲请客,自

---

① (美)施密特:《基督教对文明的影响》,北京大学出版社,2004年,第205页。

应事以至百具,百物莫不遍借,客幸而来,则诸贷之物一时丰裕可观,客去,则尽以还人,一物非所有也。若请客不至,则时过气衰,借贷不备,终身疲劳"。①这就意味着,所谓"圣人之学",在一些人的心目中,也只是追求功名利禄途中的一块敲门砖。

　　从表面上看,商人重利,儒家重义,但是,作为徽商代言人的徽州理学家却一针见血地指出,"儒"和"贾"在价值取向上是相通的,其一,表面看来,"儒为名高,贾为厚利",②似乎追求的目标不一,但实质上却是一致的;商人重利,士子重义,似乎是对立的,但是在徽州理学那里,义与利却是相通的,所谓"士商异术而同志"。③"贾"和"儒"的区别只具有形式上的意义,并无实质性的意义,"儒者孜孜为名高,名亦利也。籍令承亲之志,无庸显亲扬名,利亦名也。"④其二,为贾与为宦在事道上是相通的,习贾有利于为政,习儒也有利于为贾。如汪道昆所说:"新都三贾一儒……贾为厚利,儒为名高,夫人毕事儒不效,则驰儒而张贾,既侧身飨其利矣,及为子孙计,宁驰贾而张儒。一张一弛,迭相为用,不万钟则千驷,犹之转毂相巡,岂其单厚计然乎哉!"⑤为贾与为宦不只是在事道上相通,在现实生活中也没有界限。在明清时期的徽州,往往是父兄营业于前,子弟读书以致通显于后,徽商子弟以"业儒"成名而居高位者,也漠不关心商业利益。其三,士商求取功名,与实现"大振家声"的目的是相通的,读书做官能"大我宗事",经商也能"亢宗",业贾与业儒都是实现"荣宗耀祖"的通道。其四,由于儒贾相通,所以两种功名也是可以互相转化的,如汪道昆所说:"大江以南,新都以文物著。其俗不儒则贾,相代若践更。要之良贾何负闳儒,其躬行彰彰矣。"⑥李大祁则用一句话表达了其弃儒从贾的心态:"大丈夫志四方,何者非吾所当为? 即不能拾朱紫以显父母,创业立家亦足以垂裕后昆。"他在致富后岌岌于课子读书,明人评其一生曰:"易儒而贾,以

---

①　《王阳明全集》《年谱三》。

②　汪道昆:《太函集》卷一七,《寿域篇为长者王封君寿》。

③　汪道昆:《太函集》卷六一,《明处士休宁程张公墓表》。

④　汪道昆:《太函集》卷五四,《明故处士溪阳吴长公墓志铭》。

⑤　转引自唐力行:《明清以来徽州区域社会经济研究》,安徽大学出版社,1999 年,第212 页。

⑥　汪道昆:《太函集》卷七二,《溪南吴氏祠堂记》。

拓业于生前;易贾而儒,以贻谋于身后。"①

按照现代经济学的观点,无论是"儒为名高"或"贾为厚利",都体现了自利理性的经济人的一种追求。贝克尔认为,人们是在特定的文化结构中根据自己的价值判断来追求效用(即利益)最大化的。除物质产品和服务的享受之外,受人尊重、社会地位、名誉、知识等"社会价值"也可能是效用的根源,构成个人利益的有机组成部分。也就是说,个人效用函数既包括经济变量,也包括非经济变量。因此,经济人进行选择时,就需要在不同的商品之间、以及商品和非经济物品之间进行权衡比较。"易儒而贾"与"易贾而儒"之间的变换,正是一个典型的经济人在物质商品和非物质商品之间进行权衡比较以后所做出的一种选择。

上述表明,虽然就追求内容上看,市场(业贾)的利益与功名利禄(业儒)的利益显然是不同的,然而,就两者追求指向上均为功利的价值取向这点上却又是一致的,在将对实用功利的追求作为终极的绝对的价值取向这点上,两者无疑是殊途同归的。古人将读书人屡试不第称为"屡试不售",已经暗含着业儒或业贾,既然都是售,那么,当社会情景改变后,由向政治售经义转而向市场售货物,也就没有不那么容易改行了。进一步看,当"业儒"和"业贾",都是以"亢吾宗"、"大振家声",或更通俗地说,是以"光宗耀祖"或"光大门楣"为目标时,"业儒"和"业贾"之间在"效用"方面的差异事实上也被抹平了。新古典经济学已经明确地揭示了这一点。马歇尔虽然也以"经济人理念"作为其经济学的分析基础,但他认为,将"经济人"视为仅受自利的或其他利己动机支配,这不是一种准确的看法。马歇尔指出,经济人一般都主要是在为"家庭"的利益而勤奋地工作,努力积累资本。这种"给家庭提供衣食等必需品的愿望,以某种非常规则的方式在发挥作用,因而显然可以把这种愿望归结为规律:……它是可以度量的"。经济人实际上是"一个怀有利己利他的愿望,甘受劳苦和牺牲以赡养家庭的人。"②在这里,马歇尔似乎展示了一个有趣的"经济人"形象,即经济人

---

① 婺源《三田李氏统宗谱·环田明处士松峰李公行状》。
② 转引自杨春学《经济人与秩序分析》,上海三联书店、上海人民出版社,1998年,第138—139页。

也具有伦理的禀性。如果将马歇尔语言翻译成徽州理学的语言,那么"经济人",似乎也具有"亢吾宗"、"大振家声"或"光宗耀祖"的动机。然而,这种貌似"高尚"的动机并没有改变以利益最大化为最高追求的经济人的本质特征。

事实上,中国传统文化中包含的实用功利的核心价值取向,固然以儒家为最为突出,而其在中国本土产生的墨道法诸家中也都有所体现。其中道家似乎最超脱(主出世),却仍要追求"无为而无不为"。演化成道教后,追求一己之长生久视、得道成仙,实用功利性的色彩便更浓了。如朱熹所说:"及世之衰乱,方外之士厌一世之纷乱,畏一身之祸害,耽空寂以求全身于乱世而已。及老子倡其端,而列御寇、庄周、杨朱之徒和之。"①

因此,无论是儒家的温和派,还是儒家的极端派,都或显或隐地包含着实用功利的价值取向。陈亮、叶适等儒家温和派和朱熹等儒家极端派的对立,只是现象层面上的一种对立,两者在实质上存在着一致性。

## 三

也正因如此,具有讽刺意味的是,在极力倡导"正义不谋利,明道不计功"的朱熹的祖籍新安(徽州),以厚利为追求目标的徽商,却以程朱理学为尊崇的对象。正如《绩溪县志续编》所说:"我新安为朱子阙里,而儒风独茂,岂非得诸私淑者深欤!"而《茗洲吴氏家典》中的一段话亦可为此作注:"我新安为朱子桑梓之邦,则宜读朱子之书,取朱子之教,秉朱子之礼,以邹鲁之风自待,而以邹鲁之风传之若孙也。"②徽州"自朱子后,多明义理之学"③。"自宋元以来,理学阐明,道系相传,如世次可辍"。"四方谓新安为'东南邹鲁'"。④清代各地徽州会馆中

---

① 转引自熊铁基等著《中国老学史》,福建人民出版社,1995年,第391页。
② 转引自唐力行《明清以来徽州区域社会经济研究》,安徽大学出版社,1999年,第80页。
③ 乾隆《绩溪县志》卷三,《学校》。
④ 万历《休宁县志·修休宁县志序》。

"崇祀朱子",而现存徽州族谱中都收入朱子的《家礼》。这些也是徽商尊崇朱子的明证。因此,可以说,尊崇理学是宋元以来徽州社会的普遍心理特征,理学构成了徽州特殊的人文环境。如唐力行所说:"理学第一"的人文环境,"这就使徽商群体心理的整合具有不同于其他商人的准备心理状态,从而影响并决定了徽商心理的形成和趋势。徽商之所以区别于其他商帮,其源盖出于此。"①

主张"存天理,灭人欲"并且与陈亮、叶适等浙东学派观点针锋相对的程朱理学,成为了徽商故乡的意识形态,这一点尤其令人深思。这种现象表明,一方面程朱理学并非如表面看上去那样,与陈亮、叶适、吕祖谦等浙东学派的事功学观点水火不相容的。事实上,程朱理学作为一种"上接孔孟,下轶周、程"的新儒学,无疑也具有与一般儒学共同的核心价值取向,即以"经世致用"为学问的旨归。朱熹曾自称其学说是"帝王之学",认为自己那一套理论"于国家化成民俗之意;学者修己治人之方,则未必无小补云"。他相信,人主的心正,就能正朝廷,正朝廷就能正百官,正百官就能正万民,正万民就能正四方。因此,作为程朱理学之集大成者的朱熹的观点,尽管不像陈亮、叶适的观点那样,属于一种赤裸裸的功利主义,但在深层的意义上,仍然是以"用"为目标的。因此之故,清代实学家章学诚也称赞朱子学是"性命、事功、学问、文章合而为一",认为其后学"皆承朱子而务为实学"。②也正因如此,以厚利为最高追求的徽州商人便有可能从朱子学中找到可资利用的精神资源。

哲学解释学的研究表明,人决不会生活于真空中,在他有自我意识或反思意识之前,他已置身于他的世界,属于这个世界。因此,他不是从虚无开始理解和解释的。他的文化背景、社会背景、传统观念、风俗习惯,他那个时代的知识水平,精神和思想状况,物质条件,他所从属的民族的心理结构等等,这一切是他一旦存在于世即已具有并注定为他所有的东西,是自始至终都在影响他、形成他的东西,这就是所谓"前有"、"成见"、"前判断体系"。不同的"视界"对应于不同的"前判断体系"。理解者和他所要理解的东西固然都有各自的视界,但理解并

① 唐力行:《明清以来徽州区域社会经济研究》,安徽大学出版社,1999年,第115页。
② 《文史通义》卷三,《朱陆》。

不是抛弃自己的视界而置身于异己的视界。理解一开始,理解者的视界就进入他要理解的那个视界,随着理解的进展不断地扩大、拓宽和丰富自己。我们的视界是同过去的视界相接触而不断地形成的,这个过程也就是我们的视界与传统的视界不断融合的过程,伽达默尔称之为"视界融合"。当代文化研究学者霍尔也认为,信息的发送并不意味着它可以以同样的方式被接收。在传播的每一个阶段,无论是编码(信息的构成),还是解码(信息被阅读和理解),都有其特殊形态和对之施以制约的特殊条件。编码和解码之间并没有给定的一致性,某一信息可以由不同的读者以不同的方式解码。霍尔的解码理论表明,由于编码者和解码者采用的符码不一样,文本的意义也会随之发生变化。读者对文本的完全认同或完全不认同都不容易发生,更多的是一种在文本和具有确定社会性的观众之间的妥协阅读。另一位当代文化研究学者约翰·费斯克则认为,意义不仅是从文本中产生的,而是在与具体社会处境下的阅读者之间的联系中产生的。不同的阅读者对一个文本的含义的阐释往往是多种多样的,文本的含义会由不同的人以不同的腔调说出来。

按埃格特森的说法,"当人们的经验与其思想不符合时,他们就会改变其意识观点",不过"人们在改变其意识形态时,其经验与意识之间的矛盾必须有一定的积累"。①程朱理学之所以能够成为追求实用功利的徽商之故乡的意识形态,不仅在于其作为一种"上接孔孟,下轶周、程"的新儒学,具有可资徽商利用的、以"经世致用"为旨归的儒学共同的价值取向,而且在某种意义上,也是在徽商群体和程朱理学文本之间"视界融合"或"妥协阅读"的一种结果。通过这种"视界融合"或"妥协阅读",程朱理学中不利于徽商群体的内容被"忽略",而与徽商群体的生活具有相关性的或有利于徽商的内容,则被"弘扬光大"。徽商群体与程朱理学文本的这种"视界融合"不是同一或均化,而只是部分重叠,它包含着差异和交互作用。视界融合后产生的新的融合视界,显然既包括作为理解者的徽商群体的视界,也包括程朱理学文本的视界,但已难以明确地区分了。比如,余英时注意到,在朱熹那里,

---

① (美)埃格特森:《新制度经济学》,商务印书馆,1990年,第68—69页。

"人欲"这个概念就包含着两种含义："问：'饮食之间，孰为天理，孰为人欲？'曰：'饮食者，天理也；要求美味，人欲也。'"①朱熹将过分的欲望称作人欲，这是"人欲"的第一层含义；而认为正当的欲望则合乎天理，这是"人欲"的第二层含义。朱熹所谓的"存天理，灭人欲"，要灭的是第一层含义的"人欲"，对于第二层含义的人欲，不仅不能灭，而且还要保护，因为这是合乎天理的。元明清的理学家从自身的阅读视界出发，显然更重视的，是朱熹关于"人欲"的第一层含义，而徽商群体则从自身的另一种阅读视界出发，更重视的，是朱熹关于"人欲"的第二层含义。既然"人欲中自有天理"，天理与人欲就不是绝对排斥的。在明清士商合流的变迁过程中，徽商把理欲相通的观念引申到士商关系的解释中，提出了"贾儒相通"的新观念，并从义与利、孝与悌、名与利等不同的角度论证了这一点。

所以，正如唐力行所说："徽商整合理学是为了自己的经济利益，这从其研究理学的方法来看，是十分清楚的。他们大多数不是致力于理学的系统研究，而是从理学中撷取某些章句、格言，立竿见影地服务于商业。""众多的徽商从不同的侧面，环绕着理欲之辩这个问题，以群体的力量改铸着理学，将其整合为为徽商的经济利益服务，并能体现其价值观及审美情趣的徽州商人文化。"②唐力行还列举了许多事例，来证明这一点。如徽商章策，"虽不为帖括之学，然积书至万卷，暇辄手一编，尤喜先儒语录，取其有益身心以自励，故其识量有大过人者"③王鸿鉴"性耽书史，老而不怠，著为家训，杨郡伯跋其简，称为'贤者格言'"④；程尚隆"虽早年发箬，不废典籍，尤精左传三史，皆能贯串，为宋儒学辑《修齐格言》四卷"⑤。这些都表现了徽商出于自身利益的对待程朱理学的实用主义态度以及对程朱理学原始文本的一种"妥协性的阅读"方式。

因此，程朱理学文本为徽商生产意义所用，尽管它并不情愿，但仍

---

① 《朱子语类》卷一三。
② 唐力行：《明清以来徽州区域社会经济研究》，安徽大学出版社，1999 年，第 210 页。
③ 绩溪《西关章氏宗谱》，卷二六，《例授儒林郎候选布政司理问绩溪章君策墓志铭》。
④ 光绪《婺源县志》，卷二八，《人物·孝友》。
⑤ 同治《黟县三志》，卷一五，《艺文志·人物类》，《程尚隆传》。

然让徽商群体看到它预设的"帝王之学"意义的脆弱和局限,它包含着与设定声音不同的其它声音,尽管它同时又力图淹没那些声音。程朱理学文本的复杂的意义不是自身所能控制得了的,它的文本间隙,使徽商群体得以从中产生符合自身需要的新的文本,也就是说,它是一种受(徽商群体)控制的文本。徽商文化的生产和流通,既依赖于程朱理学文本提供的意义和空白,又依赖于徽商群体积极的参与和创造。就像真正的对话一样,在徽商群体和程朱理学文本之间进行的解释学谈话包含着平等和积极的相互作用。它预先设定谈话双方都考虑同一个主题、一个共同的问题,双方正就这个问题进行谈话,因为对话总是有关某些事情的对话。正是在这种平等和积极的解释学谈话过程中,徽商群体成了把程朱理学的过去传递到当前的传递者,也就是说,徽商群体对程朱理学的理解在本质上是把程朱理学的意义置入当前的一种调解或翻译。这种理解是一种事件,是历史自身的运动,在这种运动中无论是程朱理学的解释者抑或程朱理学文本本身,都不能视作自主的部分。如伽达默尔所说,理解本身不能仅仅视作一种主观性的活动,而应视为进入一种转换的活动,在这种活动中过去和当前不断地交互理解。

程朱理学在明清时期徽州的遭遇表明,儒学内部的极端派与温和派一样也包含着讲求实效、注重实用功利的价值取向,只是前者以"隐蔽"的方式存在,后者以"显露"或"直白"的方式存在。而当社会提出需要的时候,前者所包含的上述价值取向也会经过与特定社会群体的"视界融合"或"妥协阅读",不仅会由"隐"而"显",而且还会被加以实用主义的改造和利用,从而如陈亮、叶适等的浙东事功学派一样,成为一种有利于商人群体的意识形态。这也意味着,"讲求实效"、"注重功利"并非一定是浙东事功学所专有的一种精神遗产。事实上,无论是徽州理学,还是浙东事功学,两者都可以通过各自不同的思想发展路径,从原始儒学那里找到讲求实效、注重功利价值取向的共同的源头活水。当然,经过与原始儒学的"视界融合"或"妥协阅读",浙东事功学"讲求实效"的精神,无疑已经具有了与原始儒学、程朱理学不同的自身的地域特色或鲜明的文化个性。关于这一点,已有学者作过相当深刻的论述。美国学者田浩就曾在《功利主义儒家——陈亮对朱熹的挑战》一书中区分了"道德伦理"与"事功伦理"、"功利主义事功伦理学"和"个人德性与动机伦理学",认为功利主义代表了传统儒家入世思想和政治主义取向的复兴。①叶坦认为,心性修炼与社会实践都是理学的命题,理学与事功学派都师承原始儒家修、齐、治、平理念,涵蕴修养道德和经世致用的思想。但事功学派以实现社会功利实效为经世致用,理学家则以追求真实学问、修养德性并付诸实践为实用;事功之学以改造外部社会并取得实利功效为宗旨,理学家则以内在的学问追求、德性涵养为本功利为末;虽都讲"务实",经世致用与躬行践履是不同的。"这种不同寓有十分深远的意义——儒学至宋而学派分化并立(这也是自宋始可建瞻博之'学案'的缘由),经世传统向着潜沉践履和经世致用两个主要方向发展,尤其是后者对此后中国社会及思想文化的影响很大,而这种影响对整个社会形态的演进起到重要作用。"②

因此,可以说,凡是受儒学影响的区域,都存在着"讲求实效"、"注重功利"的精神资源。但是,这种精神资源是否能够得以有效的开发和利用,则取决于其他的社会历史条件。是社会存在决定社会意识,而不是社会意识决定社会存在。当社会经济的发展对这种精神资源有迫切需求的时候,这种精神资源就会通过"视界融合"或"妥协阅读"的途径而被发掘出来。从这一意义上说,不是先有徽州理学,后有徽州经济社会生活,而是先有徽州经济社会生活的一定发展,后有徽州理学;不是先有浙东事功学,后有浙江人的讲求实效精神,而是先有一定的社会历史条件,后有浙东事功学及其所表达的讲求实效的文化精神。当然,毋庸置疑的是,"讲求实效"这种社会意识一旦被发掘并被发扬光大后,又会对社会存在产生一定程度的反作用。

需说明的是,社会意识可以区分为有明显差别的两个层次,即社会心理和社会意识形式。社会心理直接与日常生活相联系,是一种自发的、不系统的、不定型的反映形式,是对社会存在的直接的反映;社会意识形式则是对社会存在的比较间接的反映,是从社会生活中概括提炼出来的一种比较系统的自觉的、抽象化的反映形式。社会心理是

---

① (美)田浩:《功利主义儒家——陈亮对朱熹的挑战》,江苏人民出版社,1997年。
② 叶坦:《宋代浙东实学经济思想研究——以叶适为中心》,《中国经济史研究》2000年第4期。

社会意识形式的思想基础,为一定的社会意识形式的形成和发展提供最初的基础。根据上述的区分方法,无论是徽州理学还是浙东事功学,都可以归入作为"社会生活中概括提炼出来的一种比较系统的自觉的、抽象化的反映形式"的社会意识形式的范畴。尽管系统化、理论化的社会意识形式可以对社会存在、社会心理产生反作用,但是,正如民俗学家萨姆纳所说,人们在活动中不自觉地形成的民俗最后成了人们要自觉维护的范式,"所有成员都被迫遵从",因为"民俗是一股社会力量",这种社会力量主宰了社会生活,"人类的全部生活,包括所有时代和文化的各个阶段,主要受大量民俗的主宰。"①从这一意义上说,对于古代民间经济社会生活产生更直接影响的,应当是民间的社会心理,对于当代浙江经济社会发展产生更直接影响的,也应当是民间的社会心理——民间讲求实效的精神。

---

① 转引自高丙中《民俗文化与民俗生活》,中国社会科学出版社,1994年,第96页。

# 浙东学派的经世之学和浙江区域
# 文化中的务实精神

## 潘起造

"入世——经世"是中国两千多年传统文化中一以贯之的文化传统,由黄宗羲开创的浙东学派,是明清时期商品经济的发展和中华民族经世致用文化传统相结合的思想成果。随着明清之际浙东地区商品经济的发展和市民社会的兴起,黄宗羲等浙东学派的学人,立足新的现实,他们以市民社会的生活规则,而不是以宗法社会的生活规则,对儒家的传统的经世思想作了重大革新,形成了全新的经世观念,提出了切合时代发展要求的公私观、经济观、富民观、义利观。由于切合发展商品经济的社会要求,这些观念 300 多年来成了工商意识发达的浙江人的文化自觉,随着社会的发展而得到传承,强调个性、能力、功利、公私兼顾、务实创新成为浙江人文精神的特质。在改革开放的伟大实践中,这种经世务实的人文精神在浙江区域文化中得到新的发扬,发展成为具有时代特色的"浙江精神"。

## 一、浙东学派对儒家经世之学的革新
## 及其对于浙东区域文化的意义

"经世"精神一直为中国传统文化所提倡。从春秋战国时期中国古代知识阶层——"士"产生以后,"入世——经世"一直是中国知识分子的人生价值追求。所谓"经世",即"经世致用",就是经邦济世,就是指关心社会、参与政治,以企求达到天下治平的一种观念。具体而言,它至少包含如下几层涵义:(一)从人生价值上说,以积极入世为基本要求;(二)从处世态度上说,以经邦济世为奋斗目标;(三)从学术工夫上说,以明道达用为最高追求;(四)从道德情怀上说,以舍己奉公为理想境界。

《史记·太史公自序》云:"天下一致而百虑,同归而殊途。夫阴阳、儒、墨、名、法、道德,此务为治者也。"①可见先秦诸子百家虽然学思殊途,政见各异,但最后都归结到治国平天下的道路上。这种执著的经世精神,是中国两千多年的传统文化中始终延绵不绝、一以贯之文化传统,即使是佛教文化,也只有当其用因果报应、惩恶扬善这样的"经世"观念来解读教义时,才能被中国人所接受而被融入中华文化。作为中国传统文化主流的儒学文化,实际上是也可以说是一门经世之学。儒家所追求的最理想的道德境界"仁",其充分的体现是"博施于民而能济众"和"己欲立而立人,己欲达而达人"。《礼记》的《大学》篇"格物、致知、诚意、正心、修身、齐家、治国、平天下"的经典表述,从个人修持入手,其目的是为了经邦济世;先秦以后,中国的知识分子以天下兴亡为己任,追求"内圣外王",以"立德、立言、立功"为人生最高境界,"先天下之忧而忧,后天下之乐而乐",具体而又生动地体现了儒家经世精神。所以,黄宗羲说:"儒者之学,经天纬地。"②

在明清之际由于阳明心学的创立,再经刘宗周、黄宗羲的传承和发展而创立的浙东学派,从本质上说也是儒学文化,是具有对于儒家传统的经世之学具有反叛和革新意义的儒学文化。

浙东学派是浙东地域经济文化特殊环境下的产物。宁波、温州等位于东海之滨,特殊的地理位置促使浙东形成了特殊的地域经济文化,以至在宋朝的时候商品经济就开始兴起,到明朝末年商品经济在这个地区已很具规模,商贸繁荣、经济发达、人文荟萃,小农的自然经济加速解体,手工业和商贸业深刻地影响和改变着人们的日常生活,促使具有经世致用观念的知识分子,包括黄宗羲等浙东学派的学人,立足新的现实产生了全新的"经世致用"思想观念。他们用市民社会的生活规则,而不是宗法社会的生活规则,来批判程朱理学和君主专

---

① 中国社会科学院哲学研究所中国哲学史研究室编《中国哲学史资料选辑·两汉之部》,中华书局,1960年,第187页。
② 黄宗羲:《南雷文定》卷三《赠编修弁玉吴君墓志铭》。

制思想,反映的是作为个体的百姓利益,而不是宗法集团的利益。

明清浙东学术文化、特别是浙东学派是中国儒学文化随着当时社会商品经济的发展,他们提出的许多思想观点,对儒家的传统经世哲学有了重大突破,这些重大突破主要表现在以下几方面:

首先,在如何"经世"的问题上,突破了传统儒学"以孔子的是非为是非"的思想束缚,在经世要求上从按孔孟名教作准则转变为以"切于民用"作准则。作为阳明心学奠基人的王阳明,虽然不是启蒙思想家,但是明末清初阳明学派学者的许多反传统的思想观点,却都可以从他那里找到源头。王阳明在其心学理论中肯定"良知"、"吾心"是判别是非、善恶的标准。明确主张"学贵得之于心",如果"求之于心而非",虽然"其言出之孔子",也"不敢以为是也";要是"求之于心而是","虽其言出之于庸常","亦不敢以为非也",提出了"不能以孔子的是非为是非"这样一个命题。这在当时对于冲破长期被程朱理学控制的局面,解放人们思想,起到了积极的作用,为阳明后学打开了以自己的认识来批判国家政事的思想大门。虽然阳明心学表达思想用的还是儒学性命道德这一套概念,就如但丁的《神曲》,其表达思想的形式是宗教的,但其所表达思想的结果却是反神学的。对此,黄宗羲评论指出:"阳明先生之学,有泰州龙溪而风行天下,亦因泰州而渐失其传。泰州龙溪时时不满其师说,盖启瞿昙之秘而归之师,盖跻阳明而为禅矣,……泰州之后,其人多能以赤手搏龙蛇,传至颜山农、何心隐一派,遂复非名教之所能羁络矣。"[1]可见阳明心学对于后世重大的意义是造就了人人都可用自己的头脑来思考问题的局面,因而为启蒙精神的兴起提供了思想资料。

其次,在为何"经世"的问题上,突破了传统儒学重宗法人伦、轻个人私利的价值取向,在经世取向上从"天下是帝王的家天下"转变为"天下是天下人的天下"。儒家传统的经世观念"家国同构",将个人的身心、性命修养与家、国、天下之政治事务统一起来,维护的是宗法等级人伦,所谓"君君臣臣父父子子",缺失个体的人是儒家文化最大的积弊。秦汉以降以"三纲五常"为基本的道德规范,把维护宗法伦理作

---

① 黄宗羲:《明儒学案·泰州学案一》。

为人与人之间最主要的关系,强调个体对群体的绝对服从以及为群体而献身的政治意义和道德意义,把个体对自身利益的关心视为不道德的根源,服从群体和国家本身就成了人生的目的。然而到了明后期,由于商品经济的发展和市民阶层的兴起,人们在公私观念上发生了根本变化,这在黄宗羲在《明夷待访录》得到充分的反映,他在探讨大臣的职责及其与君主之间的关系时,反对用父子关系来比拟君臣关系,提出不在其朝,臣与君就如路人关系,从而把国家之事看是公共事务,在公共事务之外是私人活动空间,表现出一种从"自我"出发,强烈地追求新型政治关系的思想萌芽。《明夷待访录》虽然并不反对君主制政体,但十分强调对皇权的制衡,提出将学校作为议政的场所,要求将天下大事公布于天下之人,反对政治事务的家庭化、私人化倾向,已经有了明确的保护私有财产权的意识和人身自由权的意识,这是对儒家纲常伦理超越性的否定,是一种带有近代意义的公私观,重视的是人的个体独立价值,肯定了人的个体利益和权利,是切合商品经济发展要求的伦理观念。

再次,在以什么来"经世"的问题上,突破了传统儒学重政治伦理而轻自然科学的学术观念的局限,在经世观念上从只谈心性道德转变为亦同时关注自然科学。儒学传统的经世观念中的所谓"致用",是把人生的觉悟归结为认识圣人传留下来的伦理知识,或者是从对自然事物的认识中体会出做人的道理和"应当",它所崇尚的是人的道德悟性和顺天安命、遵礼守序的人格。对于理性思维和自然科学关注甚少,把"纯科学"、"纯学术"、"纯艺术"的学问都被当作"无用"之学而被排斥。因此,王国维说:"我国无纯粹之哲学,其最完备者,唯道德哲学与政治哲学耳。"[1]明清之际有识之士在反省宋明理学空谈性理误国误世的教训时,在西学东渐中看到了自然科学对于经世兴邦的重要性。认识到兵、农、天时、地理和物理等皆属"经世致用"之务,科学技术有利于国计民生,所以黄宗羲倡议:"绝学者,如历算、乐律、测望、占候、火器、水利之类是也。郡县上之于朝,政府考其果有发明,使之待诏,否则罢归。"[2]不仅如此,黄宗羲还首开有清一代学校讲习科学之风,先后

---

① 王国维:《论哲学家与美术家之天职》。
② 黄宗羲:《明夷待访录·取士下》。

在石门、海昌、绍兴、甬上及余姚设馆讲学,讲述的内容,除经史、文学以外,还有科学。万经《寒村七十寿序》载:"维时经学、史学以及天文、地理、六书、九章至远西测量推步之学,争各摩厉,奋气怒生,皆卓然有以自见。"受黄宗羲的影响,清代浙东学派内不仅出现了像黄百家、陈訏、陈佶和陈世仁这样治科学有声的大家,而且,即以经史闻名的万斯同、万斯大、全祖望等人,也有非凡的科学素养,清后期黄宗羲七世孙黄炳垕对天算的研治很有造诣。

明清浙东学术文化对于儒家经世之学的这些重大的思想变革,由于明清之际的中国还不具备走上资本主义道路的历史条件,因此,浙东学术文化中这些具有启蒙意义的思想,在当时也不可能成为引导中国社会发展的主导思潮。但是把明清浙东学术作为浙江区域文化来审视,从其对儒学传统经世观念的革新中,可以看到当时的浙东文化已经具有适应商品经济经济发展要求的文化特征:勇于观念创新、崇尚科学理性、维护自我权益。康德说:"勇敢地使用你自己的理智吧,这就是启蒙的格言。"[①]浙东学派的产生及其对于浙东人文精神的深刻影响,标志着浙东区域文化随着当地商品经济的发展和市民社会的兴起,实现了从古代向近代的转换。

## 二、浙东学派经世务实的精神及其影响
## 于后世的重要思想观点

明清之际由黄宗羲开创的浙东学派,是浙东地区发达的商品经济和中华民族经世致用的文化传统相结合的思想成果,在当时的学术上形成了一股崇实黜虚、舍虚务实的新风尚,开创了清代学术研究的新风。浙东学派的经世致用思想对当时浙东的经济和文化发展起到了促进作用,也为中国传统自然经济通往近代的商品经济架起了桥梁,加速了自然经济的瓦解,也为资本主义市场经济的萌发和发展奠定了理论基础。其中的一些经世务实的思想观点,对于我们今天彻底清除

---

① 转引自李泽厚《批判哲学的批判——康德述评》,天津社会科学院出版社,2003 年,第 15 页。

计划经济僵化观念的影响,大力推进社会主义市场经济的发展也具有参考意义,是当代浙江人民促进经济和社会发展的宝贵的文化资源。比如:

在公私观念上认为所谓的"公天下"就是能使老百姓"各得自私、各得自利"的天下。崇公灭私是中国传统社会的主导观念。在封建专制社会,"普天之下莫非王土,率土之滨莫非王臣",这"公"是以政权来体现的,政权又以君主为代表,最终使"公"归为帝王一人所有,这是中国几千年来占正统的地位公私观念。然而随着商品经济的发展,特别是到明后期,在商品交换的"物的关系"中使人们看到了独立的人格,从而改变了对公与私的看法,这在黄宗羲的《明夷待访录》有十分透彻的阐述:第一,他认为,"古者,井田养民,其田皆上田也。自秦而后,民所自有之田也。上既不能养民,使民自养也";"民买田而自养,犹赋税以扰之,……是亦不仁之甚,而以其空名跻之,曰君父君父。"他以百姓的田产私有,因而得出天下是百姓的天下的结论,君王把天下当作自己的私产就是最大的盗贼。第二,他从人性生来就是自私自利立论,认为天下百姓和君主一样,生来就有自私自利的权利,因此君主和天下人具有平等的权利。君主的所谓"公天下"也只是他自己的私,"为天下之大害者,君而已矣。向使无君,人各得自私,人各得自利也。"第三,他祭起上古三代的大旗,称"古者以天下为主,君为客,凡君之所毕世而经营者,为天下也"。有公的天下就是就是统治者能全心全意为百姓服务的天下,就是能使百姓各得其私、各得其利的天下。

在经济观念上以"切于民用"而不是用政治标准,来论证"工商皆本"的合理性。历代封建统治者都把"重本(农业)抑末(工商业)"作为基本国策。明清时期更是加变本加厉地推行这一国策,规定"各守其业,不许游食",严禁弃农从商。在这样的历史背景下,以黄宗羲为代表的浙东学派从反对"重本抑末"的传统经济伦理观念着手,提出了"工商皆本"的经济思想。黄宗羲说:"世儒不察,以工商为末,妄议抑之;夫工固圣王之所欲来,商又使其愿出于途者,盖皆本也。"[①]同时,他又对于为奢侈迷信服务的商业,主张加以禁止,认为"有为佛而货者,

---

① 黄宗羲:《明夷待访录·财计三》。

有为巫而货者,有为娼优而货者,有为奇技淫巧而货者,皆不切于民用,一概痛绝之"。①黄宗羲以是不是"切于民用"这个标准,对关乎国计民生的所谓"本"和"末"作了新界定,在理论上说明了"工商皆本"经济观念的正确性,从而为大力发展商品经济提供了思想武器。

在"富民"观念上主张民富先于国富。儒家的民本思想强调国家应以"保民"、"养民"为最高职责。儒家的这种富民观念植根于自给自足的农耕经济,在为何富民和怎样富民的问题上:一是强调以农为本,致富的办法是"强本"、"务本";二是在富民的目的上,富民是为了强国,强国是第一位的;三是在富民的原则上强调"不患寡而患不均",提倡"均富"论。浙东学派的富民思想则立足于发展商品经济的要求,反映的市民阶层的要求:首先,他们所重视的富,主要已不是"本富"而是所谓的"末富",认定"商贾"与"力田"一样都是致富的正途;其次,他们认为只有民富才能国富,"夫富在编户,而不在府库。"富国和富民,富民是第一位的。再次,反对国家打着抑兼并的旗号来压制、侵夺富民的财产。黄宗羲曾一再强调,解决土地问题不能"夺富民之田",主张对富民也进行授田,"听富民之所占",反对均富。

在"义利"观念上反对空谈义理,主张义利统一。儒家义利观的基本观点重义轻利。"浙东之学"曾被宋代大儒朱熹指斥为"专是功利",可见其和传统儒学思想的相左。浙东之学的"义利观"是与发达的商品经济中重实利讲功效的社会要求联系在一起的。黄宗羲进一步发挥了这种义利观,他对孟子的"何必曰利"作了自己的解释,他认为,其一,孟子所说"'未有仁而遗其亲者也,未有义而后其君者也。'正言仁义功用"。②因此是义蕴含利,义利统一的。其二,事功与仁义并未分别,"后世儒者,事功与仁义分途",非孟子所说仁义。③其三,他还认为"有生之初,人各自私也,人各自利也",④这是人的生存需要。不以一己之利为利,使天下受其利,以千百倍勤劳而自己又不享其利,这非人情之所欲。所以,他认为人应尽人之所能为社会服务,同时社会则应给他相应的地

①　黄宗羲:《明夷待访录·财计三》。
②　黄宗羲:《孟子师说卷一·孟子见梁惠王章》。
③　黄宗羲:《孟子师说卷一·孟子见梁惠王章》。
④　黄宗羲:《明夷待访录·原君》。

位和权利,确立了符合商品经济发展要求的义利统一原则。

以上浙东学派的公私观、经济观、富民观、义利观,由于切合商品经济社会的发展要求,多少年来成了工商意识发达的浙江人的文化自觉,从而随着社会的发展而传承下来,强调个性、个体、能力、功利、注重实际成为浙江人文精神的特质。为什么当代浙江人能较早解脱计划经济的束缚很快登上市场经济的大舞台;为什么浙江地区在发展民营经济中很少受到姓"资"姓"社"的困扰;为什么在改革开放的大风大浪中浙江人民能培育出"自强不息、坚韧不拔、勇于创新、讲求实效"的精神,一个重要的内在原因就是有经浙东学派革新了的"经世致用"的文化传统作底蕴。

## 三、从浙东学派的经世致用思想看浙东区域文化的务实开拓精神

一个民族、一个国家在各个时代都需要有一个主导的思想观念作指导,而这个主导观念的思想资源主要来自于自己民族的文化传统。诚如黑格尔所说:"我们在现世界所具有的自觉的理性,并不是一下子得来的,也不只是从现在的基础上生长起来的,而是本质上原来就有的遗产。"[①]一个民族和国家的思想发展是如此,一个地区的区域文化的发展也应当是如此。当代浙江人之所以在改革开放的新时期会形成具有自己特色的"浙江精神",这既是伟大实践的精神结晶,又是历史上浙东文化传统在新形势下的传承。

区域经济和社会发展的速度和状况离不开区域文化精神的支撑。在全国基本统一的大政策下,各个地区的发展之所以会呈现不同的面貌,区域文化的差异是一个重要的因素。改革开放以来形成了所谓温州模式和苏南模式,就与区域的文化传统有着紧密的联系,温州模式的文化渊源是浙东文化(其中的永嘉文化),苏南模式的文化背景是吴文化。永嘉文化开拓解放,豪迈大气,狂飙突进,而吴文化则传统深

---

① 黑格尔:《哲学史讲演录》第一卷,三联书店,1956年,第8页。

厚,精巧纤细,温柔敦厚;永嘉文化重经世致用,吴文化重格物致志;永嘉文化强调个性、个体、能力,吴文化则强调均衡、集体、等级。说明了浙东文化传统对于当代浙江的发展有着重大的意义。

"经世务实"是浙东文化传统的基本精神,也是当代"浙江精神"的核心内容。从浙东学派对于儒学传统经世观念的革新中,也可以看到这种"经世务实"的文化传统具有的适应商品经济发展要求的思想特征:

第一,在处世观念上,既不墨守儒学教条,也不叛道离经,具有推进社会发展的改革精神。工商业的发展会对小农经济的稳定造成严重冲击,破坏封建专制制度存在的经济基础,因此儒家传统的经济观念是重农抑商,把工商业作为末业加以扼杀。浙东学术在如何看待工商业的问题上,一方面不受经典教条的束缚,以"切于民用"(黄宗羲语)为基本准则,为工商业的发展提供理论依据。宋代叶适提出了士、农、工、商"四民交致其用,而后治化兴"[①]的政治思想,这是和儒家正统的"本末"观完全不同的经济观念;王阳明又在这个思想基础上,提出了"四民异业而同道",主张大力发展工商业,并设想建设"街道市廛,俱有次第,商贾往来,渐将贸易"的富庶之乡;[②]黄宗羲则进一步提出"工商皆本"。另一方面他们又从"道""本"的高度来论证工商业的合理性,把自己的思想观点和儒学的基本学理贯通起来,使其成为儒家经世务实的思想观念在新的历史条件下的新发展,适应了当时中国社会商品经济的发展要求。

第二,在理论观念上,既讲究"本于经术",也强调"足以应务",具有解放思想的创新精神。中国先秦的思想家就提出"人心唯危,道心唯微,唯精唯一,允执厥中",强调用理论去统一"人心"的重要性。儒家传统的经世哲学在理论观念上是遵循"述而不作"。为适应时代发展的要求,明清浙东学派在理论观念上也以经世致用为价值取向,但提倡"学贵适用",一方面许多思想观点在理论上突破了儒家经典中的教条束缚,"不以孔子的是非为是非";但是另一方面又十分注意自己的学术观点和儒学经典的基本学理相衔接。这就是黄宗羲说的:"学

---

① 叶适:《习学记言序目》卷十九。
② 《王阳明全集》卷四,顺生录之三,别录之奏三疏。

必原本于经术而后不为蹈虚,必证明于史籍而后足以应务。"①所以他既反对宋代理学家和明代心学家束书不观,空谈性理,也反对迂儒俗学无所用心,墨守成说;既反对为学不独立思考而盲目因袭,又反对凭空臆断,师心自用。他还认为:"道无定体,学贵适用。奈何今之人执一以为道,使学道和事功判为两途。"②强调把学道和事功统一起来,也就是说思想理论要为现实服务,并在为现实服务中创新理论观点。

第三,在道德观念上,既肯定人性自私,也推崇抑私为公,具有为建立适应商品经济要求的人伦关系的务实精神。儒学传统的人性论,认为善的道德理性是人性固有的,因而崇公灭私,把自私自利归为恶的道德。浙东学派的思想家们则认为自私自利才是人的本性,并不把它看作是恶的道德,他们认为为公就是一个人能放弃自己的私利而众人的私利服务。这种观点在黄宗羲的《明夷待访录》中有清楚的论证:首先,在君民关系上,黄宗羲认为,愿为天下兴利除害而不计较个人利益的人,才能被人拥戴为君主;其次,在君臣关系上,他认为官吏不应当对君主一姓尽忠而应当为天下民众负责,只有"万民之忧乐"才是衡量官吏的尺度;其三,在财产关系上:他反对君主"以我之大私为天下之大公",让"人各得自私"、"人各得自利"的社会才是合理的社会;其四,在法律关系上,他反对君王的"一家之法",认为这种法律的实质是让君主"藏天下于筐箧",应当以"天下之法"取代"一家之法",真正实现社会政治和经济的平等。

第四,在学术观念上,既要求学有所宗,也主张兼容并蓄,具有"会通中西"的开放精神。浙东学派的学术观是"一本而万殊"。"一本"就是指圣人之道,"万殊"就是人们对圣人之道的各自的理解。黄宗羲认为,学术不可无宗主,但又不可唯我独尊,"盖道,非一家之私",③对于圣人之道经,每个人都可以去探索、体认。"学术之不同,正以见道体之无穷也。"④他反对在学术上搞门户之见,"夫门户之病,最足痼人。"⑤主张

---

① 全祖望:《鲒埼亭集·外编》卷十六《甬上证人书院记》。
② 黄宗羲:《南雷文定五集》卷三《姜定安先生小传》。
③ 黄宗羲:《南雷文定三集》卷二《钱启宗墓志铭》。
④ 黄宗羲:《明儒学案·自序》。
⑤ 黄宗羲:《宋元学案》卷六。

博采众长,对于外来文化也采取兼容并蓄的态度。晚明又是西方自然科学开始传入中国的时代,黄宗羲以开放的精神对待耶稣会传教士传入的历算之学,并与他们交往,研究他们的著作。亲撰《西历假如》等多种历算之书,"实开浙人研治西洋天算之风气";同时又提出"会通以求超胜"的思想。

以上四种精神,是浙东学派在做人做事做学问中代代相继的基本精神,也是浙东学派传承于后世的文化传统。从这四种精神中,我们可以解读出当代浙江人为什么能抓住改革开放的机遇迅速而顺利崛起人文原因:正是因为能既不墨守成规,又不叛道离经,所以浙江人就能用足用好中央的政策迅速发展自己,能在各种体制改革和利益调整中既激流勇进,又保持着社会主义方向;正是因为能既"本于经术",又"足以应务",所以浙江人民在改革开放中既没有受"本本主义"之赘,又能始终坚持以中国特色社会主义理论来指导和解决前进中的新问题和难问题;正因为能既尊重个人权益,又能弘扬奉献社会的精神,所以在经济结构快速调整、社会处于重大转型的阵痛时期,浙江地区能及时构筑起种种社会保障体系,建设好"平安浙江";正因为有"会通中西"的文化传统,所以浙江人在对外开放中历来走在全国前列。

总之,自明清以来,浙东学派的所开创的"经世务实"精神已经成为一种集体无意识渗入浙东地区的人文精神之中,既引导着历史上的浙江人民艰苦创业,又在当代社会得到新的发扬。

# 论浙东学术的实学倾向

方同义

纵观浙东学术的演变和发展,大致可以归结为三大主题,即实学主题、心学主题、史学主题,形成了浙东学术悠久绵长的实学传统、心学传统和史学传统,从而对浙东文化和浙江人的思想、行为、风俗习惯产生了不可估量的影响。本文拟对浙东学术之实学主题作一探讨分析。

关于实学,学界已有多种定义和意见。我们认为"实"相对"虚"而言,实即非虚,"实学"一词,并非如哲学、史学、文学那样为一具有特定性质的学科门类,而是指学术研究的倾向性,即倾向于学术研究内容的实在性、实用性。就宇宙、人生、社会的认识而言,则更多地考虑客观实在的、现实的方面。如人的现实生活的衣食住行、生老病死以及与之密切相关的社会状况、天下形势、政治事务、民族发展,如此等等。因此,"实学"一词是关于学术内容的倾向性而予以名称的。

同时,"实学"一词也是从哲学层面来说的,学术内容的"虚"还是"实",这是一个宏观的、总体的问题,它贯穿于一切学术领域,因而始终归属于作为自然科学、社会科学的概括和总结的哲学,即从形而上的角度讨论"虚"、"实"的问题。我们认为,从形而上的层面究问实学的内涵,可以将其归纳为实在之实,实理之实,实践实功之实。实在即客观存在,物质存在;实理,是从认识的角度,强调客观实在是人的认识对象和基础,只有通过人的感官接触外界事物才能获得关于客观事物本质和规律性的认识;实践实功之实,是从人的行动实践的角度,强调行动的实际作用,在动机与效果的关系上,主张两者的统一或以效果为先的原则,追求人的实践成功和实际功效。

我们认为,实学在浙东学术的发展中,勃兴于南宋永嘉永康之学,中继于明代阳明之事功精神,演变为清代浙学之"经世致用"。

## 一、南宋浙东学术的实学倾向

南宋浙学的求实崇实的实学倾向涉及各个具体领域和方面,下面分别以实在之实、实理之实、实践之实三题论说之。

(1)实在之实。实在之实即是指浙东学者在对宇宙万物之本体或实体的认识,主张物质性的客观世界是不依附精神的独立自存的本体,在哲学宇宙观的论说界定上主张"道不离器"的道器统一论。永嘉事功学派的主要代表叶适指出:"物之所在,道则在焉。非知道者不能该物,非知物者不能至道。道虽广大,理备事足,而终归于物,不使散流。"①这是说:"道"不能离开"物"而独立存在,"道"是从具体事物中总结出来的规则或原则,所以把握了"道"就能更深入地认识事物的本质。叶适反对"道先于器"的观点,也否定"无极"、"太极"之类的精神本体。他说:"极非有物,而所以建是极者,则有物也。君子必将即其所以建者而言之,自有适无,而后皇极乃可得而论也。"②"极非有物",是指"极"(即"理"、"道")都是从具体事物中抽象出来的条理、准则。具体事物是所以"建极"(即从中抽象出规律、规则)的依据,离开了具体事物就丧失了"建极"的基础,这是对道学家的"先有理,而后有物"的唯心主义哲学本体论的否定。

永康学派的主要代表人物陈亮积极主战,反对议和,亦具有鲜明的实学倾向,在哲学本体论上和永嘉学派一样坚持了"道不离器"的观点。他说:"夫盈宇宙者,无非物;日用之间,无非事。古之帝王独明于事物之故。"③我们生存的这个世界,所见所遇,皆是"物"、"事",世界即是物质的世界,并没有绝对精神本体存在的余地,这与朱熹所谓"宇宙之间,一理而已"的唯心论截然相反。而作为事物的本质、规律、法则的"道"只是存在于万事万物之中,"夫道非出于形气之表,而常行于事

---

① 《习学记言》卷四七《皇朝文鉴·言诗》。
② 《水心别集》卷七《进卷·皇极》。
③ 《水心文集》卷十《经书发题》。

物之间者也。"①"夫道之在天下,何物非道。千涂万辙,因事作则。"②
"何物非道",即是说物在道在,道在物中,道在事中;"千涂万辙,因事
作则",是说物的存在具有多样性和运动变化的复杂性,而"道"就是因
循事物自身存在和发展的内在规律和准则。

作为南宋浙东学术主要组成部分之一的金华学派,其代表人物吕
祖谦、唐仲友虽然与永嘉、永康两地学者鲜明强调"事功"有别,但他们
的学说仍有明显的崇实求实的实学倾向。唐仲友的学说被称为"经制
之学",而经制之学的理论基础则是他的"道器同本"说。他对"道"作
了具有唯物论倾向的阐说,他说:"道器同本,粗细一致";③"道者事之
理,事者道之实。于道默而识之,于事敏以求之;不以道而废事,不以
性而废学,其惟圣人乎?"④吕祖谦与朱熹来往密切,其哲学思想带有理
学的色彩,但是他深受陈亮、叶适实学思想的影响。他正视现实,大胆
揭露时弊,积极主张政治革新,表现出明显的经世致用的学术倾向。
吕祖谦以史学为长,他认为史学关系到国家和民族的存亡,"中国所以
不沦丧者,皆史官扶持之功也。"⑤朱熹对吕氏注重史学颇有异议,认为
"伯恭之学会陈君举,陈同甫二人之学而一之"。⑥这充分反映了吕祖谦
学术与永康之学的密切关系和其实学倾向。

(2) 实理之实。实理之实是指南宋浙学在哲学认识论上以客观现
实世界为其认识对象,以求客观事物之内在规律为认识目的,并由此
形成对于社会现实问题的解决之道。

永嘉学派具有明确的求实理的学术倾向和风格,黄宗羲在《宋元
学案·良斋学案》中,对永嘉学派作如下评论:"永嘉之学,教人就事上
理会,步步着实,言之必使可行,足以开物成务。"这是说永嘉学者是从
外在的实际事物的客观存在之中寻求其内在规律,强调知识学问的可
行性,如此才能解决面临的现实问题,开辟新局。叶适认为,要求得现
实问题的正确的解决之道,必须对"天下之事物"进行详实的考察。他

① 《水心文集》卷九《勉强行道大有功》。
② 《水心文集》卷十九《与应仲实》。
③ 《九经发题·周礼》。
④ 《愚书·道学篇》。
⑤ 《东莱博议》卷八。
⑥ 《宋元学案》卷五十一《东莱学案》。

说："夫欲折衷天下之义理，必尽考详天下之事物而后不谬。"①叶适所言"物验为理"、"言行无违"、"虚论废实"都是强调了主观与客观的一致，言论与行动的一致，是求真求实之论。

陈亮提出"明于事物之故"，也是寻求客观事物的内在规律，即求实理。他要求深入研究现实和历史，从中得出事物之本质和历史之规律，为现实服务。他说："始退而穷天地造化之初，考古今沿革之变，以推极皇帝王伯之道，而得汉、魏、晋、唐长短之由。天人之际，昭昭然可察而知也。"②。"天地造化"、"古今沿革"是自然史和社会史的客观事实，从这些客观事实中推引出"皇帝王伯之道"，即治乱成败的社会规律，从而为改造社会现实服务。

吕祖谦的认识论思想中亦有求名实一致的实理观点，他认为"名"必须真实地反映客观之实，使名实统一。他说："名不可幸取也，天下之事，因有外似而中实不然者，幸其似而窃其名，非不可以欺一时，然他日人即似而求其真，则情见实吐无不立败。"③"外似而中实不然"，指的是名与实之间的表面的相似而实质非是，"即似而求其真"是从表面之似而求名实之间的实际的一致。这是说作为主观形式之"名"（概念）必须与客观内容之"实"（实际）达到统一，这才是名实相符的实理（真理），否则就是"窃名"而无实的虚假之理。

（3）实功（实践）之实。实功之实或实践之实指的是南宋浙学将"道不离器"、道器统一的唯物主义倾向的宇宙观（实在之实），及对客观存在事物的本质、内在规律的认识（实理之实）运用于社会实践或生活实践，从而求其实际的成功或效果。南宋浙学的实功之实或事功之实是最受理学家们非议的，理学家们正是抓住"功利之学"此一当时浙学最为突出的特点，加以片面地攻讦。然而，也正是由于这一点，使南宋浙学的"实学"色彩颇为鲜艳夺目。

南宋浙学强调"修实政"、"行实德"、"建实功"。在当时国势衰弱、积耻未报、祖业未复的情况下，叶适向皇帝进疏提出"行实政，修实德"的主张。他说："臣宿有志愿，中夜感发，窃谓必先审知今日强弱之势

①　《水心文集·题姚令威西溪集》。
②　《水心文集》卷一《上孝宗皇帝第一书》。
③　《东莱博议》卷四。

而定其论,定论而后修实政,行实德,如此则弱果可变而为强,非有难。"①即是要具体地分析宋金之间的客观形势,有一个合乎实际的结论,在此基础上大力修实政、行实德,使之由弱变强。

陈亮以"勉强行道大有功"的论题阐明其行实事求实功的鲜明主张。他认为,道德与功利是统一的,道德修养不能离开社会实际徒事空谈,而要通过实事实功来体现,没有超越功利的所谓仁义,"禹无功,何以成六府;乾无利,何以具四德?"②并没有离开人性人情人欲的"道","道"只是审得人之情欲之正而已。"夫道岂有他物哉? 喜怒哀乐爱恶得其正而已。行道岂有他事哉? 审其喜怒哀乐爱恶之端而已。"③

吕祖谦根据当时南宋社会形势"民力殚尽而邦本未定,法度存而穿穴蠹蚀,实百俱极",④提出必须因时制宜,杜绝因循守旧。他说:"祖宗之意,只欲天下安,我措置得天下安,便是承祖宗之意,不必事事要学也。"⑤他认为,后人的主要任务不是循守前人旧章,而是要根据变化了的社会实际情况,增添前人所没有的东西,"视前代未备者固当激励而振起,其远过前代者尤当爱护而扶持。"⑥

受陆九渊、吕祖谦共同影响的"四明学派",也直接或间接地接受了事功之学的观点。如袁燮主张政治上务实的重要,并不讳言事功,认为儒者之学应服务于世,成其大有为之事业,"谓学不足以开物成务,则于儒者职务有缺。"⑦又如沈焕,主张仁义与功利的统一,要从实事实行的功效上评价人才,抨击"朝廷之上,不言功名之大小,则问官爵之崇卑,得禄之厚薄,此何等风俗哉。"⑧

南宋浙东学者"求实功"思想突出地表现在他们在价值取向上强调"道义"与"功利"的统一,具有明显的功利主义的思想特点。

---

① 《水心文集·札子》《上宁宗皇帝札子三》。
② 《宋元学案》卷五六《龙川学案》。
③ 《陈亮集》卷五《勉强行道大有功》。
④ 《东莱文集》卷一。
⑤ 《东莱文集》卷十二《易说·蛊》。
⑥ 《东莱文集》卷一《淳熙四年轮对札子》。
⑦ 《真文忠公集》卷四七《袁燮引状》。
⑧ 《定川遗书·训语》。

永嘉学派薛季宣提出"以义和利"的观点,他说:"唯知利者为义之和,而后可与其论生财之道",相反"聚敛之臣,不知义之所在,害加于盗,以争利之民也。民争利以至于乱,则不可救药矣。"①"以义和利"就是义和利的相互结合,使之达到统一。叶适对董仲舒的"正谊(义)不谋利,明道不计功"的观点提出异议,认为道义离不开功利,没有了功利,道义就是无用的空话。永康学派的陈亮主张价值尺度应是道德与功利的统一,动机与效果的统一。他认为古代在历史上有所作为的圣贤总是离不开事功,"以为古今异宜,圣贤之事,不可尽以为法,但有救时之志,除乱之功,因其所为虽不尽合义理,亦不自始为一世英雄"。②空言义理,而无尺寸事功,就称不上是圣贤英雄。

上述说明,南宋浙学在宇宙本体论、认识论、实践论、伦理价值学说等方面强调实在之实、实理之实、实践之实、实功之实,具有鲜明的实学倾向。

## 二、明代阳明学派的实学倾向

前述南宋浙学之"实学"或"功利之学"已为学界所公认,至于明代阳明之学和浙中王学,研究者多将之归于"主观唯心主义",未能阐明其中仍然包含着的实学倾向或实学因素。

(1)王阳明学说中的实学因素。王阳明的心学与朱熹的理学同属于儒学系统,阳明心学兴起并成为明代中后期占主导地位的学术思潮与朱学的形式化、僵硬化密切相关。可以说,阳明心学的崛起,是具有实学倾向的阳明学说取代了虚化了的朱学。

王阳明认为,八股取士使得一班士人终日淹息于《五经大全》、《四书大全》之中,此为"科举"、"词章"之学。而这种空疏谬妄、支离牵滞的无用之虚文,严重脱离了"行事之实"。实际上程朱理学之"虚"已造成了学术危机和信仰危机,进而发展为社会危机。王阳明说:"天下之大乱,由虚文胜而实行衰也";"天下之所以不治,只因文盛实衰。"反映

---

① 《浪语集》卷九《大学辨》。

② 《晦庵先生文集》卷三六《答陈同甫书》所引。

了他的"致良知"之学是为了挽救明中叶的学术危机和社会危机而产生的,是为了以"实"救"虚"。王阳明正是要通过"吾心"之地位的确立,改变朱学"徒考索于影响之间,牵制于文义之末"的形式化倾向,重新确立孔孟儒学的伦理道德之实践主体性,改变学风世风,巩固明朝的封建统治。

从王阳明心学的内容来看,除了他的宇宙观是"主观唯心论",其基本内容实质上属于"主体实践论",属于"实践之实"。王阳明言"心",曰"心外无物,心外无事,心外无理",①充分强调"吾心"之主观能动性,而充分发挥主观能动性乃为从事实践创造的必要条件;王阳明言"知行合一",强调"知行本体同一"、"知行是一个工夫"、"知行合一并进",②实质上是消行为知,亦是溶知为行,从而强调"事上磨炼"的"笃实之功"。王阳明言"致良知",是欲将主体的道德意识与主体的道德实践打合为一,将本体与工夫打合为一,避免记诵经文、考索名迹的"支离",从而增强道德实践的实效性。可见,阳明学说的中心内容是要实现儒家的"心性"之学由虚向实的转变。

从王阳明本人的人生实践来看,他是一个人生经历曲折、为人正直敢言,并在多个领域中取得杰出成就的"事功"专家,他并不是一个只会言说"主观唯心主义"的空洞的理论家,而是理论与实践相结合,将自己的"心学"转变成功实践的实干家。可见,阳明心学包含着明显的实学因素当无疑义。

(2) 阳明后学(浙中王门)的实学倾向。阳明之学具有"主体实践论"的特点,包含着去虚求实的倾向。王阳明死后,他的弟子们对乃师的学说各取所需,又各有创造与发挥,学术观点更是分歧迭出,不尽一致,学术倾向的虚、实之说更要具体分析,不可一概而论。

就浙中王门来看,其理论主要划分为三个路向:一是王畿等人的良知现成说。王畿主张"良知"既"具足"又"见在",是所谓"本来具足","人人具足"、"天然自足"、"现在良知"、"尔心见在"等,良知之本心(本体)人人先天具有,"见见成成、自自在在"。③如此,他主张取消如

---

① 《王文成公全书》卷四《与王纯甫书》。
② 《王文成公全书》卷一、卷二《传习录》。
③ 《龙溪集》卷一《答问补遗》。

何使良知无亏缺、无障蔽的"增益"工夫和"去蔽"工夫,突出本体之"自然"(去人为),强调"率性自然","当下圆成无病,不须更用消欲工夫"。①因此,龙溪之"良知现成"说不仅有悖于阳明的"致良知"说,而且也是超越阳明学说的独立创造。王畿的学说倡导良知本体现成,不屑做为善去恶之实地工夫,使一些人束书不观,也不作道德修养的践履工夫,使士人的学风趋于浮浅和虚化;"四无"说近于佛禅和道家之说,是化儒为佛道,是由实向虚的转化;但在破除程朱理学对人们的思想束缚,冲决封建专制观念的钳制上更进了一步,是对主体的自立、自信、自由意识的进一步确认,不能否定龙溪学说之中的推进明末人们思想解放的作用。可见,以学术上的虚、实的倾向性来衡量龙溪学说,及与社会进步的关系而言,情况比较复杂,简单的否定和肯定都是不足取的。

二是钱德洪等人的事上磨炼说。钱德洪也是王阳明的大弟子。他与王畿的学术观点相左。王畿注重本体,强调"良知现成"说;钱氏注重工夫,强调"事上磨炼"。他要求在坚持心本体论的前提下,在道德修养中坚持"事上识取",将工夫与本体结合起来,具有趋实务实的倾向;然而从个人道德实践与社会的关系上说,所谓"事上识取",又以承认现实的封建伦理道德为其实践的前提,思想上显得较为保守。

三是刘宗周等人的"诚意"、"慎独"说。宗周生在明末时代,当时社会矛盾、民族矛盾尤其尖锐,因而对现实社会有更深刻的认知。其学术与阳明学说时间距离更远,既有继承亦有重要修正,并对朱学亦有继承吸纳,从而包含更多的实学倾向。如在理气、道器等宇宙论上,他主张"天地之间一气而已,非有理而后有气,乃气立而理因之寓也"。②气在理先,有气才有理,理寓于气,对理气、道器等问题作出了唯物主义的回答。在人性论上,他主张性体与心体的统一、气质与义理的统一、人心与道心的统一,这是对理学封建主义人性论的超越。在伦理道德实践上,刘宗周主"诚意"、"慎独"之说,继承并发展了阳明本体与工夫合一的道德实践论,并融通汇合朱、陆、王之学而有鲜明的注重力行的实学倾向。

---

① 《龙溪集》卷二《滁阳会语》。

② 《刘子全书》卷五《圣学宗要·图说》。

宗周还力图将自己的学说贯彻于生活实践和教育实践中去,形成践履力行的纲要,他的《人谱》、《致过说》、《纪过格》都是强调人们的道德修养必须付之于一言一行的具体实践,他是一个真诚的理想主义者,亦是笃行的实行主义者,他创立的蕺山学派,如黄宗羲、陈确等,成为超越宋明心性之学的更趋于求实务实的浙东史学的开创者。

## 三、清代浙东学术的实学倾向

明清之际,中国封建社会已处在"天崩地解"的局面,明王朝于空前激烈的阶级矛盾和民族矛盾中覆亡。清初统治者对征服地区的人民采取残酷镇压和怀柔收买的两手策略。同时,自明中后期开始出现的资本主义生产关系的萌芽在悄悄地改变着社会结构,并影响着人们的思想和行为。且有鲜明的现实性品格的浙东学术,继承阳明之学、蕺山之学的丰厚底蕴,创造出新的具有时代精神特色的理论篇章,显示出强烈的经世色彩和务实倾向,这种实学倾向表现为如下特点:

(1)"理气是一"、"由器达道"——清代浙学的实在之实

清代浙学继承了南宋浙东学派的"道不离器"、王阳明的"道事合一"、刘宗周的"离器而道不可见"的宇宙论观点,主张"理气是一"(黄宗羲)、"由器达道"(章学诚),表现出鲜明的实学倾向。

黄宗羲强调"气"为构成宇宙的基质,"通天地,亘古今,无非一气而已。""一气充周,生人生物。"[①]气与理的关系,两者相合而不可分。他说:"心即气之聚于人者,而性即理之聚于人者,理气是一,则心性不得是二;心性是一,性情又不得是二。使三者于一分一合之间,终有二焉,则理气是何物? 心与性情又是何物?"[②]理气是一、心性是一、性情亦是一,黄宗羲显然继承了刘宗周"有是气斯有是理"的理气合一论,将形上形下打合为一,将理学家们所谓"洁净空阔"的理本体下降于人伦日用的尘世现实。清初浙学的重要人物蕺山学派的骨干之一陈确

① 《孟子师说》。
② 《孟子师说》。

亦主张性、气、情、才的统一,天命与人性的统一,他说:"一性也,推本言之曰天命,推广言之曰气、情、才,岂有二哉!由性之流露而言谓之情,由性之运用而言谓之才,由性之气周而言谓之气,一而已矣。"①朱熹理学的特点是将理气、心性、性情分解为二,而陈确则要求将其合而为一,这种"合一"论的实质是将抽象的本体论、人性论问题还原为世俗生活的伦常日用,也就是趋实化。

章学诚哲学宇宙论的基本观点是"由器达道",即从百姓人伦日用中的具体中归纳出一般的"道",他说:"人生有道,人不自知;三人居室,则必朝暮启闭其门户,饔飧取给于樵汲,既非一身,则必有分任者矣。或各司其事,或番易其班,所谓不得不然之势也,而均平秩序之义出矣。"②在理学家们那里,"道"作为抽象概括出来的"一般",已经演变为凌驾于宇宙万物的本体,这是将人的思维把握的精神概念绝对化的结果。与之不同,章学诚却从人的日常生活中自然地归纳出社会政治生活、经济生活的"不得不然之势",去除了种种唯心主义和道德说教加之于社会历史规律的神圣性、神秘性,将其还原于实实在在的现实生活中,从而使所谓"道"、"圣人"、"天"没有半点神秘的色彩,表现出清代浙学鲜明的现实性品格和务实精神。

(2) 和会朱陆、史学经世——清代浙学的实践之实

清代浙东学术诸大家如黄宗羲、万斯同、万斯大、黄百家、邵廷采、全祖望、邵晋涵、章学诚等人,都以"经世致用"为其学术宗旨,以实践实用为其学术研究的最高目标,因而具有较为宽广的学术视野,他们的学术虽然渊源于阳明之学、蕺山之学,但并不排斥其他派别的学术观点,反对门户之见。同时高度重视经史之学的研究,并取得多方面的创造性学术成就。章学诚所谓"宗陆而不悖于朱","言性命者,必究于史"正是清代浙学这种学术倾向的很好概括。

清代浙学具有鲜明的重视实践和实用的倾向,从实践实用出发,凡是有补于世道人心的学术就都不应当排斥。清代浙学承继四明学派、阳明学派,具有重视心学的倾向,但同时也注重吸收朱学的有益成分为我所用。黄宗羲提出"工夫所致即其本体"的著名命题,他说:"夫

① 《陈确集·气情才辨》。
② 《文史通义·原道上》。

求识本体,即是工夫,无工夫而言本体,只是想象卜度而已,非真本体也。"①工夫即是本体,本体并非静止不动的寂静空阔的思维想象之物,而是体现为动态发展的无止境的实践过程,以工夫为本体,也即以实践为本体。如此,把实践(即工夫)提到了哲学本体论的高度,充分反映了清代浙学的实践性特征。

在注重实践实用的学术宗旨的基石上,清代浙学具有"和会朱陆"为己所用的学术理路。黄宗羲提倡"殊途百虑之学",否定在学术上"必欲出之一途"定于一尊的僵化思维模式,具有"综合诸家"的学术风格。全祖望主张"重在实践,不在词说",反对门户之见,他肯定"会同朱陆之说"。"夫圣学莫重于躬行,而立言究不免于有偏。朱、陆之学,皆躬行之学也,其立言之偏,后人采其醇而略其疵,斯真能会同朱陆者也。若徒拘文牵义,哓哓然逞其输攻墨守之长,是代为朱、陆应词命之使,即令一屈一伸,于躬行乎何预?"②从"躬行"、"实践"出发,就能正确对待朱、陆之学,既有宽容的态度,又能"采醇"、"略疵",用于社会实际需要。可见,清初浙学之所以能博采众长,正在于以经世致用的实践为基石。

邵廷采亦有综合前辈诸说服务于实际生活的学术理念。他说:"立名真伪,学术异同,海内后贤自有定论,吾党不任其责。至于随事得师,虚心广见,何所不宜。"③邵氏将学术"立名"的真伪和学术致用的适宜与否分别开来,以求其实用而不求其名称的态度对待各类学术,从而具有更为开阔的学术眼光,亦即"学者天下为公"的眼光。

章学诚著《浙东学术》一文,指出浙东学术的重要特征之一就是"和会朱陆"、"兼综百家"。他说:"浙东学术,虽出婺源,然自三袁之流,多宗江西陆氏,而通经服古,绝不空言德性,故不悖于朱子之教。至阳明王子,揭孟子之良知,复与朱子抵牾。蕺山刘氏,本良知而发明慎独,与朱子不合,亦不相诋也。梨洲黄氏,出蕺山刘氏之门,而开万氏兄弟经史之学;以至全氏祖望辈尚存其意,宗陆而不悖于朱者也。"④

---

① 《明儒学案·东林学案三》。
② 《鲒埼亭集外编》卷四十四《奉临》帖子一。
③ 《思复堂文集》卷七《谢陈执斋先生》。
④ 《文史通义》卷五《浙东学术》。

章氏追溯了宋元明清浙学发展之梗概,言明浙学与朱子之学、陆子之学的关系,指出浙学在其历史演进中虽与陆子之学关系更深一些,但与朱子之学并不相抵,而是吸收了朱学之优长,这就是"宗陆而不悖于朱"之意。

(3) 殊途百虑、学贵自得——清代浙学的创新之实

清代浙学的实学倾向,不仅在于他们强调"道器合一"的唯物论倾向,注重实践、力行的经世精神,而且还在于他们的不守成说、冲破旧章,提倡殊途首虑、学贵自得的学术宽容和学术创新的精神。这种学术宽容、学术创新是与变化的时代条件相一致的,是学术走向社会生活、服务于经世致用的本质要求。

学术宽容是学术创新的前提条件。学术宽容指的是允许不同的学术见解、学术观点自由地构想、诞生,并在相互竞争中使学术更加繁荣;学术宽容也要求打破一家的成说,承认"殊途百虑之学",而"学贵自得"、"学有宗旨"、"贵专家"即是要以学术创新为标准,这也是学术的价值意义所在。无论是文化创造抑或学术创新,其核心是"求之愈艰,而得之愈真"的"自得"。黄宗羲说:

> 大凡学有宗旨,是其人之得力处,亦是学者之人门处。天下之义理无穷,苟非定以一二字,如何约之使其在我! 故讲学而无宗旨,即有嘉言,是无头绪之乱丝也。学问之道,以各人自用得着者为真。凡倚门傍户、依样画葫芦者,非流俗之士,则经生之业也。此编所列,有一偏之见,有相反之论。学者于其不同处,正宜着眼理会,所谓一本而万殊也。以水济水、岂是学问。①

"学有宗旨"指学者必须有一个自己学问得力处的中心论题,此中心论题即是学者的独特创造,是其将学术体系统合起来的总纲。"自用得着",指学者做学问的独特体会,独特创造,这是学者不同于别人的一得之见。学术正因有千千万万个"自得"之见而呈现其"一本万殊"的争鸣、繁荣的局面,如果人们只是倚门傍户、依样画葫芦,仅仅充当别人的传声筒,也就没有所谓学术创造和学术繁荣。可见,宗羲主张学术的开放、民主、自由,鼓励学术创造和学术争鸣。

---

① 《明儒学案发凡》。

　　继黄宗羲之后,万斯同、万斯大、黄百家、邵廷采、全祖望等浙东学术大师各以其"自得"、"自立"之精神,在哲学、史学、经学、文学、文献学、考据等方面皆有重要学术创新和建树,将学术创新与经世致用结合起来。章学诚将这种浙东学术的自得创新的传统称之为"贵专家"。他说:"浙东贵专家,浙西尚博雅,各因其习而习也。"①章氏认为,"贵专家"即是主体之"所得"与"所遇"不同,即主体的能动性、创造性与人生遭遇的外在条件的结合,是主观与客观的统一,这也是学术以经世的必由之路。他说:"浙东之学,虽源流不异,而所遇不同。故其见于世者,阳明得之为事功、蕺山得之为节义、梨洲得之为隐逸,万氏兄弟得之为经术史载。"②每一代学者所遇的外在条件不同,面对的社会问题有别,因而每一代学者的"自得"创造各有特色,这就是浙东学术的"专家"之学,"专家"之学即是创新之学,亦是求实之学。

　　由上可见,浙东学术之实学主题,始创于南宋永嘉永康之学,推行于明代阳明之学,而成就于清代浙东史学,形成延绵不绝的深长传统,并取得了丰硕的学术成果,这种传统对于今天我们遵循"实事求是,一切从实际出发,以实践为检验真理的标准"的马克思主义思想路线,脚踏实地地从事四化建设,进一步推动浙江经济文化的繁荣发展亦不无现实借鉴意义。

---

① 《文史通义·浙东学术》。
② 《文史通义·浙东学术》。

# 南宋浙东学派的实学思想对浙江民众现代文化心理的影响

## 刘晓梅

近年来,浙江作为全国经济、社会发展最有特色的地区正在迅速崛起,引起了海内外各界的普遍关注。在它高速发展的现象背后,民众的文化心理动因值得我们思想学术界深深地咀嚼探究。

翻开浙江历史,细看这一地区古往今来、开物成务的历史进程中的页页记录,我们无法不为自宋代,特别是南宋以来这一地区思想文化上闪烁出的光华而感到耀眼。活跃于南宋时期的"浙东学派",以"经世致用"为重要理念,在这块土地上进行着实学思想的探索、实践、传播,成为"中国走向近代化的重要文化要素",①由此结下的丰硕成果,至今深深地影响着这一地区乃至整个中国民众的思想观念。

## 一、浙江民众的现代文化心理和社会发展的关联

浙江经济、文化、社会的高速发展,符合事物发展的内在规律。在研究这一问题时,我们检索现有的研究成果,觉得以往的阐述通常更多考虑到地域、交通、政策、物质资源等外在因素的作用,而对其具有特色的普遍的民众文化心理因素对经济、社会发展的影响鲜有深入的探究。

我们研究社会现象背后的因素时,要力求突破那种想当然的图解式注脚,这是人们在研究中,特别是地方属性较强的学者们比较容易

---

① 叶坦:《"中国经济学"寻根》,《中国社会科学》,1998 年第 4 期。

进入的一种思维定势。对此,台湾学者郑吉雄先生对大陆学者研究经济、社会发展问题时,简单地用现有的理论去为地域经济、社会发展寻找注脚的方式提出了质疑。他指出:"大部分大陆学者久已习惯于在解释或分析一切涉及人类文化、思维、精神、概念层面的问题时,无论该问题是属于文学、历史或哲学的范畴,多先分析其背后的经济与物质条件。"①我对这种说法,似觉不够全面,但也是深有感悟的,在社会发展现象的背后,需要我们对民众的文化心理因素作深入的哲学、思想探究,以寻找发展的内在规律。

何为浙江民众基本的现代文化心理? 这种文化心理与当今社会的发展有着什么样的关联?

民众文化心理蕴含着很复杂、很丰富、很生动的内容,受历史、地理、世风、行政区域划分、政治等因素的影响,民众的文化心理具有相当强的地域性,就像方言的产生和传承一样。

南宋时期,浙东地区以吕祖谦为代表的金华学派、以陈亮为代表的永康学派、以薛季宣、叶适为代表的永嘉学派和以"甬上四先生"(杨简、袁燮、舒璘、沈焕)为代表的四明学派具有相当强的地域特色,被后人并称为"浙东学派"。他们共同秉承"注重务实,讲求事功,强调经世致用"②的治学理念,铸就了"浙东学派"的核心精神,成为浙江民众现代文化心理形成的重要基础。

我们认为,继自"浙东学派"开创,由一代代学人秉烛相传、不断丰富的"尊德性、立诚信、致良知、崇本务实"③的思想,注重理性思辨又强调功利性、机巧性与实用性、④义利兼容、工商兼本的思想对浙江民众精神意识的长期浸淫、酵化,发展到现代,成为根植于民众之中的"创新、务实、诚实、敢为天下先"的文化心理。这种积极的文化心理与时代的耦合,便在这块土地上催生出了丰硕的思想果实,它们与当今浙

---

① 郑吉雄:《浙东学术名义检讨》,《明清浙东学术文化研究》,陈祖武主编,中国社会科学出版社,2004年。

② 叶坦:《宋代浙东实学经济思想研究——以叶适为中心》,《中国经济史研究》,2000年第4期。

③ 徐季子:《由"心学"向"实学"转化的浙东文化》,《明清浙东学术文化研究》,陈祖武主编,中国社会科学出版社,2004年。

④ 田方萌编:《浙江人凭什么》,台海出版社,第19页。

江经济、社会的发展存在着深刻的关联性,对当代浙江的成功起到了重要的作用。

## 二、现代民众文化心理形成的发端和历史条件

南宋是中国历史上南北文化碰撞、交流、融合、化生的重要时代,是浙江乃至更为广阔的南方地区民众现代文化心理形成的发端时期。它承接北宋"重文轻武"的社会风尚,为思想的探索提供了相对宽松的时代、历史背景。

北宋时期,特别是到行将覆灭的北宋晚期,可以说整个社会都是在为文化而运转。书生皇帝宋徽宗赵佶(1082—1135),以花鸟虫鱼、诗书字画、笙歌乐舞的追求为最高乐趣。朝野上下以文、舞为乐事,弥漫着疏空的氛围。以至于在金国大兵的凛冽攻势下,太上皇宋徽宗连同自己的儿子钦宗赵桓(1100—1156)成为完颜皇帝的囚虏,最后遗骨金土依兰,成为一个治国失败的典型。作为一个政治家,一个皇帝,赵佶是误国了,但如果抛却那个时代的功利得失,跳出传统的价值评判标准,我们可以看到他的行为就是他那个时代的符号,是北宋时代现实的典型映照。这个时代为"宋初三先生"(胡瑗、孙复、石介)、范仲淹、欧阳修、周敦颐、邵雍、张载、王安石、司马光、"三苏"、"二程"等思想家驰骋无垠思域,大展文化光华提供了无尽的疆土,为南宋时代北方主导文化与南方民间思想碰撞、融合、化生铺垫了丰厚的文化沃土。"北宋末年那一个短时代实在是我国学术思想史上一个很重要的枢纽。"[①]

北宋后期,外有辽、金、西夏大兵压境,内有宋江、方腊聚义起兵,深刻的民族矛盾和社会矛盾导致北宋王朝的灭亡。在丢掉半壁江山后,宋徽宗第九子康王赵构,在旧臣拥戴下重祭大宋旗帜,于 1127 年在应天府(即今河南商丘)登基,建立南宋王朝。在金兵不断进攻之下,于次年五月南迁,定都杭州(朝廷选都杭州,时称临安,有"临时安置"之意,以期实现收复中原的梦想),开始了对南方文化思想产生重

---

①　何炳松:《浙东学派溯源》,广西师范大学出版社,2005 年。

要影响的 152 年的南宋风雨之旅。

文化的形成和传承,政治是强大的因素,杭州作为南宋首都对所在地以及周边地区的影响不可低估。南迁使北方的官学、北方的观念、北方的风习,也先后乘着风、乘着雨、乘着御驾来到南方,实现了政治、文化、经济中心自北向南的转移,使这一时代成为浙江乃至广大的南方民众现代文化心理的奠基时期,为我国思想文化的多元化发展提供了舞台。

这个时代是中国的民众、特别是有着"先天下之忧而忧,后天下之乐而乐"传统的知识分子心灵的艰困时期。宋王朝的南迁是一段屈辱的历史,它让一个长袖善舞的泱泱大国在一夜风雨中退居江南一隅。这样的屈辱,极易催生民众强烈的复国情绪和士人深刻地对社会问题的思索。

审视南宋时代的文化思想,人们的精神状态,我们可以明显地感受到民众中表现出来的时代激情、忧国报国的强烈责任感,这一切在"浙东学派"的诸思想家身上表现得尤为明显。

"浙东学派"的重要开创人物陈亮(1143—1194)在忧国忧民中为学人的社会责任建言,为"浙东学派"的务实思想、救国思想定下了基调:

> 退而穷天地造化之初,考古今沿革之变,以推皇帝王伯之道,而得汉、唐、魏、晋长短之由,天人之际,昭昭然可察而知也。始悟今世之儒士,自以为得正心诚意之学者,皆风痹不知痛痒之人也。举一世而安于君父之仇,而方低头拱手以谈性命,不知何者谓之性命乎?[1]

这里,陈亮把 1127 年金国俘虏宋徽宗、宋钦宗的"靖康之变"视为切肤之痛的君父之仇,对具有浓烈官学色彩的"今世之儒士——朱熹理学一派的学者"[2]脱离国情,空谈性命、脱离实际的行为表示极为不满,表达了一个知识分子在国难面前的良知。"万里腥膻如许,千古英灵安在,磅礴几时通?"失国后的情绪在他的《水调歌头》词里表现得更

---

① 陈亮:《陈亮集》,中华书局,1987 年,第 9 页。
② 董平选注、祁茗田评析:《浙江精神之哲学本源》,浙江古籍出版社,2004 年,第 128 页。

为激烈,陈亮一生都在努力实现着北伐的政治抱负和扫净"万里腥膻"的雄心壮志。

著名诗人陆游(1125—1210)义无反顾地投身抗敌,然又无力回天,壮心不死,他一生创作了大量昂扬征战,锋芒直指胡虏的军旅诗篇,在他垂垂老年,写下了泣血的《示儿》:

死去元知万事空,但悲不见九州同。

王师北定中原日,家祭无忘告乃翁。

陆游原本是一位很婉约,很柔弱的诗人。他身上体现了长期来南方作为非主流社会臣民的温和性格,展示着江南人那种纤巧、缜密、内省的心绪。这在他青年时与爱人唐婉莺凤和鸣,却因儿媳不合婆婆的心意而顺从地让老人家活活拆散美满姻缘的性格中得以见证。他在《钗头凤》中描述的爱情故事让后人感受到他逆来顺受的性格和纤巧、敏感的心灵之舟所载的极致凄美和哀怨:

红酥手,黄藤酒,满城春色宫墙柳。东风恶,欢情薄。

一怀愁绪,几年离索。错!错!错!

春如旧,人空瘦,泪痕红浥鲛绡透。桃花落,闲池阁。

山盟虽在,锦书难托。莫!莫!莫!

如果没有那国难,没有那民众波澜壮阔的抗敌浪潮,他一定会在婉约的路上走下去的,为后人带来绵绵的心灵之音,然而,国难让他奋起,历史让他告别儿女情长的婉约。他毅然从戎杀敌,成为一名硬汉,写下了许多诸如"提刀独立顾八荒"、"铁马冰河入梦来"的诗篇,表现出极其硬朗的诗风,这是当时民众抗敌激情现实和由此改变人生轨迹与性格的典型写照。

赵氏王朝退居江南后,南宋王朝与金国的斗争在相当一段时间里表现为边境的冲突,有长江作防线的江南相对趋于一个平静期,农业、商业、文化、思想均得以繁荣。这一切,南宋端明殿学士洪迈(1123—1202,字景庐)在其《余干县学记》里作了这样的描述:"古者,江南不能与中土等,宋受天命,然后七闽、二浙与江之西、东,冠带《诗》、《书》,翕然大肆,人才之盛,遂甲天下。"[①]这表明,宋代作为一个文化重要的转

_____

① 《容斋随笔·四笔》卷五《饶州风俗》。

折时期,对江南文化思想的产生起到了催生的作用。这一切在出生于浙江宁波的清代学者全祖望先生(1705—1755,字谢山)的研究中也得到了充分的印证,他写道:"吾乡自宋元以来,号为邹鲁。"①

全祖望先生所说的"邹鲁"就是诞生孔子、诞生儒学的地方,是灿烂的古文化思想的摇篮。无论是景庐先生还是谢山先生他们所认为的繁荣都是以文化的繁荣作为标志的。说明宋代作为南方地区文化繁荣的里程碑,为这块土地的文化繁茂洒下了雨露,为学人纵横捭阖的思想交融投下了阳光。

"士大夫的忧患意识和反传统精神,内忧外患的时局与优待文士的政策促使宋代人才辈出,鼓励士人以天下为己任、精忠报国等气节士风。"②思想不能脱离时代的制约,学术也不可能离开现实建起一座空中楼阁。这样的历史背景为以报国为己任的"浙东学派"的产生和发展提供了时代的动力和基础。"浙东学派"所倡导的"经世致用"的实学思想使人们脚踏实地、发奋图强,强烈的爱国情感确立了理论基础和行为模式。吕祖谦、薛季宣、叶适、陈亮和深受心学创始人陆九渊教化的"甬上四先生"杨简、袁燮、舒璘、沈焕等一批思想家不断以救世报国的理念进行探索实践活动。这批思想家的一个共同特点是摒弃空谈,以务实的态度寻找强国之道,其思想,其行为无不深深地影响着后世,并为后人所传承。

## 三、对民众文化心理形成产生重要影响的理论基础和实践活动

思想是不能被钳制的,中国历史上有过钳制思想、钳制文字的记录。在这条历史长河里,有秦始皇的焚书坑儒,晋代嵇康的文字惨案,以及宋以后明代东林党惨案和清代雍正制造的吕留良文字狱,而宋代宽松的思想环境为各种思潮激荡提供了空间。

---

① 《鲒埼亭集·外篇》卷十六《槎湖书院记》。
② 叶坦:《宋代浙东实学经济思想研究——以叶适为中心》,《中国经济史研究》,2000年第4期。

在宋代的思想文化温床里,发源于北宋的二程洛学,在南宋的朱熹(1130—1200)那里得以集大成而成为系统的理学,备受统治者的推崇,成为官学,为统治者提供了统一思想的有力武器。而陆九渊(1139—1193)创立的心学哲学思想一如健康的野花在江南的沃土里尽情地绽放。

陆九渊站在极高的思想位置上,"躬行践履",叩问灵魂,以"发明本心"的方式不断地进行着心灵的探索实践,创立了他的传世心学。"吾平生学问,唯有一实,一实则万虚皆碎。"①这句话揭示了陆九渊心学思想中的实学成分。

乾道八年(公元1172年)五月,陆九渊来到浙江,与当时已在两浙路临安府富阳县主簿任职的后来被誉为"甬上四先生"之首的杨简(1141—1225)结识,给杨简以悉心指导。②在观察杨简对一桩"讼扇案"的审理过程中,陆九渊对"发明本心"学说作了精到的理论阐释:

> (杨简)问:"如何是本心?"
>
> 先生曰:"恻隐,仁之端也;羞恶,义之端也;辞让,礼之端也;是非,智之端也。此即是本心。"
>
> 对曰:"简儿时已晓得,毕竟如何是本心?"
>
> 凡数问,先生终不易其说,敬仲亦未省。③

杨简又是如何悟到"本心"的?《宋元学案·慈湖学案》里作了这样的记载:

> 先生问:"何谓本心?"
>
> 象山曰:"君今日所听扇讼,彼讼扇者,必有一是,有一非。若见得孰是孰非,即决定为某甲是某乙非,非本心而何?"
>
> 先生闻之,忽觉此心澄然清明,亟问曰:"止知斯邪?"
>
> 象山厉声答曰:"更何有也?"
>
> 先生退,拱坐达旦,质明纳拜,遂称弟子。④

---

① 《陆九渊集》卷六。中华书局,1980年。

② 祁润兴著:《陆九渊评传》,《中国思想家评传丛书》,匡亚明主编,南京大学出版社,1998年。

③ 《陆九渊集》卷三十六《年谱》,第487—488页。

④ 《宋元学案·慈湖学案》卷七十四,第2466页。

　　这个著名的"讼扇案"的阐发悟道是陆九渊传道心学的一个经典的故事。这里承载了哲人的许多信息。首先说明陆九渊的哲学观念对杨简思想形成的深刻影响。杨简是在陆九渊的点拨下通过自己的切身实践于反思中大彻大悟，从而真正走上了他的治学之道，自此恣意纵横、一任思想在这块土地上对真知追索和传播；同时传达出作为教育家的陆九渊先生出神入化、善于从实践提取真知的教育方式也让后世得益。

　　汇朱熹、陆九渊思想，在交流、碰撞中而自成一体的"浙东学派"最重要的创立者吕祖谦(1137—1181)先生"以典章制度的考订、经典义理的发微、历史事实的辩证、人物活动的品评为学术的基本表现形式，同时又关注道德性命之理在哲学上的追寻，重视并强调对道本身运动的历史过程的深入研究"。[①]吕祖谦以"明理躬行"著称，十分强调哲学、思想研究中的"经世致用"，反对空谈性理等习学理念。为随后在东南地区广为传播、在社会发展历程中表现出强大生命力的实学思想的萌芽培育，为民众务实精神的滋养提供了基础。

　　全祖望在《宋元学案·东莱学案》中对吕祖谦作出以下评述："宋乾淳后，学派分而为三，朱学也，吕学也，陆学也。三家同时，皆不甚合。"这里全祖望和其前辈黄宗羲的《宋元学案》第一次独具慧眼提出了南宋主要学派的结构状况。将对民众心理有着最直接影响、最可操作实践的，对当今东南地区，特别是浙江地区普遍的"务实，创新，敢为天下先"的精神形成有直接影响的吕祖谦的学术地位作了充分的肯定。在此前，学术界更注重朱子学说和陆子学说，而对务实、致用的吕子学说则鲜有足够的评价。

　　吕祖谦因其独特的对历史的研究、对哲学思想的探索方法而自成一家，创建了很有个性的研究方法，借历史研究之翅，展哲学思维之翼，开辟了"浙东学派"的哲学思维和治学取向的整体风貌，表现出"历史哲学"卓异的一面。吕祖谦的学说和与其有着良好个人关系的朱熹、陆九渊所创之学形成鼎立的学派。

　　吕祖谦的思想表现出了极端的生动性与亲和性。他强调的实践

---

① 董平选注、祁茗田评析：《浙江精神之哲学本源》，第10页。

思想一如鲜活的禾苗一般可种下去,可开花,可结果。吕祖谦说:

> 人之一心,方寸间其编简所存,千古之上,八荒之间,皆能留藏,则知"天在山中为大畜,有此理也"。君子观此,则"多识前言往行以畜其德"。于古圣贤之言行,考迹以观其用,察言以求其心,如是而后德可畜也。①

吕祖谦的思想锋芒直指圣贤,强调在实践中去体悟真理,这是对真理的属性最为准确的把握。他勇于置疑,不迷信,不神化,把圣贤的一言一行都列入了考证的对象,这种带着批判观点看待世俗偶像的意识,是站在很高的位置上来认识事物的。按照以往"民可使由之,不可使知之"的"子曰"的传统、社会普遍所持的观念,圣贤之说不允许凡人有半点怀疑亵渎。他的观念对民众的思想起到了振聋发聩的启蒙作用。因而,对破除迷信,建立勇于在实践中求真,不断探索经济、科技、社会发展规律,用自己的思想去敲开智慧的大门,培养浙江人的创新意识是大有裨益的。

"浙东学派"另一位思想家叶适(1150—1223),对"存天理,灭人欲"高不可攀的朱子衙门官学提出了挑战:

> "人生而静,天之性也;感于物而动,性之欲也。"但不生耳,生即动,何有于静? 以性为静,以物为欲,尊性而贱欲,相去几何!②

中国人是最要面子的,如果把他们的脸、他们的真实心意不加遮盖地展示出来,他们会露怯的。他们需要面纱,这面纱就是传统"正人君子"的道德标准,人们都会在桌面上说些冠冕堂皇的话来应景官场,适应社会。在这样的传统下,几千年来,人们的欲望遮遮掩掩的,一直如过街老鼠,成为大力喊打的对象。朱熹更是凭着他的才华智慧和对理学的坚定信念,爱憎分明,把"天理人欲"高度精练、提升为具有巨大杀伤力的"存天理,灭人欲"口号,对"人欲"予以讨伐灭绝。自此"天理人欲"严格地束缚着中国人的思想,制约着中国人的行为。

在这样一种浓浓的氛围中,"水心先生"叶适拨开了压城黑云,将"人欲"请上椅子,把人道请上椅子,给予人的存在和对美好生活的正当需求以正视。这种民主思想为当今社会人们为满足正当的"人欲",

---

① 吕祖谦:《东莱集》卷十三《易说·大畜》。
② 叶适:《习学记言》,第66页。

激发开发科技,开发市场的潜力,为商品经济的发展宽衣解带提供自由的思想空间。"春江水暖鸭先知",人们沐浴着这种思想的甘霖,这也便有了浙江人一有春风便舞动,一舞便是一番天的必然结果。

个性耿直,豪气满天的陈亮表现出了为国尽忠的激情,他的人才观一直受人称道:

> 何世不生才?何才不资世?天下雄伟英豪之士,未尝不延颈待用,而每视人主之心为如何……臣愿陛下虚怀易虑,开心见诚,疑则勿用,用则勿疑。与其位,勿夺其职;任其事,勿间其言。大臣必使之当大责,迩臣必使之与密议。才不堪此,不以其易制而姑留;才止于此,不以其久次而姑且。言必责其实,实必要其成。①

作为一介书生的陈亮,国土沦丧激励着他急切报国的决心。在当时的背景下,他认为"社会的最大任务就是恢复中原,一切学术思想,一切方针政策都应该服务这一根本目的"②。陈亮是功利主义最著名的代表人物,然而他的事功理念具有深刻的"大公"的报国内涵。陈亮周密体微的人才观具有切实可行的操作性。

同样,与陈亮同时代并与之有着密切交往的"永嘉学派"的创立者薛季宣(1137—1173)的用人观更是包容和惊世骇俗:

> 强国以人,作人以气,士气振而众材用。君子乐得其道,小人乐得其利;雄杰狙诈,皆得而用,则其国家靡不振。③

薛季宣提供了切实可行的用人标准,又提供了可以操作的用人办法,可谓精到之至。他对人才的开发利用可以说到了极点,不但正人君子,连狡猾诡诈之人都可作为开发对象,加以积极利用,真正做到人尽其用。这种挑战传统,对传统观念进行颠覆的做法,给人们带来了长久的思索,这种胸怀宽广的用人观念响雷般惊示着人们,对当今社会都有着直接的指导意义。我们不禁发问:我们做得到吗?

在中国,历来有"农本商末"的思想,把经商行为边缘化,至今在不少地区、不少人的潜意识里这样的观念依旧挥之不去。浙江人口多,资源少,传统单一的农耕经济无法满足浙江人的生存需求,易货通商,

---

① 陈亮:《陈亮集》,第26—27页。
② 董平:《浙东学派及其精神》,《浙江精神之哲学本源》,第159页。
③ 薛季宣:《浪语集》卷二十,《上宣谕汪中丞书》。

既是人们生存的需要,也是社会的呼唤。重商行为是浙江民众文化心理的重要组成部分,省内到处都弥漫着浓厚的经商意识,特别是温州更是把经商行为发展到极致。改革开放初期,温州人创出了"四千精神",即"走遍千山万水,经历千辛万苦,想尽千方百计,说尽千言万语"。①为什么?就是为商品经济的发展鸣锣开道,为满足正当的"人欲"不懈奋斗。这种文化的形成与"浙东学派"孜孜不倦地奋斗传承密切相关。

出生在温州、一生都贯彻着清楚而强烈经世思想的叶适这样写道:

> 《书》"懋迁有无化居",周讥而不征。春秋通商惠工,皆以国家之力扶持商贾,流通货币……。汉高祖始行困辱商人之策,至武帝乃有算船告缗之令。盐铁榷酷之人,极于平准,取天下百货自居之。夫四民交致其用而后治化兴,抑末厚本,非正论也。使其果出于厚本而抑末,虽偏,尚有义。若后世,但夺之以自利,则何名为抑?②

自南宋开始,温州就已经成为了全国七大贸易口岸之一。然而,作为"末流"的商业一直受到主流社会的歧视。在这样的背景下,思想家站在时代的风口浪尖,为商正名,为商呼喊,为下层人民提供坚强的道义支撑和心灵慰藉,历练了浙江人闯天下的勇气和胆魄。因而在改革开放开始,松绑了的浙江人,在不少内地的人们连出门都感到恐惧的状态下,一如出笼的小鸟飞出浙江,在大江南北穿街过巷,极大地丰富活跃了市场经济,赚得了第一桶金;同时,漂洋过海,在五大洲开辟出了浙江人的市场,拓宽了中国人的商业空间。

# 结　语

思想是自由的,是个性化的,是个体心理运动的产物,但文化是不断积累的,综合性的。文化的产生、衍化、传播受着政治、权力、时代强

---

① 田方萌编:《浙江人凭什么》,台海出版社。
② 叶适:《习学记言》,第168页。

烈而深远的影响。依赖强大的政权实力传播的儒学,在"百家争鸣"的社会背景下,在被西汉统治者选为治国之器后,在"罢黜百家,独尊儒术"的一声政令下,脱颖而出,成为两千多年中国一统天下的经世哲学,渗入国人"膏盲",这是一典型例子;在南宋时代小"百家争鸣"气候下,程朱理学因为"存天理,灭人欲"而深得统治者颔首青睐,得以广泛传播,几百年来深刻影响着人们的思维模式,这又是一个很好的例子。

南宋时代政治、文化中心的转移,给南方实学思想带来强势的繁衍传播机会,对浙江民众现代文化心理的形成起着奠基作用。

有形的文化以文字、实物形式给我们提供看得见摸得着的存在,发挥着它应有的作用。民众的文化心理则以它"形而上"的方式存在,虽看不见摸不着,却如一只无形的手,无时无刻不在影响着人们的行为,操控着政治、经济和社会的运转,在历史发展进程中产生着深远的影响。积极的文化心理是一种生产力,而消极的文化心理是一种反生产力。

浙江的经济、社会自改革开放以来,经历了二十多年的发展,对它的成败得失人们作了足够的关注和评价。在成功的经验和失败的教训里需要我们作更多的思想文化梳理,这是我们哲学界的责任。

我们不得不指出,浙江民众在充分得益于古人灿烂思想文化成果的同时,也明显感到继承着从传统中积淀的文化心理的保守成分。比如,在现代企业制度下人们用人上所秉持的以亲疏为尺度的潜意识,官场中任人唯亲的文化心理,使人们过多地对家族、亲缘、地域产生依赖,阻碍着社会的进一步发展。如浙江有一家全国百强民营企业,其创始人具有浓厚的文化底蕴,人格也很高尚。在企业的急剧扩张中,他深刻意识到需要有现代意识、需要现代的企业制度来支撑自己的事业。企业不断向全国招聘人才,吸引着许多博士、教授、职业经理人的加盟。可在真正使用人才中又无法摆脱传统文化心理的影响,潜意识又使他和他的团队回到对亲缘、地域的依赖。外来加盟的人才,他们的向心力想让自己走近他们的太阳,可集团里亲缘关系的离心力在排斥着他们,他们只能像卫星一样在圈外运动。在这样的氛围下工作,时时不被信任,要开展工作总有许多无形的手在调控,有无形的眼睛在监视,影响着他们的积极性和主观能动性的发挥,这些人一开始满腔热血,当磨尽了最初的锋芒,最后不是卷起铺盖告别理想就是在消极中挨着时光。

　　这些现象在浙江不是个别的,值得我们对文化心理的进一步探索,为时代的发展提供理论支撑。

# 地域文化与浙商合作精神

陈立旭

古代、近代和当代的浙江商帮,无论是古代和近代的龙游商帮、南浔商帮、宁波商帮,还是当代新浙商,从某种意义上说,都是一个以血缘家族为核心,以地缘关系为纽带,范围广泛、组织松散的商人和企业家群体。重亲缘、重乡谊、讲团结,同乡之间互相支持、风雨同舟的合作精神,是古代、近代和当代浙商鲜明的个性,也是他们抵御经营风险和超经济因素干扰,并取得辉煌成就的重要因素。本文拟就此进行探讨。

一

古今浙商重亲缘、重乡谊、讲团结,同乡之间互相支持这种合作精神,植根于中国特色、浙江地域特点的文化之中,尤其是注重亲缘和准亲缘关系的家族文化之中。

在中国传统社会,家庭和家族是一个重要的社会机构,浙江区域当然也不例外。卢作孚说:"家庭生活是中国人第一重的社会生活;亲戚邻里朋友等关系是中国人第二重的社会生活。这两重社会生活,集中了中国人的要求,范围了中国人的活动,规定了其社会的道德条件和政治上的法律制度。"[①]李亦园指出,中国文化是"家的文化"。[②]杨国

---

① 卢作孚:《中国的建设与人的训练》,转引自梁漱溟《中国文化要义》,学林出版社,1987年,第12页。

② 李亦园:《中国人的家庭与家的文化》,转引自文崇一、萧新煌主编《中国人:观念与行为》,台湾巨流图书公司,1988年,第113页。

枢则指出:"家族不但成为中国人之社会生活、经济生活以及文化生活的核心,甚至也成为政治生活的主导因素。"①汪丁丁也认为:"从那个最深厚的文化层次中流传下来,至今仍是中国人行为核心的,是'家'的概念。"②费孝通主张要重视家庭的作用,"这个细胞有很强的生命力",他认为,家庭宗族制度下的文化,首先表现为对血缘关系的高度注重。③传统中国的人际关系是以血缘为序列,以父子为经、以兄弟为纬的立体关系网,几乎可以将所有相识的人纳入到这张网中,当然,在这张立体网上,不同人之间的关系却是不同的,不同的网结间有着远近亲疏的差别。它实际上是"以'己'为中心,像石子一般投入水中,和别人所联系成的社会关系,……像水的波纹一般,一圈圈推出去,愈推愈远,也愈推愈薄"。④这就是作为中国社会结构基本特征的"差序格局"。

在"差序格局"中,从"己"到天下是一圈一圈推出去的。"己"是中心,家庭只是社会圈子中最小的一轮。离开"家庭圈"、"亲属圈"或"亲缘网络"之后,重要的社会圈子是"邻居圈"、"私人交往圈"。在这些亲缘或亲缘式"圈子"中,产生了"人情信用卡"。在既定(亲缘和亲缘式的)群体内产生的这种全面而强烈的信任关系,减少了群体成员之间讨价还价的成本,自觉地为家族工作的伦理信念,大大降低了内部管理的交易费用。如彼得·布劳所说:"一个明显不太和睦的家庭,一旦与'外人'发生冲突,特别是处于危险之中时,就会有一种兄弟阋于墙而外御于侮的心理状态",⑤并一致行动。近代以来,随着中国社会的变迁,尤其是从共同社会向利益社会、从农业社会到工业社会,从封闭半封闭社会、从乡村社会到城市社会的转变,基于亲缘和亲缘式关系的特殊主义的差序格局之内涵、范围、特点,都已发生了变化。尽管如此,但"差序格局"滋生的社会条件仍然存在。

---

① 杨国枢:《家族化历程、泛家族主义及组织管理》,转引自黄国隆等主编《海峡两岸的组织与管理》,台湾远流出版事业股份有限公司,1998年。

② 汪丁丁:《经济发展与制度创新》,上海人民出版社,1995年,第21页。

③ 见《费孝通、李亦园对话录》,《北京大学学报(哲学社会科学版)》1998年第6期。

④ 费孝通:《乡土中国》,三联书店,1985年,第25页。

⑤ (美)彼得·布劳著,孙非、张黎勤译:《社会生活中的交换与权力》,华夏出版社,1988年,第308页。

在历史上,浙江是一个受重视亲缘和准亲缘关系的家族文化影响较深的区域。正如有学者所说,历史上的浙东是强宗林立之地,"宗族之'强'不仅表现在它外有雄踞乡里的经济实力和和来自朝廷奥援的政治实力,还表现在它对本宗族内部秩序有效的管理。这两者在大部分场合下可能是统一的,尤其是浙东,这种统一在 17 世纪就已实现,并且程度也要较其他地区为高。"①周晓虹的研究表明,近代以来因诸种因素的影响,宗族血缘关系弱化从苏南到浙北、再到浙南呈递减状态。②换言之,近代以来,浙江一带对宗族血缘关系的重视,仍然显著地强于苏南。虽然,江苏与浙江农村中血缘关系的弱化在 1840 年西方列强打入中国之后已有相当的表现,但宗族血缘共同体的松懈程度以苏南为最,浙北次之,浙南再次之。比如,在苏南的昆山周庄农村,基本上一无公田,二无祠堂,而这种现象早在 19 世纪中叶就已十分普遍,所以陶煦在光绪六年(1880)撰写《周庄镇志》时就说:"宗祠为近地所鲜。"③在周庄,起码自 19 世纪中叶起就已经不存在同族共聚祠堂祭祀祖先的现象,而家祭虽然供奉着"自始祖以下之主"的牌位,但大多数只涉及父母和祖父母两代。周庄所在的苏南一带的大多数地区很早就没有族长了,而浙南有些地方虽至 20 世纪 30、40 年代仍设有族长,尽管除了调解家庭内部或家庭之间的矛盾外,族长对族内成员的约束力已大为减低。④

浙北杭嘉湖平原一带可以看作苏南和浙南之间的一种过渡状态。与苏南类似,近现代以来浙北宗族血缘关系虽然仍然存在,但也有逐步趋于松懈的迹象,只是在松懈程度上较苏南弱,较浙南强。据曹锦清、张乐天、陈中亚的研究,在 20 世纪 30、40 年代的浙北乡村到处散布着"家庭组合"式村落。这种村落内部的宗族组织已经解体,宗族血缘纽带已大大松弛,宗族意识已相当淡漠,家庭个体化、独立化已近完成,村落成为各独立家庭的集居地,村落的地缘关系高于血缘关系。

---

① 钱杭、承载:《十七世纪江南社会生活》,浙江人民出版社,1996 年,第 118 页。
② 周晓虹:《传统与变迁——江浙农民的社会心理及其近代以来的嬗变》,三联书店,1998 年,第 290 页。
③ 光绪《周庄镇志》。
④ 周晓虹:《传统与变迁——江浙农民的社会心理及其近代以来的嬗变》,三联书店,1998 年,第 130 页。

宗族活动大多限于婚丧大事,家庭生产和生活的互助大多限于直系亲属和姻亲属及邻里的小范围之内。据当地老人回忆,在 20 世纪 30、40 年代,多数宗族并无族谱,少数保留族谱的"大宗富族",其最晚的延修时间是清末民国初年。而在浙中的嵊县,1949 年前,一些宗族,一般相隔 30 年修一次宗谱。家谱修成后要造祭谱酒,有的村还演谢谱戏。虽然在"文化大革命"中嵊县所存历代宗谱,大多因破"四旧"而毁,但 1985 年,经初步查访,县内尚存王、张等 96 姓的家谱 520 部,其中明代 1 部,清代 142 部,民国 197 部,年代未详 180 部。此外,在 20 世纪 30、40 年代的浙北乡村,"绝大多数宗族并无族产,即令少数拥有族产的宗族,其数量也微不足道,其祠田收益或仅够每年一度的共同祭祀,或需各户分摊祭祀费用,或由经商致富者资助。"[1]与浙北宗族文化的外在组织形貌的松懈形成鲜明对照,在浙南温州的虹桥,一直到 1949 年土改前夕,全镇仍然有宗族公田 1078.41 亩,占镇内 8044.51 亩土地的 13.4%,并且宗祠也随处可见。[2]而在浙东南的台州地区天台县,一直到 1949 年以前乃至于改革开放以前,全县乡镇多同姓聚族而居,连县城内也分族姓各居一处,如东门陈姓、溪头姜姓、桥上王姓、后司街曹姓。乡间则由几户、几十户,乃至几百户、上千户组成自然村落。绝大部分村庄是同一个宗族,也有大的宗族分居两个以上村庄,或一个村庄居住两个以上宗族的。聚族而居的村镇必有祠堂。祠又分大宗、小宗。全县最古老的祠堂是县城东门哲山的陈氏祠堂;最宏敞的祠堂是县城袁氏祠堂。民国《天台县志稿》称:"天台人,多聚族而居,重宗谊,善团结。"

随着近代以来急剧的社会变迁,以族谱、族田、族规和族长为标志的传统家族制度,已经逐步地丧失了外在的形貌,但是,像全国许多地区一样,无论是浙北、浙中还是浙南,构成家族文化存在的先决条件的亲缘(血缘和姻缘的复合)连带体自始至终没有受到根本的动摇,作为维系家族延续客观条件的亲族聚居,也没有遭到彻底的破坏,作为一

---

① 曹锦清、张乐天、陈中亚:《当代浙北乡村的社会文化变迁》,上海远东出版社,2001 年,第 500 页。

② 周晓虹:《传统与变迁——江浙农民的社会心理及其近代以来的嬗变》,三联书店,1998 年,第 129 页。

个社会群体的家族也就从来未被消灭过。据曹锦清、张乐天、陈中亚等的研究,在 20 世纪 30、40 年代,不用说在宗族文化的外在形貌仍然得以保存的浙中和浙南,即使在族谱、族田、族规和族长等宗族文化的外在形貌已趋于松懈的浙北,亲缘关系和地缘关系也依然是村民所熟悉并加以利用的关系。由婚姻、生育和共居而自然建立起来的原始的人际关系,依然是村民社会关系的基础,各种非单独家庭所能满足的家庭需要,只能通过亲缘或亲缘式关系网络加以满足。所有村民都生活在由亲缘和地缘关系交织而成的关系网中。除此以外,朋友关系在 20 世纪 30、40 年代的浙北也显示出了其重要性。[①]

1949 年以后,尤其是"文化大革命"时期,在强大的意识形态攻势和新的政治背景下,无论是浙北、浙中,还是浙南,不仅家族文化的组织外貌,而且家族观念和家族意识,也在不同程度上被当作封建主义的东西而受到了批判和抑制。然而,有意义的问题在于,在改革开放之后,像全国许多其他地区一样,虽然家族文化的一些外在组织形貌(如族田)在浙江已不再重新生长,但家族观念和家族意识却在较大范围内得以复活。

据徐家良 20 世纪 80 年代末在浙江慈溪市三灿街南村的调查表明,虽然近现代以来,慈溪三灿街南村传统的家族结构一定程度上受到破坏和分化,也一定程度上削弱了它在村社会的权威性,但是关系网仍笼罩着村社会。关系网指家族关系、连襟关系、表亲关系和继拜亲关系(继亲关系:一个家庭子女与另一家庭父母结成名义上的父母关系,作为亲戚来交往)。关系网形成村社的连环套,无法解开,也无法解脱,使家族结构以及家族权威发展为与其他关系并存的局面。尽管村党支部、村民委员会等组织已经成为名副其实的权威中心,处理着村社会的一切公共事务,但它仍受到关系网连环套的重重束缚和牵制。[②]另据任晓 20 世纪 80 年代末对浙江象山县晓一村的调查,晓一村的家族观念在旧社会时较强,解放后逐渐淡薄,但仍保留着家族文化

---

① 曹锦清、张乐天、陈中亚:《当代浙北乡村的社会文化变迁》,上海远东出版社,2001年,第508页。

② 王沪宁:《当代中国村落家族文化》(附录:案例 3 浙江三灿街南村),上海人民出版社,1991年,第354页。

的习俗。凡有联姻关系或继拜关系的,往来十分密切,不仅婚嫁、丧葬、建房这些大事有往来,就是平时"时交月节"也都相互串门,"亲帮亲"、"邻帮邻"已成为情理中事。附近的亲戚越多,势力越旺,办事就越容易,因此近年有就近联姻的趋势,以防止别人的侵害。①从三灶街南村和晓一村我们可以透视到浙东、浙北的村社会,或者也可以说,三灶街南村和晓一村一定程度上是浙北、浙东农村社会的一个小小的缩影,具有一定的代表性。

在浙南的温州,宗族文化意识的复活,甚至影响到了社会生活的方方面面。在乡镇换届选举中,包括乐清在内的温州一些地方都出现过宗族势力以拉选票、撕票等方式破坏正常选举的事。随着宗族意识的复活,乐清、永嘉等地重修庙宇、宗祠、坟墓、重撰族谱以及看风水、祭祖奉神等风盛一时。在虹桥,不仅建国初期或"文革"时期被捣毁的庙宇大部修复,而且许多村还建起了新庙宇,甚至还有几座基督教堂,虹桥全镇重建的祠堂也有好几座。而在此风更盛的永嘉,一个黄田乡在 1989 年时就已重建祠堂 33 座。苍南县江南地区现存祠堂 1000 多处;其中 3 个乡 8 个行政村的 25 姓,有祠堂的占 68%,至于族谱的重新编撰在台州、金华、温州、绍兴乃至整个浙江也已成气候。在永嘉桥头镇,在 1980—1983 年的四年间,叶氏等 17 个大姓就重撰族谱 53 册。②在温州瑞安的韩田村,1978 年以后韩姓、陈姓、曹姓等家族都先后恢复了修宗谱活动,其他 33 个姓或以本村的家族为单位,或到原迁出村落认祖归宗,也普遍开展了重修宗谱活动。③此外,1978 年以后,浙江许多地方的祭祀祖宗、拜祖坟的活动也由地下转为公开,而且随着家户经济实力的增加,祭祀活动的单位开始由家庭向家族扩大,开支和场面也越来越大。

在浙江,尤其是南部的台州和温州,家族文化的复活还再次助长了宗族群体的冲突和对抗。比如,在历史上,温州苍南县江南片就有

---

① 王沪宁:《当代中国村落家族文化》(附录:案例 4 浙江晓一村),上海人民出版社,1991 年,第 354 页。

② 周晓虹:《传统与变迁——江浙农民的社会心理及其近代以来的嬗变》,三联书店,1998 年,第 291 页。

③ 周祝伟、林顺道、陈东升:《浙江宗族村落社会研究》,方志出版社,2001 年,第 266 页。

宗族械斗的风气。据民国《平阳县志.风土志》载:"江南俗喜械斗,往往因薄物细故两地起争,即各持刀械出斗,其被戕者报官请验,必罗积其地之富民无辜者,控为凶手,主唆兵差下乡,屋庐财物举为荡焉,而凶手早为兔脱,缠讼数年,案无归结,乃起而讲之,按户贫富科钱出和,以寝其事。而官亦含糊为之了结。每械斗一次,地方元气大伤,正教不善,莫此甚也。"1949 年以来,江南片的宗族械斗在一定程度上得以扼制,但"文化大革命"以来,宗族械斗风再次复活。1967—1991 年间江南片共发生大小宗族械斗 1000 多起,其中发生在 1979 年以前的约700—800 起。1966 年以来的一段时期宗族械斗的泛滥,显然有特殊的原因。因为 1966—1967 年以来,正是"文化大革命"爆发,中国处于社会大动乱阶段,武斗风极其盛行,宗族械斗披着"革命"的外衣,借着这一机会而大为肆虐。比如,江南片的宗族以陈、杨两姓为最大集团,势力最强,其他许多姓攀附他们成为其相好姓。"文化大革命"时期,两姓与派性相结合,陈姓成立了"江南地区和平防守联合会",杨姓成立了"自卫同盟联合会",各自建立指挥部,展开大规模的武斗。1978—1979 年以来,随着思想、组织、政治路线的全面拨乱反正,不仅武斗风受到了有效的遏止,而且宗族械斗也受到了政府尤其是公检法部门的极为严厉的打击,宗族械斗骨干分子往往被判以重刑。1983 年3 月中央有关部门根据对湖南、湖北部分农村的调查情况,提出了处置"封建宗族势力活动",如宗族械斗、建立封建宗族组织、私立族规禁约、联宗祭祖、重建旧坟等问题的有关政策建议。在这种情况下,宗族械斗这种恶习本应就此绝迹。但尽管如此,温州苍南县的江南片发生于 1980—1983 年的 65 起,1990 年发生的各类宗族械斗 22 起,1991年发生的和被制止的械斗事件 50 多起。①1990 年 2 月 13 日至 18 日,台州地区天台县苍山区 2 个宗族因山林水利纠纷,迅速发展成 7 个乡43 个村"王、汤、戴、奚"与"许、鲍、周、余"两类宗族同盟 5000 余群众卷入的大规模械斗。②在浙江全省,单 1990 年第一季度,因各类个人或家庭纠纷引发的群体性宗族械斗事件就多达 26 起,其中百人以上的 15

---

① 王晓毅、朱成堡:《中国乡村的民营企业与家族经济》,山西经济出版社,1996 年,第156—157 页。

② 余红等著:《当代农村五大社会问题》,江西人民出版社,1995 年,第 118 页。

起,千人以上的 2 起。[①]家族文化意识的复活,无疑是浙江农村中发生宗族群体的冲突和对抗的重要原因,同时宗族群体的冲突和对抗,又进一步强化了宗族文化意识并明确了农村宗族或家族的边界。

家族文化在改革开放以来的浙江得以复活的原因是多方面的,其中重要的是以下几点:首先,虽然 1949 年以来像全国各地一样,浙江农村一次次急风暴雨式的社会运动,强制性地斩断和淡化了农村中同宗族同姓氏人们间基于血缘关系的认同意识,并且使现实的人际关系结构发生了一系列实际的改变;但是,另一方面,这种强制性的行为又没有能真正取消农村文化传统中那种对于自身和自己所属血缘群体的历史的深沉关怀。[②]事实上,1949 年之后政府采取的措施只是"在一定时期内压制了农村宗族活动的发展",但对"宗法制度在社会结构与社会意识中的深厚基础却触动不够,因此,尽管宗族与宗法关系的影响在将近三十年时间中似已近于消失,而实际上,他们在农村中的根基却依然存在,并以隐蔽的形式长期发挥着作用"。[③]这是因为,"宗族生存依据与人们的居住条件、日常生活过程中的亲属联系、由传统造成的心理习惯以及宗教需要有关。"[④]农村的宗族组织、家族意识和家族活动,固然会体现在如祭祖、族谱、祠堂、族规等家族仪式、家族象征符号及制度规范等方面,但更重要的是,它们是活生生的东西,流淌、浮现、浸润于农民的日常生活实践,从而给自身带来长久的文化意义上的生命。正因如此,改革开放以来,当国家放松了外在的强制,家族意识较为深厚的浙江尤其是浙南农民,立刻就以各种方式开始了对血缘共同体的重建过程。

其次,除了外在强制放松以外,改革开放以来的家庭联产承包责任制,显然也对家族制度和家族文化的再生产,产生了极为重要的刺激作用。某种程度上说,家庭联产承包责任制所借重的是家庭血缘关系的力量,它恢复甚至强化了家族尤其是家庭作为基本的生

---

① 毛少君:《农村宗族势力蔓延的现状与原因分析》,《浙江社会科学》,1991 年第 2 期。

② 钱杭:《中国当代宗族的重建与重建环境》,《中国社会科学季刊》(香港),1994 年第 1 卷。

③ 钱杭、谢维扬:《宗族问题:当代农村研究的一个视角》,《社会科学》,1990 年第 5 期。

④ 钱杭:《关于当代中国农村宗教研究的几个问题》,《学术月刊》,1993 年第 3 期。

产和消费单位的意义,而这正是特殊主义的家族文化得以恢复的重要的经济基础。同时,在从人民公社时期的以大队、小队为生产单位到人民公社解体后的以家庭为生产单位的转变,也在某种程度上导致了乡村基层政权的弱化。乡镇、行政村、自然村与村民小组这一套新的行政制度实际上并没有很强的社会—经济作用。"它们不是一种生产联合的制度,而仅起社会控制与国家权力象征的作用。真正在起经济过程社会化作用的,是民间传统的家族制度与社区认同。换句话说,现代化并没有带来传统的家族房支、姻亲与邻里关系网络的破坏,而是促进了这一系列非正式的地方性制度(local institutions)进入功能再现的过程。"①在此情况下,传统的家庭血缘关系网络,便开始凸显出来,并在一定意义上取代了以前乡村基层政权承担的部份职能。

再次,在浙江尤其是浙南,高度紧张的人地矛盾,以及 1978 年以后发展起来的个体私营经济的高风险性和不确定性,无疑对农民产生了极大的生存压力,这种压力既培育了他们自主创新的精神和自主谋生的意愿,也使他们产生了孤立无助、无从把握的不安和焦虑心态,从而"常常要借助于对传统智慧的创造性应用、对幸存的关系网络的强化利用",②希望依赖他们所熟悉的旧传统去抵御社会生活的新冲击。在浙江尤其是浙南地区,改革开放以后出现了大量以分散经营为特点的非农业经济活动(如个体运输业、商业、加工业和副业),加之当地的集体经济的薄弱,不仅使得个体经营者需要寻找像宗族这样的血缘群体作为依托,解决生产和经营中的各种难题,而且使得农村社区的公益救助事业也常常不能不以宗族血缘群体为后盾。③

---

① 王铭铭:《中国民间传统与现代化——福建塘东村的个案研究》,贾德裕等主编,周晓虹执行主编:《现代化进程中的农民》,南京大学出版社,1998 年,第 314 页。
② 赵力涛:《家族和村庄政治》,北京大学社会学系研究生硕士学位论文,转引自杨善华:《家族政治与农村基层政治精英的选拔、角色定位和精英更替》,《社会学研究》,2000 年第 3 期。
③ 周晓虹:《传统与变迁——江浙农民的社会心理及其近代以来的嬗变》,三联书店,1998 年,第 322 页。

# 二

上述表明,重视亲缘和准亲缘式个人关系,是浙江地域文化的重要特征。这就意味着,在浙江区域的人际交往中,一般是越靠近家族血缘关系——"己"的中心,就越容易被人们信任和接纳,也就越容易形成合作、亲密的人际关系,越具有团结、合作精神。

经济社会学的研究表明,建立在亲缘和准亲缘式个人关系基础上的信任观念、团结合作精神,也具有一种重要的经济社会功能,即可以使人们的行为具备更大的确定性,并在社会互动网络中减少机会主义行为。亲缘关系及其扩展形式如朋友、师生、邻里、熟人等关系,"不同于一般的社会关系,它是社会资本的表现形式之一,是一种多线的、具有持久特征的社会关系。相互之间的权利、责任和义务确定,主要不是通过法律或明确的规章制度建立的相互之间的信任也主要不是通过法律来保证的,而是通过习惯或传统得以确定和保证的。"①布劳认为,不管是在微观领域还是在宏观领域,交换都需要有一种"共同价值观"作为媒介。这种价值观在社会活动过程中逐步产生,在组织中逐渐形成,并通过社会化过程在社会各成员中逐渐地内在化。②如果一个社会没有建立起普遍主义的人际关系,而特殊主义人际关系又大行其道,那么,特殊主义就有可能成为布劳所谓的"共同价值观"的重要内容,并为社会成员的交换和组织提供一种基本准则。

在古今浙商的发展过程中,达成交换和组织信任关系的"共同价值观",无疑既包括了人们对亲缘和地缘关系的认同,也包括了费孝通所说的对"圈内人"的认同;既包括了亲友之间的团结合作精神,也包括了同乡之间的互助合作精神。这种通过习惯或传统得以确定和保证的、建立在亲缘或亲缘式个人关系基础上的信任观念、团结合作精神,始终流淌在古今浙商的血脉中,构成了古今浙商世代相传的文化

---

① 张其仔:《社会资本论:社会资本与经济增长》,社会科学出版社,1997年,第73页。

② 参见张继焦《市场化中的非正式制度》,载沙莲香等著《中国社会文化心理》,中国社会科学出版社,1998年,第314—315页。

基因,成为他们相互支持、风雨同舟,共同抵御危难险阻的精神支柱。

在古代和近代,宁波商帮、龙游商帮就表现出了很强的团结、合作精神。在明清时期,宁波人、龙游人已经在全国各地建立以血缘家族为核心、以地缘关系为纽带的同乡会馆、公所。鸦片战争后,随着宁波商人在全国各地的不断聚集,宁波同乡会馆、公所等也逐渐增加。作为同乡集会之所,这些会馆、公所以"敦亲睦之谊,以叙桑梓之乐,虽异地宛若同乡"、"团结同乡"、"集合同乡力量"的团结、合作精神为宗旨,在同乡之间建立重乡谊、团结互帮、互相支持的纽带。1928年的宁波同乡会章程,就鲜明地体现了这一点:"本会以团结同乡,发挥自治精神为宗旨。"1945年的宁波同乡会章程又进一步指出:"集合同乡力量,推进社会建设,发挥自治精神并谋同乡之福利。"

从古代到近代,不少后来成为巨贾的人物,其立业之初都曾得到同乡的帮助。在创业过程中,尤其是在企业陷入困境时,古代和近代浙江商人都能联手相帮,共度险境。比如,以宗族、同乡为纽带形成的同乡团结力量,在宁波帮的发展中发挥了重要的作用。1908年,由宁波商人集资兴办的四明银行在上海开业后,曾受到外国银行和洋行的倾轧,一遇风潮,就用四明银行发行的钞票来挤兑现洋。当时四明银行的实力并不雄厚,但借助于宁波同乡的团结互助之力,宁波人开设的各大商店、钱庄、银号,往往在挤兑风潮来时,家家代为收兑四明银行的钞票,使风潮得以平息。[①]正如民国《上海县志》所说:"辛亥光复,国内银行兑现、提存,几时一辙,而该行赖以平定者,甬商之力。"[②]1909年宁绍帮商人合资创办宁绍轮船公司,以与英商太古公司与法华合资的东方公司相抗衡。当时,票家斗争十分激烈,宁波轮一开航,就在船上挂牌"立永洋五角",以示永不涨价。这使太古轮乘客锐减,有时甚至放空船。太古轮为压垮宁绍轮,将票价从一元降到三角,宁波同乡齐心支援,成立"航业维持会",募集资金10万余元,补贴公司损失,宁波商人还约定全部商货交给宁绍公司装运,而一般宁波人也愿多出一角钱乘宁绍公司的轮船,经两年竞争,宁绍公司不仅坚持了下来,而且又添置了一艘新轮船。因此,正如有学者所说,近代宁波人"只要有一

① 参见乐承耀《近代宁波商人与社会经济》,人民出版社,2007年,第356页。
② 民国《上海县志》卷六《商务》下册,银行。

人在一处地方成功,立刻一家一族朋友亲戚同乡都闻风汇集,不数年间,就成为一群"。[1]近代宁波商人"能如此活跃,他们团结的力量亦是一大原因,表现他们团结力的,就是四明公所"。[2]

不仅如此,在工商活动中,精明强干的宁波人,也充分利用各地的同乡组织,以互助合作的精神,建立起了许多推销商品、获取原材料和经济往来的商业网。这对于一个在风险大、交通不便和以一种特殊信用关系为基础的区域之间进行贸易的商业群体来说,无疑是非常必要的。同乡互助、合作,也使宁波商人在与其他商帮的竞争中取得了优势。以这种团结、合作精神为纽带,近代宁波商人也热心于在同乡之间进行济贫帮困等慈善活动,诸如救济帮助失业同乡;解决因灾害受困的宁波同乡各种困难等。[3]显然,古代和近代各种以血缘和地缘等为纽带的帮会组织重视同乡互助合作,有利于财力、物力、人力的集聚,势力的巩固和扩张,协调解决商业活动中的矛盾纠纷,建立公平的商业秩序。

经济行为的根基在社会关系中,而各个社会的社会关系却是不一样的。不同的社会关系模式,将导致不同经济社会行为模式。在一个具有特殊主义取向的社会中,人们更重视已经存在的各种关系,他们倾向于与自己有某种特殊关系的人们进行交往,而这种交往又会使他们原有的关系得到加强,因此,特殊主义的取向具有固化既存关系、增强关系网成员信任程度的功能。虽然特殊主义取向也是"团结和整合的媒介",但这种媒介的作用范围只局限于具有特殊关系的人们之间。这种处理人际关系的过程必然产生的后果是:他们把所接触的人分为两类,一类是与自己有某种特殊关系的、可以信任的自己人;另一类是在此之前没有特殊关系的人,特殊主义的行动者常常认为这后一类人是难以信任的。

宁波人、龙游人等古代和近代浙商通过建立各种以血缘和地缘等为纽带的帮会组织以从事商业活动,既体现了同乡之间的互助、合作

①　上海通志社编:《上海研究资料》续集,上海书店,1986 年重印,第 294 页。

②　汪泽仁:《致力民主运动的盛丕华》,《宁波帮企业家的崛起》,浙江人民出版社,1989 年,第 263 页。

③　参见乐承耀《近代宁波商人与社会经济》,人民出版社,2007 年,第 356—357 页。

精神,同时,也体现了对外人的"排斥"或者说"不信任"的心理倾向。在雷丁(S. B. Redding)的整个分析框架内,华人企业家对外界,如对政府、对外人、对与自己(或企业)没有关系企业的不信任贯穿始终。不信任而导致的不安全感,使防御性成为华人资本主义精神的一个重要组成部分。在回答"为什么华人家族企业在企业内要重用亲戚或者搞裙带关系"时,雷丁的回答是:因为不信任外人。由于对外人缺乏足够的信任度,所以,企业主就要在企业中营造一个围绕自己的核心家庭的家族网络或者帮派势力。另一方面,古代和近代浙商之所以显示了他们对外人的"排斥"的或者说"不信任"倾向,也是出于信任关系的建立需要一段相当长的时间和成本的考虑。这时,家族成员或同乡、朋友等之间的信任关系,同乡和朋友之间的团结合作精神,即作为一种节约交易成本的资源进入。

## 三

以血缘家族为核心、以地缘关系为纽带的同乡互助、团结合作精神,在当代新浙商中得到了继承和发扬光大。改革开放以来,浙江经济模式可以被表述为:市场化 + 投资主体多元化(民营经济为主体) + 专业化特色产业区。[①]这一模式之所以得以扩展的一个重要原因,也在于其借重了亲戚和亲缘式的人际关系,而重乡谊,讲团结,同乡之间互相支持、风雨同舟的合作精神,则在其中起了润滑剂的作用。

改革开放以来,浙江人的经济活动范围逐步扩展,从面向省内区域市场,发展到面向全国大市场,再发展到面向国际大市场。浙江模式中的"大市场",不仅仅意味着在浙江区域内涌现的众多的专业市场,而且也意味着撒向全国乃至全世界的经济交往网络,所谓"哪里有浙江人,哪里就有市场;哪里有市场,哪里就有浙江人"。那么,大市场如何与浙江人紧密联系在一起?

社会网络的研究近年以来开始受到中国学者的重视。作为一种

---

① 颜春友:《浙江民营经济发展与特色产业区》,载《纵论浙江》,浙江人民出版社,2003年,第238页。

微观研究,社会网络研究框架倾向于分析将成员连接在一起的关系模式。网络分析探究深层的结构——隐藏在社会系统的复杂表面之下的固定网络模式,并描述网络结构如何限制社会行为和社会变迁。从社会网络分析框架出发,可以发现浙江人外出经商的方式和方向上存在着一种重要的现象,即在某一大中城市、某一社区或行业中,往往聚集了一大批以"离土离乡"的方式进城经商务工的浙江或浙江某一地区的人群,从而在全国乃至于世界形成众多的"浙江村"、"浙江街"。全国各地的"浙江村"就如一个由亲缘、地缘网络和生产、市场网络混合成的特殊的松散集团公司。当代浙江人外出务工经商,有这样一个特点:刚开始,先是少数人,也没有明确的务工经商目的地,一旦发现一个地方有钱可赚,就把亲戚朋友、左邻右舍带出来。北京的"浙江村"和巴黎的"温州城"基本上就是这样聚集起的,其他地方的浙江人经商聚落也往往是通过这种方式聚集起来的。这个聚集过程,具有"帮带"的特点,即一个人在一个地方发现了市场机会,就会有三亲六眷、朋友老乡尾随而来,规模越做越大。因此,亲缘及准亲缘(邻居、同学、朋友等)社会网络不仅为浙江人外出经商务工提供了信息,而且也构筑了人员的流动链。

　　浙江人外出经商的信息之所以来源于他们的亲缘及亲缘式关系(即作为亲缘关系复制或延伸出来的其他关系,如邻里、朋友、同学、战友等),很大程度上是由于这些关系意味着较高的信任程度。翟学伟关于关系强度与农民外出求职策略的研究表明,[①]在特殊主义或"差序格局"的文化背景下,所谓信任度,不是指信息传递本身的真假及其程度,而是指接受信息的人根据什么因素来判断这个信息为真或者为假。现实生活中完全可能发生这样的事,在信息的传递过程中,有亲缘关系和亲缘式关系的人的信息可能是假的,但因为与之具有亲缘关系或亲缘式关系,接受信息的人把它当成是真的;无亲无故的人的信息可能是真的,但接受该信息的人却会把它当成是假的。因为前者之间的关系是强信任的,后者之间的关系是弱信任的。遍布全国乃至全球的"浙江村"、"浙江街"聚集过程无疑充分地印证了这一点。

---

　　① 翟学伟:《社会流动与关系信任——也论关系强度与农民工的求职策略》,《社会学研究》,2003 年第 1 期。

　　北京的"浙江村"是近十多年以来社会学者重点关注的经济社会现象。据周晓虹等的调查,到 1995 年时,丰台区一带"浙江村"的面积已经扩展到了大红门和南苑等 5 个乡 24 个自然村,连沙窝、西局、大郊亭,劲松东口等地也都像满天星一样撒上了一片片新的"浙江村"。居住在"浙江村"的经商务工者人数在十万人以上,其中约 75% 是乐清人(其中又有 40%—50% 的人来自原虹桥区),另有永嘉、瑞安和温岭等地的温州人和台州人,也有少量的湖北、四川、安徽和江苏人。在 20 世纪 90 年代尽管在中国的大中城市中都有全国各地人聚集而成的"××村",比如,在南京就形成了以收购、捡拾、加工和专卖废旧塑料为生、以河南固始农民为主要成员的"河南村",以及政府出面兴建的"小手刀公寓","但像'浙江村'这样历时较长、规模庞大、内部自成系统的民工聚居地还十分鲜见"。[1]这种有自己地理边界、明确的生活和生产区域的浙江人"准社区现象",不仅见之于浙江省外,而且也见之于浙江省内。"就这一点而言且不说目前遍布全国的'浙江村'、'温州村',就是在浙江全省范围内,比如杭州,就有城北商贸城,原先是温州人做皮革生意的居所,温州人还在杭州办了四季青服装批发中心;在茶叶市场,新昌人显然多过其他地区的人。而珍珠及珍珠制品的市场,诸暨口音就成了最主流的乡音了。"[2]这表明,全国各地的"浙江村"村民不是以散在的方式存在于城市的不同角落的,他们集中在一起,形成了一个个既与当地人相往来又与当地人在生产和生活方式相区别的"准社区"。在这个"准社区"中,"浙江村"村民之间具有相当程度的从属感和认同感。

　　不仅如此,改革开放以来浙江人在异乡的生存、发展和融入当地社会,在相当大的程度上,也依赖于亲缘和亲缘式的社会关系网络以及建立在这一基础上的同乡互助、团结合作精神。格雷佛斯认为,移民在"适应周围环境时个人会有不同的资源可供使用,其中有他们自身的资源,核心家庭的资源、扩大家庭的资源甚至邻居朋友的资源,或

---

　　① 周晓虹:《传统与变迁——江浙农民的社会心理及其近代以来的嬗变》,三联书店,1998 年,第 261 页。

　　② 郑勇军、袁亚春、林承亮:《解读"市场大省"——浙江专业市场现象研究》,浙江大学出版社,2003 年,第 98 页。

更广的社会资源。……在依赖族人的策略(kin-reliance strategy)中移民是利用核心家庭以外的亲戚资源以适应环境;依赖同辈的策略(peer-reliance strategy)则运用同辈及相同社会背景的人的资源进行调适;依赖自己的策略(self-reliance strategy)则依靠自己及核心家庭或外界非人情关系(impersonal)的组织资源"。①对于外出经商的浙江人来说,告别熟悉的乡土社会,来到陌生的城市社会,这一生活事件无疑意味着要疏远生于斯、长于斯的或漫长岁月中所构建的乡土社会关系网络。但是,在一个新的环境中,个人自身的力量资源显然是十分有限的,不足以支撑他们的生存和发展,这就在客观上要求他们重新构建社会支持网络,以便从网络成员那里摄取资源,来解决日常生活和经营中的困难。

亲缘和地缘关系网络以及建立在这一基础上的同乡互助、团结合作精神,对改革开放以来浙江社会经济活动的影响,不仅体现于外出经商者从社会关系网络中摄取信息和社会支持上,而且也体现于浙江本土"一村一品"、"一乡一品"的专业化特色产业群上。浙江产业群的一个重要特色,就是成千上万的家庭工场,及在此基础上形成的同类产业的地域聚集,如宁波服装、温州皮鞋、绍兴化纤面料、海宁皮衣、义乌小商品、永康小五金、嵊州领带、黄岩精细化工、枫桥衬衫、慈溪小家电等。在浙江同类产业的地域聚集过程中,基于亲缘和地缘的关系网络基础上的同乡互助、团结合作精神,无疑产生了中介的作用。比如,在温州农村不仅有许多从事第二、三产业的专业户,而且有许多专门从事同一行业的专业家族。尤其是在改革开放初期,这种以家庭为中心,以血缘和地缘关系为纽带的经济扩散现象更是屡见不鲜。由于农村社会同宗聚族而居的居住格局的影响,因此产业按血缘地缘关系扩散,同时也表现为同类产业的地域聚集,从而产业分布上出现了波特所谓"族群(cluster)现象"。②比较典型的事例是,当1982年国家政策开始允许农民成为当时意义上的专业户、重点户时,原温州瑞安韩田

①　转引自王春光《流动中的社会网络:温州人在巴黎和北京的行动方式》,《社会学研究》,2000年第3期。

②　参见朱康对《家族文化与温州区域经济发展》;史晋川等著《制度变迁与经济发展》,浙江大学出版社,2002年。

学校五七厂马上有四五十名工人自动离厂,而回家办起了家庭工场,韩田村的汽摩配业因而开始以家庭为单位向四邻扩散。①这些家庭工场依靠家族、邻里、朋友等多种社会关系联结成一个个企业网络,网络内部存在着密切的专业化分工与协作,不同的企业网络之间又存在着众多的或强或弱的联系,使产业群成为一个无形的大工厂。②

上述表明,浙江区域的特色产业群是以亲戚朋友、邻里同学等关系为纽带,以建立在亲缘和准亲缘关系基础上的同乡互助、团结合作精神为内在动力,以成千上万的家庭工场为基础,在"一人带一户,一户带一村,一村带一乡(镇)"的模式下起步并快速发展起来。在这个过程中,特殊主义的社会关系网络无疑也提供了信息、知识和社会支持。在起始阶段,一个村庄中一旦有人从事某种产业并产生了赚钱的效应,这一信息会向自己社会关系网络中的其他成员传播、扩散,从而带动其他成员也来从事相同产业,而其他成员又依次把与自己有关系的人带进这一产业,从事同一产业的人越来越多,规模像滚雪球一样扩大。

---

① 陈东升:《村落家族文化对韩田村汽摩配业的影响》,《温州论坛》,2000 年第 4 期。
② 朱华晟:《浙江产业群——产业网络、成长轨迹与发展动力》,浙江大学出版社,2003 年,第 76 页。

# 文化传统与地方发展
## ——基于浙江区域的分析

董敬畏

地域社会的发展离不开文化传统的支持。浙江作为一个地域文化特色鲜明的区域,有着自己的文化传统。当代浙江经济社会的发展,与这种文化传统有着密切的关联。文化传统不仅可以为当代浙江经济社会的发展提供伦理和精神上的支持,而且可以演化为新的浙江精神和新的文化传统支撑浙江的持续发展。

## 一、问题的缘起

建国 60 年来,我国社会经济的发展有目共睹。中国的民众不仅解决了温饱问题,现在更是大踏步迈向小康。随着经济的发展,民众解决了温饱问题之后,对于文化生活的渴求,则变成了制约当代中国发展突出的问题。

文化作为上层建筑的一种表现,作为人们的生活方式,它的特征是既有变迁性又有延续性。文化与社会及社会组织之间是一种相互作用、相互延续、相互制约、相互影响的关系,文化既可限制社会组织及社会的发展进步,反过来社会和社会组织也可制约和影响文化的绵延和变迁。

文化对于社会发展两面性功能的发挥,既取决于整个社会经济及社会组织的发展,也取决于地域文化本身的性质。作为在文化方面自成一家的浙江地方社会,浙江区域文化与浙江社会的其它方面共同构成了浙江区域社会与文化的系统。文化作为浙江区域社会系统的一个子系统,它提供了人们之间的符号联系,并提供给个体与社会以行为规范。这种符号联系与行为规范,对于浙江地区改革三十年的发展显得尤为重要和突出。因此研究和探讨浙江区域文化对于浙江社会发展的支持功能,有着强烈的现实意义。

中国社会经济的发展,大致可以按改革开放的时间节点分为前三十年和后三十年,浙江也不例外。浙江农村社区前三十年是集体化的模式,这种模式制约了农民积极性的发挥,从而导致经济和社会发展以缓慢的速度曲折前行。浙江城市社区则是单位制度模式,这种模式没有提供给浙江发展的任何资源和契机。然而从文化角度来说,无论是浙江农村的集体化还是城市的单位制度,在当时的条件下,为当时的农村和城市民众提供了一个延续文化传统以相互扶持,进而生存的方式和手段。

浙江农村包产到户后,一家一户的生产方式成为主流,原有的乡村集体组织功能严重弱化,农村文化事业无组织牵头或者无力举办。城市单位制度在市场化的影响下,也逐渐解体。无论农村的民众还是城市的居民,他们的社区公共文化生活,因为各种复杂原因逐渐减少,甚至湮灭。公共文化活动的减少,导致农村和城市社区凝聚力减弱,人们的归宿感消失,再加上外出打工的影响,全球化背景下的中国民众有了浓浓的乡愁情绪,人们纷纷开始寻根。

农村的自然村和行政村与城市的单位制度既是一个基层组织单位,也是人们生活的家园,心灵的归宿。中国人的乡土情结,叶落归根情结,几千年来一直围绕血缘与地缘的原则展开。以血缘和地缘为纽带的乡村人民公社和城市单位在某种程度上成为德国社会学家滕尼斯笔下的"共同体"。乡村人民公社和城市单位不仅是民众的谋生之场所,也是他们寻求生命意义的场所。

然而,当前很多地方经济发展了,物质生活富裕了,精神生活却空虚了。缺少文化和精神生活支持的社会发展是难以为继的,也是没有发展潜力和发展后劲的。这种发展既不符合马克思所说的人的全面发展,也不符合科学发展观的要求。因此研究浙江经济社会发展与文化支持功能的发挥,对于浙江十二五规划的制订与落实,对于增强浙江建设和谐社会和生态文明型社会,对于增强浙江民众的凝聚力,增强党在浙江农村的号召力,提供浙江民众的精神家园有着不可或缺的意义。

党中央早已认识到文化对于社会经济发展的重要性。早在党的十六届五中全会就已经明确提出农村社区的发展要求是"生产发展、生活宽裕、乡风文明、村容整洁、管理民主"。党的十七大又把文化事业的大繁荣和大发展作为社会主义文化建设的任务和目标。这些口号和措施的提出,是要充分发挥文化对于民众心灵家园,对于民众精神归宿,对于中国社会的可持续发展的重要作用。

由此,本文的问题就是全球化背景下的浙江文化传统如何影响和作用于浙江经济社会发展?我把这个问题分解为三个问题:首先我将探讨浙东文化的精神实质;其次我将探讨这种精神对于浙江当代的影响;再次我将探讨这种精神在当代的表现。

## 二、浙东学派精神的实质

要讨论浙东学派的精神实质,首先我们要明白浙东学派盛行的地域、流派、代表人物、主要思想观点等。学者们今天普遍认为东汉的王充是浙东学派思想的开创者,他首开实事求是、追求知识的实用价值的信念一直影响了后来的浙江学者。自南宋的浙东学派到明清的浙东学术,由于地域、师承、交往、学风的综合作用,都有一种共同的精神,这个精神,姑且名之曰浙东学术精神。浙东学术精神所强调的重视理性、强调实践、重视利益,尝试把一般知识与现世事务的融合的精神在王充身上就已经得到充分体现。

历经北宋和南宋时期,浙东学派的这种传统得到进一步的充实、巩固,从而形成了浙江独有的地域文化特色,虽历经明清也无大的改变。而后世所谓的浙东学派其实质包括了永嘉学派、永康学派、金华学派三个支流。这三个支流,结合当时社会发展的形势及当时的社会哲学思潮,纷纷以对当时的理学思想进行阐释,创造性地发挥了中国传统的哲学思想,形成了富有特色的浙东学派。

浙东学派形成的历史背景是南宋和金、西夏等政权的割据及汉族只占据半壁江山,这种形势导致许多学者思考的问题是如何实现南宋朝廷的富强和国家的统一。在思想方面,学者们面对从唐代就已经显现出来的佛教对于儒家思想的强烈冲击,开始反思和重构儒家思想。从韩愈提出的"文以载道"的"道统"开始,儒学逐渐重构自己的体系。

儒学在重构自己体系的过程中,充分吸收了佛教的一些思想和理论,并且重新构筑了理念和实践的关系,从而形成了后世所谓的"宋明理学"。宋明理学的代表人物包括张载、二程、朱熹、王阳明等,而其中的代表人物大部是浙东学派的学者。

这一时期的理学鉴于内外形势从而形成了自己的独特性,即理论的"内向性",它要求个体完善自身的道德作为存在的本质,又以这种道德的修养为方法,经过对这种道德本质的充实、扩展,从而形成天人合一的最高境界。换句话说:"内圣"成为个体实现存在的终极完善的途径。

浙东学派的学者们认为,个体的道德体认固然重要,然而道德实现的最高境界却不是个体单独享有的,而是要使社会中每个成员都能享有这样的境界和幸福。如果能够从社会现实事务着手,增进广大民众的普遍利益,这本身就是一种善的行为,本身就是道德。由此学术就要培养经世致用的人才,使他们掌握能将所学知识应用于现实社会、改造现实社会、造福民众的本事。

浙东学派的这一思路,与当时的社会思潮严重违背,从而导致了它在整个理学体系中的边缘地位。然而,因为浙江独特的地理环境和民众独特的生计方式,导致浙东学派的思想尽管处在整个理学体系内部的边缘,但是在浙江地区却绵延不绝,成为当代浙江经济与社会发展取之不竭,用之不尽的精神源头。

永嘉学派的经世致用、开物成务精神被后世称为以经制言事功;永康学派强调道德的高尚必须体现于现实事功的建立,否则道德的价值就应该受到质疑。这种精神被后世直接称为事功之学。金华学派明显吸取了永嘉学派与永康学派的特点,而且吸取了朱熹学说的要义。在吕祖谦看来,"道"不是脱离社会本身的事物,而是一种伴随社会生活自身的全过程,而自身也不断演变的事物。学者们需要寻求社会与民众的共相,这才是真正的道。

我们今天讨论的浙东学派,基本上是以浙江区域繁育、盛行的学术思想作为基础,以上述三派作为学术基础而总结出来的与浙江精神有关的思想源头。上述人物有关"事功"的理念,对于当代浙江经济与社会发展,产生了重要的影响。

## 三、"事功"与当代浙江社会经济发展

改革开放以前,浙江是一个地少人多的农业省。由于地处海防前线,国家一直没有安排重大投资项目,累计人均国有投资居全国末位。因此,改革开放初期,为了发展生产力,各地都注重依靠民间力量,从恢复和发展农村多种经营、发展社队企业和家庭工业起步,从流通领域改革入手,解决农村工业产供销问题。从允许长途贩运,逐渐放开城乡农副产品市场和工业小商品市场,形成几十万购销大军,到建设专业批发市场,部分生产要素开始通过市场配置,历史上深受商业文化熏陶的浙江人不自觉地率先开始了市场化改革的探索。

改革开放以来,浙江在经济领域走在全国前列,近年来浙江经济社会发展的速度令全国感到惊讶。在相同的政治体制和经济政策影响之下,为什么唯独浙江经济与社会焕发出巨大的活力?

人类社会所有的发展,最终在于人的发展。在浙江,是那些叱咤商海的英雄人物,普普通通的创业百姓,挥洒人生的行业精英,推动了浙江跨越式的发展,他们是浙江的真正主人。而在这些人行为背后体现的,则是浙江文化传统对于他们的影响。无论是冯根生、还是鲁冠球、李书福、马云、丁磊等人,他们在各个行业向全国甚至世界人民展示了当代浙江人的风采,也展示了什么是"经世致用"。而他们仅仅是当代浙江社会经济发展的一些个案和典型人物。

推动当代浙江社会经济发展的,当数浙江的广大人民群众。是他们用自己的聪明才智,推动着浙江的发展。而在浙江发展的轨迹中,我们可以惊奇地发现,当代浙江经济最为活跃的地区,恰好就是历史上浙东学派的思想活跃的地区,这种重合现象不是历史的偶然,而是

一种类似于马克斯·韦伯论述的"新教伦理与资本主义精神"的必然。

在陈立旭教授看来,当代浙江现象的基本特征可以概括为"民间诱致"和"政府增进"的制度创新与经济社会发展模式,两者是一个自下而上与自上而下的相互结合的过程。自发与内生的动力来源于民间力量。民间的力量对于浙江经济社会的发展,起着自组织的作用。民间自主谋生与自主创新的精神是浙江经济发展的动力。①

那么浙江民间诱致的动力到底来源于何处呢?尽管文化的传承与变迁有其自身的规律,但文化观念及其在文化观念影响下形成的生活习惯及习俗对于人类的生活及人类行为有着不可忽视的影响,这种影响的存在也是勿庸质疑的。浙东学派蕴涵的"事功"理念与精神,对浙江民众的价值观养成起到了至关重要的作用。它首先是通过影响民众内在的价值观念,进而影响到民众的外在生活态度及行为。

本文作者曾在自己的博士论文《"德行"与地方社会的再生产》中详细讨论了陕西关中地区村落中民众信奉的理念对于历史上陕西关中地区民众的生活态度及行为的影响。而根据我的田野调查,我确信陕西民众今天依然在信奉的理念来源于宋代张载的理学观念——关学。正是关学的一些核心理念,渗透到民众的日常生活中,成为他们生活的一部分,养成了他们的生活习惯和习俗,从而影响和制约了陕西当前的经济与社会发展。②因为张载的关学没有"事功"的理念,导致陕西社会经济至今活力有限,民众以"二亩地一头牛,老婆孩子热炕头"的守旧观念著称。

当代浙江民众在发展经济的过程中表现出来的寻求变革的创造精神,审时度势的谨慎态度,抓住机遇寻求发展的敏锐眼光,追求价值实效的务实勤勉,追求个人才华与寻求道德价值的普遍意义等精神在我看来,都是以浙东学派的精神作为基础而发展起来的。浙江民众当代的经济实践,本质上是承载了浙江区域文化内涵的。文化作为一种具有指导性和方向性的价值理念,指导着、规约着、影响着浙江民众的日常生活。

---

① 陈立旭:《从传统到现代》,北京:中国社会科学出版社,2007,第87页。

② 董敬畏:《德行与地方社会的再生产》,上海大学博士学位论文,2009年(未刊稿)。

## 四、浙东学派与当代浙江精神

浙东学派的"事功"精神经过发展,呈现出两条线索:一是金华学派与朱熹的理学相互融合;一是永嘉、金华学派与心学的融合。这两条线索在浙江各有流行区域,然而它们共同促进了浙江思想的发展,促进了浙江经济的发展。

浙东学派作为一个思想学术流派,对于当代浙江产生的影响不仅限于学术讨论的层面,而且更是深入到民众的日常生活当中,深入到民众的经济实践当中,最典型的表现就是浙江的民众对于利益的追求从来不讳于言,他们不是"君子喻于义,小人喻于利"的儒家代表,对于浙江民众来说,追求利益是正当的,在道德上无可厚非的。

上世纪 90 年代,许多专家学者经过讨论,认为当代浙江精神可以用"自强不息、坚忍不拔、勇于创新,讲求实效"十六个字概括。这十六字的精神也确实可以概括浙东学派精神的历史演变,同时这十六个字也能概括浙江改革三十年来的发展轨迹。

秉承"事功"精神,浙江民众不等不靠,不拿不要,出于自主谋生的意愿,他们量力而行,自主经营,自担风险,自加压力,出外经商务工。而浙江经济的主体大部分是个体或私营企业和股份合作企业。浙江专业市场、全国各地先后兴起的"浙江村"、"浙江路"等就是上述十六个字的浙江精神的鲜明写照。

而浙江社会科学院吴光研究员提出的新十六字的当代浙江精神概括我更赞同,觉得更符合浙东学派的精神内涵和外延。他提出的十六字精神表述我在此引述如下:"以人为本、自强自立、开放创新、务实守信"。[①]

儒家学说最主要的理念就是以人为本,无论是理学还是浙东学派。浙东学派理念提出的背景也是因为宋代民众受到金国的压迫和生计的压力,他们以人为本,才会提出"事功"的理念。由此,浙江精神

---

① 吴光:《再论"浙学"的内涵》,载《浙东学派与浙江精神》,浙江古籍出版社,2006 年,第 168—171 页。

的第一要点就是"以人为本"。

而当代浙江经济社会发展依然如此。根据国家统计局的数据,浙江是全国城乡差距最小的省份之一。原因在哪里? 一是浙江民众纷纷出外经商务工,从而有效缩小了城乡差距,二是浙江政府以人为本,统筹城乡发展,把民众的利益放在第一位,从而形成了"以人为本"的当代浙江实践。

"自强自立"的创业及创新精神在当代浙江表现得更为突出。陈立旭教授论述的"民间诱致"其实就是自强自立的最经典写照。无论是浙江的一乡一品、一村一品,还是台州、温岭的民主恳谈会等,都表现出了当代浙江民众的自强自立精神。这种发展模式后来被人总结为"温州模式",从而与苏南的集体发展模式形成鲜明对照。而苏南模式后来的发展路径也间接证明了浙江民众自强自立精神的重要。

"开放创新"的进取精神可以描绘当代浙江民众既善于学习外来经验,又善于总结自己的经验,从而能够有效把外来经验与浙江发展的经验结合起来,共同塑造浙江当代积极进取的形象。

"务实守信"的价值取向也是浙江精神的重要组成部分。尽管讲求实效的理念可以有效传承浙东学派的"事功"精神,然而当代温州的发展在一味宣扬追求实利的影响下,也有一些缺陷,即人们过于追求实利而忽视诚实守信的商业道德。浙江人自古务实,从实际出发,崇尚实干,讲求实效。这既是浙江文化的传统,也是当代浙江人精神的真实写照。然而经商需要商业伦理和商业道德,因此我们也需要提倡"诚信"的伦理道德,从而影响当代浙江精神的进一步发展。

浙东学派的精神实质成功地在当代浙江得到了有效承继,成功在当代浙江得到价值方面的转换,并焕发出自己的思想魅力和使浙江民众得到了实际效益。追寻"浙江精神",不仅需要我们考察浙江区域文化特色的历史渊源,而且更需要我们重视这种渊源对当代的影响与在当代的表现。

在当代中国社会转型的大背景之下,浙江如何实现区域社会全方位的转型升级,这是我们当前需要考虑的问题。浙江的转型升级,不仅需要从物质层面进行思考,而且需要与之相适应的文化与精神层面的提升。由此,"浙江精神"必须融入新的内容,赋予新的内涵,才能实现"浙东学派"从社会现实事务着手,增进广大民众的普遍利益的精神实质,才能真正实现和谐浙江,平安浙江,人文浙江的目标。

# 当代浙江创新精神的浙学渊源

张根有

"一有阳光就灿烂,一有雨露就发芽",浙江是一片创业创新的沃土。人们只要有创业创新的梦想,就会在这片沃土上生根发芽,开花结果。为什么能这样?因为浙江人富有自古相传的创新精神,这种创新精神与浙江的传统文化有关。"浙学"属于浙江的传统文化,是祖国传统文化的重要组成部分。当今,探讨浙学传统与当代浙江精神的关系,弘扬浙学文化,对于我国尤其是浙江省的改革开放和现代化建设,具有重要的意义。本文拟就当代浙江创新精神的浙学渊源问题作一探讨。

## 一、当代浙江创新精神的表现

开拓创新是浙江精神的基本内容之一。这种浙江精神从改革开放以来表现得尤其明显。从经济领域的制度创新来说,最突出的是"温州模式"的出现。改革开放初期,温州人运用"敢为天下先"的创新意识,率先在全国创立和发展了个体、私营等非公有经济,并培育了一批领先全国的优势产业,推动了温州商品经济的迅速发展,这就是温州模式。随后,浙江省乃至全国各地,个体、私营等非公有经济相继跟着发展起来。中国的个体、私营经济对中国经济的发展贡献巨大。非公有经济与国有经济一样,已成为中国经济的重要组成部分。非公有企业的发展,一方面推动了经济的快速增长,缓解了就业的巨大压力;另一方面,启动和加速了中国市场化的改革以及市场经济体制的建立。更为重要的是,非公有经济的出现,还启动了我国生产资料所有制结构的改革。改革开放以后,我国逐步形成了以公有制为主体,多种经济成份并存、共同发展这样一种社会基本经济制度,改变了过去单一的公有制经济制度,大大促进了生产力的发展。这是生产关系的重大改革,是社会经济制度的重大改革。在这个变革过程中,温州模式所体现的浙江创新精神功不可没。2010 年 3 月 4 日,中共中央总书记胡锦涛在看望出席全国政协十一届三次会议的委员并参加分组讨论时指出,改革开放 30 多年来的实践证明,以公有制为主体、多种所有制经济共同发展的基本经济制度符合我国经济社会发展要求,是完全正确的。①浙江是我国民营经济(私营经济)最为发达的地区。著名经济学家吴敬琏说,浙江独具的优势是数量众多、敢为人先、富有创新精神的中小企业。个体、私营经济在浙江的诞生和发展,仅从这一侧面,就表明了浙江的开拓创新精神。此外,全国第一家股份制企业,是在浙江温岭市诞生的。②这也是一项制度创新。同时,商品专业市场在浙江的崛起和发展,例如义乌的中国小商品市场、绍兴的中国轻纺城、杭州的四季青服装市场等等,也是一种创举,一种创新。在改革开放和现代化建设中,浙江的这类创新事例不胜枚举。

从精神层面来说,也是如此。在近现代以至当代,浙江省出现了许多著名思想家、科学家、教育家、文学家、艺术家。在中国科学院院士、中国工程院院士、中国社会科学院学部委员中,浙江人的比例比较高,从这些层面也说明了浙江人富有创新精神。开拓创新是当代浙江精神之一。

## 二、具有开拓创新精神的浙学传统

浙江的开拓创新精神与浙学传统是有联系的,浙学传统具有开拓创新精神,浙学传统是浙江当代开拓创新精神的历史渊源。

"浙学"这个概念,是南宋时期哲学家朱熹提出来的。他说:"江西

---

① 见 2010 年 3 月 5 日《人民日报》。

② 叶阳燕:《曙光照耀创新经济》,载 2010 年 1 月 21 日《浙江日报》。

之学(陆学)只是禅,浙学却专是功利。"①浙学是南宋时期浙东地区各种学派的总称。当时浙东地区的学派有:以叶适为代表的永嘉学派,以陈亮为代表的永康学派,以吕祖谦为代表的金华学派,还有"甬上四先生"为代表的四明学派(今宁波一带)等。其中,以叶适为代表的永嘉学派是浙学的代表。

永嘉学派富有创新精神。他们较多研究《周易》,目的在于变通创新。《周易》有变易之义,强调变通。《周易》通过八卦形式(象征天、地、雷、风、水、火、山、泽八种自然现象),推测自然和社会的变化,认为自然界中阴阳、动静、刚柔等两种相反势力的相互作用,是事物变化的普遍规律,提出了"刚柔相推,变在其中","穷则变,变则通,通则久"等朴素辩证法的观点。《易经》六十四卦中最后一卦《未济》,就认为事物的发展变化是无穷无尽的。永嘉学派的创始人薛季宣推崇《周易》,认为《周易》之道是圣人经邦济世的准则。他研究《周易》,著有《古文周易》十二卷。永嘉学派的代表人物叶适,十分重视对《周易》的研究,在其《习学记言序目》中对《周易》进行了解释和评论。②《周易》关于变易的思想影响了永嘉学派,叶适就具有"万物皆变"的朴素辩证法思想。他认为客观事物处于永恒的运动之中,"时常运而无息,万物与人亦皆动而不止。"而事物运动变化的原因在于事物内部的矛盾,在于"万物皆两","凡天下之可言者,皆两也,非一也。"事物的发展变化,都是由于事物内部有对立面相互作用的结果。事物永恒运动变化的过程,就是变易的过程,而《周易》就是这个永恒变易过程及其规律(道)的反映。人的作用就是根据客观事物变易的规律(道)来推进万事万物的变化,而不是坐待它们自己变易。"《易》者,易也。""是故道以易天下而不待其自易。"③叶适的这些思想认识,为永嘉学派的变通创新打下了思想基础。要推动事物的变易,就要创新。这种变易,不是复旧,而是创新,是求变、求异、求新。

他们的变易创新,表现在学术思想上,一是创立了事功之学。当

---

① 《朱子语类》卷一百二十三。

② 参洪振宁:《永嘉学派与今日温州》,《叶适与永嘉学派论集》,光明日报出版社,2000年,第454页。

③ 张义德:《叶适评传》,南京大学出版社,1994年,第270—274页。

时,程朱理学思想盛行。在这种情况之下,永嘉学派和永康学派独立思考,独立自主,创立了南宋"事功之学"。"事功之学"又称"功利之学"。它讲求"实事实功",注重实际功用和效果,反对理学家讳言功利和空谈义理。叶适批评了董仲舒与宋儒的所谓"正其谊(义)不谋其利,明其道不计其功"的迂腐主张,指出:"后世儒者行仲舒之论,既无功利,则适义者乃无用之虚语尔。"没有功利,道义就成了一句空话。这就打破了儒家重义轻利的传统思想。

他们在学术思想上创新的第二方面,是在哲学上否定朱熹理学的客观唯心主义,而坚持和发展了朴素唯物论的思想。"道"与"器"是古老的中国哲学范畴,道是指事物的规律、法则,器是指客观事物。永嘉学派坚持"道不离器"的唯物主义思想,反对朱熹理学所谓理在物先的唯心主义观点。叶适提出:"物之所在,道则在焉"。"道"或"理"不能离开物而存在。在当时理学唯心主义盛极一时的情况下,他们能批判理学唯心主义,这是在哲学领域内的变革创新。

永嘉学派、永康学派的创新思想,是以他们的唯物主义认识论作为基础的。创新,就需要认识事物的本质和规律。他们的认识论为其创新提供了认识事物本质和规律的途径和方法。"格物致知"是古代认识论的命题,叶适对其作了唯物主义的解释,提出了"格物而后知至"。[1]这是一条唯物主义的认识路线。他提出了"内外交相成之道"[2],认为理性认识要与感性认识相结合,并以感性认识为基础。他提出了对事物的认识不能停留在感性认识上,而要发挥"心"的作用,进行"思虑"[3],使认识由感性上升到理性。叶适还提出了"除之又除之"、"尽之又尽之"的思维方法。[4]应用这种方法,可以把握事物中最基本最抽象的"道",然后就可以反过去贯通万事万物,说明万事万物,就可以"贯通上下,应变逢原"。[5]叶适关于认识论的这些思想,为他们的创新提供了认识论和方法论基础。

---

① 《大学》,《水心别集》卷七。
② 《孟子》,《习学记言序目》卷十四。
③ 《觉斋记》,《水心文集》卷九。
④ 《栎斋藏书记》,《水心文集》卷十一。
⑤ 《习学记言序目》卷十三。参见张义德:《叶适评传》。

### 三、浙学传统怎样影响当代浙江人的思想观念

　　七八百年以前浙学的开拓创新精神,何以影响当代浙江人的思想观念,成为当代浙江精神之一? 因为社会意识(包括意识形态)具有相对的独立性。它的发展具有历史的继承性,有着自己独立的发展道路。恩格斯指出:"每一个时代的哲学作为分工的一个特定的领域,都具有由它的先驱传给它而它便由此出发的特定的思想材料作为前提。"①"历史思想家在每一科学领域中都有一定的材料,这些材料是从以前的各代人的思维中独立形成的,并且在这些世代相继的人们的头脑中经过了自己的独立的发展道路。"②社会意识(包括意识形态)它的每一个领域、每一个部门的发展,都要以先前人们留传给他们的思想资料作为前提。这种思想资料,包括见诸文字的著作,也包括口头流传下来的思想观点。这些思想资料在世代相继的各代人们的头脑中经过了独立发展的道路。当然,我们不能夸大社会意识的相对独立性,否则,就会陷入唯心史观。但是,我们必须看到它的相对独立性。七八百年以前浙学的开拓创新精神,作为一种社会意识(创新意识),也有它的相对独立性,其发展也具有历史继承性,有着相对独立的发展道路。当然这种发展和留传不是直线式的,它要受到自然条件、社会条件、经济条件、政治条件、文化条件等等的制约和影响。但是它作为一种文化"遗传基因",或快或慢、或多或少总要影响到后来世代的人们,并将在他们那里继续留传下去。恩格斯还说过:"在一切意形态领域内传统都是一种巨大的保守力量。"③我们也可以说,南宋时期的浙学传统是一种巨大的"保守力量"。在当代浙江人的思想观念中,总要包含浙学传统的思想资料,形成为当代浙江精神。浙学传统是多方面的,开拓创新只是其中之一。这种传统在当代浙江人的思想观念中,就形成了开拓创新精神,并在改革开放 30 多年来明显表现出来。

---

　　① 《马克思恩格斯选集》第四卷,人民出版社,1995 年,第 703 页。
　　② 《马克思恩格斯选集》第四卷,人民出版社,1995 年,第 727 页。
　　③ 《马克思恩格斯选集》第四卷,人民出版社,1995 年,第 257 页。

　　综上所述,当代浙江创新精神有其历史渊源,这个历史渊源就是南宋时期的浙学传统。当今,我们要建设创新型国家,要实现理论创新、制度创新、科技创新、文化创新以及其他方面的创新,需要增强创新意识,提高创新能力。进一步挖掘和弘扬浙学传统中的开拓创新精神,是文化传承的需要,更是改革开放和现代化建设的现实需要。

# 吴越岭南地域文化与近代科学精神

蔡海榕

中国当代科学发展中功利主义的弊端人们感触良多,学术界从民族文化传统、当代中国社会结构及社会文化心理的变化以及科学政策导向等方面作了一些富有成效的探索。但是,笔者认为,除此之外,中国当代科学发展中功利主义膨胀,还与中国近代科学文化的形成的地域文化有关。对这个问题的探讨,有助于我们进一步揭示中国当代科学功利主义形成的文化因素,从而为健全中国当代科学精神气质寻求一条现实文化层面解决的途径。

## 一、中国近代科学发展中的两极结构

笔者认为,与人类文化思潮中存在理想主义和功利主义两种精神气质不同的文化价值倾向一样,科学文化中同样也存在着理想主义和功利主义的对立。[①]这里的科学理想主义是指以单纯好奇心为科学探索动机,以求知为科学研究目的,以基础科学的发展为主要成果的科学发展观;科学功利主义则是指以具体功利性为科学探索动机,以求用为科学研究目的,以应用科学的发展为主要成果的科学发展观。

西方科学在漫长的发展过程中,形成了理论科学和应用科学、纯粹理性和实用理性、理智活动和实业活动两极互补的结构,两极结构的源头和基础始终是古希腊形成的西方文化精神——理性主义和"知识至上"的态度。[②]西方科学依赖这个结构,保持了至今全面高速的发

---

① 孟建伟:《论科学的人文价值》,中国社会科学出版社,2000年,第103页。
② 周昌忠:《西方科学的文化精神》,上海人民出版社,1995年,第225页。

展势头,既排除一味追求功利而走向邪恶的倾向,又取消了完全沉浸于理智活动而与世隔绝的科学活动方式。①由此可见,理想主义和功利主义互补的结构是科学健康发展的必要条件。

笔者以为,在中国近代科学建立的过程中,吴越与岭南两个地区的知识分子作为群体发挥的作用最大,他们的地域文化差别对中国近代科学的精神气质发生了重要的影响,使中国近代科学形成了两种旨趣相异的发展模式,构成了理想主义和功利主义并存的结构雏形。

**1. 中国近代科学理想主义的萌芽**

(1)中国近代基础科学的引进和研究

鸦片战争以后,出现了一批向国人提供新知识,使国人放眼看世界的伟大人物。但是,西方近代科学全方位地进入中国,则是依靠了译书工作。在译书过程中影响最大的中国知识分子,除少数人籍贯不详外,其余均是吴越人士。②他们和西方传教士共同合作所翻译的西方科学著作,已覆盖当时基础科学的全部领域。

在西方近代科学知识引进的基础上,中国知识分子开始了自己独立研究的进程,形成了自己最初的科学家(含技术专家)队伍。其中比较公认的人物有:浙江海宁人李善兰、江苏无锡人徐寿、徐建寅、华衡芳、广东海南人詹天佑、广东海南人邹伯奇等 23 人。③其中从事基础科学研究的有 16 人,而吴越地区的科学家 11 人全部是从事基础科学研究的(或以基础科学研究为主的),占当时科学家总数的 69% ,远远高于其他文化区。当时基础科学方面的研究成果主要集中在数学、物理学、生物学、地学方面,其成果绝大多数也是由吴越科学家创造的。

(2)纯科学研究方式的建立

和古希腊追求超实用重求知的纯科学研究方式相反,中国古代科学研究的动机和方式一直存在着明显的实用性和思辨性的特点,缺乏求知和求真的传统。在中国近代科学建立的过程中,吴越知识分子首先开始摆脱传统科学的特点,表现出一种前所未有的纯科学研究的倾向。首先,吴越知识分子在科学动机方面表现出"好奇"的取向而非

① 周昌忠:《西方科学的文化精神》,上海人民出版社,1995 年,第 230 页。

② 熊月之:《西学东渐与晚清社会》,上海人民出版社,1994 年,第 531—538 页。

③ 沈渭滨:《近代中国科学家》,上海人民出版社,1988。

"功利"性的目的。例如,郑复光研究几何光学,起于对"取影灯戏"的好奇;[①]李善兰 9 岁时在父亲的书架上发现了《九章算术》,而从此迷上了数学;[②]华蘅芳自幼不爱读四书五经,而"于故书中检得坊本算法,心窃喜之,日夕展玩,尽通其义"。[③]其次,吴越知识分子给科学实验以前所未有的重视,开始摆脱传统科学的思辨性,初步表现出近代科学实证性的特征。在中国近代科学家中,最突出地表现出这种鲜明的近代科学风格是江苏无锡人徐寿和江苏常州人华蘅芳。徐寿于 1857 年在上海购买了墨海书馆出版的《博物新编》,他不仅对该书的理论进行钻研,还和华蘅芳一起照该书进行研究试验。从现有的历史资料看,这是中国最早的具有近代风格的科学实验。通过科学实验,徐寿产生了这样的认识"尝言格致之理,必藉器以显,而制器之学,原以格致为旨归"。[④]这是中国科学家对理论—实验—理论过程第一次明确的表述。

(3) 对近代科学求真精神的探索

中国近代科学的建立,不仅需要西方科学知识的引进和独立研究活动的展开,而且必须确立近代科学的精神。究竟什么是科学精神,至今人们仍有着多种多样的理解,但是科学的实证精神和理性精神是科学精神价值中最基本的构成要素,[⑤]却是确定无疑的。科学的实证精神和理性精神又可以进一步归结为求真精神,这是科学理想主义的核心观念。

早在明代晚期开始的第一次西学东渐的过程中,上海人徐光启和杭州人李之藻等人通过对中西科学文化的首次比较,就对中国传统科学的实用性进行了批评,首开中国近代科学理性与批判精神的先河。近代以降,徐寿父子和华蘅芳的科学实践活动也明确地体现了近代科学的实证精神。但是对科学求真精神系统地理论探索却是从 1915 年开始的。在这个过程中,吴越知识分子作为群体发挥的作用最为明显。江苏无锡人胡明复于 1915 年发表了《科学方法论》一文,提出将

---

① 杜石然:《中国古代科学家传记》(下),科学出版社,1993 年,第 1162 页。
② 杜石然:《中国古代科学家传记》(下),科学出版社,1993 年,第 1210 页。
③ 杜石然:《中国古代科学家传记》(下),科学出版社,1993 年,第 1245 页。
④ 杜石然:《中国古代科学家传记》(下),科学出版社,1993 年,第 1231 页。
⑤ 李醒民:《科学的精神与价值》,河北教育出版社,2001 年,第 4 页。

科学方法和科学精神联系在一起加以认识,而"科学方法之唯一精神,曰'求真'"。①胡明复进一步指出,"夫科学之最初,何尝以其有实用而致力焉。在'求真'而已。真理即明,实用自随",所以胡明复特别强调,科学"是以'求真'为主体,而实用为自然之产物,此不可不辩者"。②这是中国知识分子对科学的"求真"与"求用"的关系第一次正确地表述。浙江上虞人竺可桢在1941年更明确的指出,科学精神就是"只问是非不计利害"。③这句话后来成为近代科学精神最经典的表述。其后他在为浙江大学所提校训"求是"中也鲜明反映了近代科学的求真精神。根据《中国现代科学家传记》一书统计,20世纪我国基础科学中的著名科学家几乎半数是吴越地区的知识分子。我们有理由相信,当时在吴越知识分子中一种新的理想主义的科学传统已经形成。

## 2. 中国近代科学功利主义传统的形成

### (1)中国近代技术的开创

在吴越知识分子进行基础科学引进和研究的过程中,岭南出现了一些杰出的近代技术专家。广东南海人詹天佑主持修建了由中国工程师主持的我国第一座近代铁桥。由他设计和领导修建的京张铁路,为举世公认的卓越的科技成就。广东肇庆人冯如成为中国第一位飞机设计师、第一位飞机制造家和第一位飞行家,被誉为"中国航空之父"。此外,广东开平人谢缵泰设计了中国第一艘飞艇,④广东开平人余焜和则制造了中国第一艘飞艇。⑤中国近代的航空事业,在岭南等地的飞行设计师和飞行家的努力下,与世界发展同步,有些甚至走在世界的前列。广东海南人邹伯奇独立自主地发明了照相机,广东绅士潘世荣于1842年雇用工匠,生产出中国第一艘轮船。在工业技术上,缫丝机、内燃机等机械的制造方面以及轻工业方面,岭南也走在全国的前面。可见,岭南地区是中国近代技术的重要发源地。但是,在基础科学的研究方面,除邹伯奇在天文、数学、物理、地理方面有一定成绩外,

---

① 中国科学社编:《科学通论》,中国科学社出版,1934年,第119页。
② 中国科学社编:《科学通论》,中国科学社出版,1934年,第122—123页。
③ 竺可桢:《看风云舒卷》,百花文艺出版社,1998年,第90页。
④ 严泽贤、黄世瑞:《岭南科学技术史》,广东人民出版社,2002年,第623页。
⑤ 严泽贤、黄世瑞:《岭南科学技术史》,广东人民出版社,2002年,第638页。

其他知识分子几乎都无所建树。

(2)"科技兴国论"的建立

将科学技术的发展与社会政治变革结合是岭南知识分子的重要特点。广东香山人郑观应首开这种传统。他从与外国资本家进行商战的目的出发,主张培养具有科学和工艺学知识的专门人才。广东南海人康有为继而将科学与变法结合起来。他认为:"夫中国今日不变法日新不可,稍变而不尽变不可,尽变而不兴农工商矿之学不可,欲开农工商矿之学,非令士人通物理不可。"①此后,他还将科学提到了救国兴邦的时代高度,认为"科学实为救国之第一事,宁百事不办,此必不可缺者也"。②

广东香山人孙中山则更加系统地提出了"科学救国论"和"科学启蒙论"的思想。早在1894年,孙中山在《上李鸿章书》中就提出,国家要富强,就必须"人能尽其才,地能尽其利,物能尽其用,货能畅其流",而要做到这四点,根本在于科学技术。在这以后,孙中山进一步将科学技术的发展与三民主义紧紧联系在一起,把科学、教育、经济和政治作为整体,形成一个完整的社会发展的战略构想。民国建立后,孙中山深感革命任务仍没有完成,现实令人失望。他认为造成这一切的根本之原因在于"政治之隆污,系乎人心之振靡",而社会的发展必须"物质文明与心性文明相待而后能进步",③而这两者则都是由科学决定的。孙中山从这个认识出发走上了科学启蒙的道路,希冀通过科学及其方法,改造国民心理,进行思想启蒙、政治启蒙,其最终目的仍为实现他"毕生学力尽瘁于斯"的三民主义。我们可以清楚地看到孙中山科学文化观之全部内涵就是要为革命实践服务。④

从岭南思想史我们看到,从郑观应的"科技商战论"到康有为和孙中山的"科学救国论"、"科学启蒙论",均是以商人或政治家的视角汲取科学知识,以科学知识论证其经济思想或政治主张的合理性,我们可以将其统称为"科技兴国论"。在这种对科学的理解中,科学始终是

---

① 《康有为全集》,第三集,上海古籍出版社,1992年,第584页。
② 汤志钧:《康有为政论集》,中华书局,1981年,第575页。
③ 《孙中山全集》,第六卷,中华书局,1985年,第158页。
④ 段治文:《中国近代科技文化史论》,浙江大学出版社,1996年,第132页。

作为工具而不是作为目的而存在的。与此相联系,他们更关心科学的应用而不是科学本身。在这一方面,康有为表现得更为明显,他强调的是学习实用科学与专门业学,对基础理论科学并不重视,表现出明显的功利和实用的特征。①同样,詹天佑也认为,国家的富强关键在于发展"工学"。②"科技兴国论"为中国近代科学的功利主义奠定了思想基础。

(3) 科学技术为社会政治服务特点的出现

岭南知识分子对中国近代科学最大的贡献是以其特有的政治才能,通过制度变革为中国近代科学的发展创立有利的社会环境,同时又使近代科学技术发展表现出直接为社会政治服务的特点。孙中山在广州建立的农学会,同时又是掩护革命组织兴中会的公开团体。广东航空业的发展最明显地表现出这一特点。冯如在广东革命政府任飞行队队长;原籍广东开平的美国华侨、中国航空先驱和水上飞机设计师潭根担任广东护国军讨袁航空队队长;③广东中山人、军事航空先驱杨仙逸应孙中山先生之邀,回国参加讨伐新军阀的战役,并在广州制造成功一架双翼机。此机由孙中山先生亲自命名为"乐士文"号,该机以后参加了讨伐陈炯明的战役。④

通过对以上历史事实的梳理,我们似乎可以得出这样的印象:吴越知识分子的贡献主要在基础科学和科学方法、科学精神方面,岭南知识分子的贡献多在实用技术和科学技术的政策方面;吴越知识分子更重视科学自身的建设,而岭南知识分子更重视科学的社会功能;吴越知识分子更重视科学的精神价值,岭南知识分子更重视科学的物质价值;吴越知识分子的科学观多是由实际从事科学研究的知识分子建立的,而岭南知识分子的科学观主要是由政治家建立的;吴越知识分子将科学自身视为目的,具有自由探索的纯科学倾向,岭南知识分子则更多将科学当作救亡图存的、进行社会变革和建设现代化国家的工

---

① 马金华:《试论康有为的科学观》,《福建论坛》(人文社会科学版),2004 年第 2 期。

② 宓汝成:《中国近代工程技术界的一代宗师詹天佑》,《中国科技史料》第 17 卷第 3 期(1996 年)。

③ 《中国大百科全书·航空航天卷》,中国大百科全书出版社,1985 年,第 154 页。

④ 《中国大百科全书·航空航天卷》,中国大百科全书出版社,1985 年,第 534 页。

具,具有明显功利化的倾向。

从吴越和岭南知识分子对于中国近代科学文化影响的差别性上,我认为在中国近代科学发展中,至少已经形成了两种不同的文化倾向,构成了中国近代科学理想主义和功利主义并存结构的雏形。

## 二、两极对立结构的地域文化因素

中国近代科学理想主义和功利主义两极的形成,除了与当时历史背景、知识分子的群体认识水平存在密切的关系外,与吴越和岭南两地知识分子的地域文化特征也不无的关系。

吴越地区,自然环境优越,由于经济和文化高度发展,人们能够对比较超越实际生活的深层精神问题给以关注,这是吴越地区学术风气浓厚而且颇多自由探索色彩的重要原因。从历史上看,吴越地区主要是经济、文化的中心,而不是政治中心,这使吴越知识分子较其他区域知识分子更早地形成了一种淡化政治,适合世俗生活的文化心态,研究学术和科学的人比其他地域的知识分子更多一些。所有这一切造成了吴越之地学术发达,科学的传统绵延不绝,而且研究活动多出于个人兴趣,较少功利性的特点。

岭南地区,自然环境险恶,甚至到明代仍被视为蛮烟瘴疬之地。生活的艰难,使得岭南人民养成了一种勇敢强悍、勇于冒险的精神特质。岭南之地农业条件不好,沿海地带向来有经商致富的传统。自明代万历年间以降,因外贸的刺激和商品经济的发展,人们的商品意识不断强化和明确化,重商、求利的价值取向更显突出。近代以来,西方资本主义生产方式与经济贸易进入岭南,进一步助长了岭南人务实求利,经世致用的观念意识,即使思想家的思想体系也具有明显的实用主义的倾向。①岭南学术虽然也有自己的特色,但远不如吴越之地深厚。鸦片战争之后,岭南又成为中国近代政治活动的中心,政治性和商业性的双重奏构成岭南文化浓重的功利性。

---

① 唐孝祥:《试论近代岭南文化的基本精神》,《华南理工大学学报》(社会科学版),2003年第3期。

在吴越和岭南文化的熏陶下,两地知识分子文化个性存在不少差异,对科学理想主义和功利主义的形成产生了重要的影响。

**1. 理论型和经验型的差别**

吴越地区学术的高度发展,使知识分子形成了偏重逻辑思维,重视理论论证的特点。乾嘉学派的考据方法,充分表现了吴越知识分子这一思维特征。梁启超在《清代学术概论》中就作过这样的论断:"自清代考据学派200余年之训练,成为一种遗传。我国学子之头脑趋于冷静缜密,此种性质实为科学成立之根本要素。"①

相比之下,岭南知识分子的学术研究具有感觉主义或经验论的倾向,较少诉诸抽象的概念和理性的思辨。后人在系统地研究岭南思想家后认为,岭南知识分子思维活跃、新奇,理论和认识上发现多,而建树少,都不是理论家、哲学家,只是一个敢想敢于创新的思想家。②这一特征使岭南文化难以形成深层的文化积淀和思辨的成果,却能刺激文化不断推陈出新,有利于科学的社会应用,却未必有利于基础科学的发展。

**2. 学术性和政治性的差别**

从总体上看,吴越知识分子更擅长学术,岭南知识分子更擅长政治,这一特点在中国近代文化的转型中表现得特别明显。面对传统文化,近代吴越出现了象俞樾、孙诒让、章太炎这样的朴学大师,岭南却出现了被吴越知识分子看来充满"学术之谬"的维新思潮旗手康有为。在第一阶段的物质转型和第三阶段的精神转型中吴越地区都是大家辈出,惟独在第二阶段制度转型中,吴越知识分子没有走在时代的最前头。全国性的政治领袖全来自岭南地区。与岭南叱咤政治风云的知识分子相比,吴越地区的知识分子更适合于"科学救国"、"实业救国"、"教育救国"。

**3. 理智型和浪漫型的差别**

吴越知识分子从总体上看,个性温和,冷静,具有自由主义的倾向。张謇、张元济、胡适等人无不表现出这一个性特征。在吴越知识分子中,鲁迅性格被认为是很激烈的。但是在万众呐喊的岁月里,他

---

① 梁启超:《清代学术概论》,上海古籍出版社,1998年,第106页。
② 胡波:《岭南文化与孙中山的致思途径》,《开放时代》,1996年第6期。

没有走向十字街头,甚至没有发表言辞激烈的文章,而是一心一意像一位外科医生,在给中国下层民众切除精神病灶,他的特色不是激进而是深刻。①这种温和、冷静的文化个性更适合于科学研究而不是急风暴雨式的政治变革。

相比之下,岭南知识分子个性激烈浪漫,有重实践轻理论和激进主义的倾向。有的外国人是这样描述广东人与上海人的区别:"广东人好勇斗狠,上海人温文尔雅;南方人是过激派,吴人是稳健派。自古以来上海人一直是顺从当权的地方政府的,而广东呢,却随时酝酿着政治阴谋和叛变。"②

总之,吴越之地深厚的学术传统和知识分子温和、理性的个性,使吴越知识分子接受西方近代科学文化的过程中表现出一种知识发展的自然性,因此更能体会西方科学中的精神内涵,从而表现出科学理想主义的倾向。岭南文化浓厚的商业性和政治性以及知识分子思维的直观性与行为的激进性,使岭南知识分子更容易从物质价值的层面工具性地看待西方近代科学,更容易形成中国近代科学的功利主义传统。

## 三、两极结构的瓦解对中国近现代科学发展的影响

根据历史的回顾,笔者认为从 19 世纪下半叶至 20 世纪上半叶,在西方科学输入和中国区域文化特别是吴越与岭南文化的回应下,中国近代科学发展已经初步形成了科学理想主义和功利主义并存的结构。我们在 20 世纪 20、30 年代科学发展中能感受到这一点。例如,浙江绍兴人蔡元培在中央研究院安排科研项目问题上,"一面权衡各项科学问题之轻重,以定进行之程序,一面充分顾及所谓'学院的自由'"。③

从理论上讲,科学的理想主义和功利主义都有其合理性,又都有

---

① 董楚平:《中华地域文化大系吴越文化》,北京教育出版社,2003 年,第 309 页。
② 参见熊月之《西学东渐与晚清社会》,上海人民出版社,1994 年,第 127 页。
③ 高平叔:《蔡元培论科学技术》,河北科学技术出版社,1985 年,第 302 页。

其局限性,只有将其结合起来才能推动科学全面健康地发展。然而,在我国近现代科学发展的实际进程中,科学的理想主义除了在吴越知识分子的科学研究的方式及 20 世纪 20、30 年代科学发展中有所表现,在"五四"前后被当时先进的知识分子如任鸿隽、胡明复、梁启超等人加以讨论和宣传外,在其后科学文化的建设中没有得到真正的发展,更不要说是过度的发展。相反,岭南科学功利主义传统却深深地植根于民族文化传统之中,并且在救亡图存、巩固国防和经济建设的多重动力的推动下不断发展。在 20 世纪后半叶,两极并存的脆弱结构终于瓦解,科学功利主义基本淹没了科学的理想主义。长期以来,我们一直把科学的实际效应放在科学发展的首要原则,在吴越之地出现过的科学家从兴趣出发进行科学研究方式在思想改造运动中受到批判,此后科学家的研究工作只是在完成上级下达的任务。就连倡导"求是"精神的竺可桢,在 20 世纪 50 年代也明确将"为科学而科学"视为"错误见解",并且将科学家自由地选择研究课题与崇拜资本主义国家的个人主义联系起来,加以批评。[1]在"文化大革命"中,纯科学的研究方式更是倍受嘲弄和摧残。改革开放以后,我国科学技术有了很大的发展,但是在把科学等同于技术和第一生产力加以重视的同时,更加剧了对科学功利化的理解和应用。

中国近代科学中理想主义与功利主义的两极并存的结构之所以破裂,其原因是多方面的。一是中国作为在现代化道路上后发的国家,现实的紧迫压力使人们更容易看中科学的物质价值,岭南文化对科学功利主义的理解更容易被人们所接受;原因之二是中国历来缺乏求真之学的传统,现代学者对"四书五经"的研究中,发现其中竟没有一个"真"字。"经世致用"的学术标准虽经"五四"冲击而没有真正的改变。建国以后,科学的功利主义在新的历史条件下得到进一步的强化;[2]再一个原因是吴越知识分子主要活跃在学术领域而不是政治领域,他们的文化传统难以真正影响科学发展的国策。而岭南功利主义科学观突起于民族危难和复兴之际,其精神造就了大批从政的治国之

---

① 竺可桢:《竺可桢文集》,科学出版社,1979 年,第 231—255 页。

② 吴海江:《中国现代功利主义科学价值观的确立极其对科学发展的负面影响》,《自然辩证法研究》,1999 年,第 12 期。

才,使以后中国社会的结构深深浸染了这种传统,影响中国以后科学精神气质和发展模式。

在当代中国,科学文化两极失衡造成了我国基础科学长期以来落后于应用科学的发展,原始创新能力严重不足,与世界先进水平差距有扩大的趋势。改革开发以后,广东成为全国模仿的榜样。在这种典型的科学功利主义的发展模式中,科学日益消融于技术之中,在带来了经济前所未有的发展的同时,由于片面强调科学的物质价值,严重歪曲了科学的本质,致使在民众的心目中,科学成为摇钱树、财神爷。这对科学的功利主义和工具主义的理解,泯灭了科学追求真知、追求智慧的的本来形象。[①]当代中国国民科学精神淡漠,实用主义盛行,实际上都与科学的功利化有着密切的关系。这一倾向的发生,从时间上与全国以广东模式为榜样有同步性,在文化渊源上与岭南急功近利的传统存在密切的联系。

科学从本质上是精神价值和物质价值的统一。物质价值是当今社会的重点,而精神价值又是科学的根本。因此,无论是"为科学而科学"的传统还是为功利而科学的传统,都有一定的片面性,最好的是在两极之间保持必要的张力,既看到长远目标(追求真理),又顾及眼前利益(实际应用)。[②]今天科学文化的发展,应该是吴越科学理想主义传统和岭南科学功利主义传统的互补。但是,更重要是科学理想主义的传统。中国作为泱泱大国,要想自立于民族之林,并且对世界科学做出和我国地位相符合的贡献,必须具有自己独立的基础科学研究完整体系。因此,科学理想主义应该成为中国未来科学文化的基础,在此基础上发挥科学功利主义的作用,而不是相反。基于我国科学的理想主义一极薄弱,功利主义一极过强的现实,我们更需要的是吴越文化的"为科学而科学"的精神,我们需要重建现代科学理想主义和科学功利主义互补的结构,否则中国科学难以真正走上良性互动和全面健康发展的道路。

在经历了全国学广东的发展模式后,以上海为中心的长江三角洲科学和经济发展显示了以高科技和高度教育、文化发展拉动经济发展

---

① 李醒民:《科学的精神与价值》,河北教育出版社,2001 年,第 2 页。

② 李醒民:《科学的精神与价值》,河北教育出版社,2001 年,第 257 页。

的新模式。在这个模式中,基础科学和教育被置于前所未有的重要地位。历史和现实的发展为科学理想一极的培养又一次创造了现实的条件,同时再次显示中国科学发展内在的逻辑性:中国科学需要吴越文化中蕴含的理想主义。

中国近代科学两极结构产生与发展的地域文化因素分析,对我们有如下的启示:科学的发展决不是简单的"客观"知识的增长过程,科学在本质上依然是一种文化,它表征了我们人性的品质与才能。[1]不同民族乃至不同地区的科学的精神气质的差别,深刻地反映了不同的知识分子"群落"的文化差异。

科学理想主义以及中国人文精神的重建是中国未来科学健康发展的关键。但是历史和现实都告诉我们,它不可能是中国本土文化自然产生的结果。吴越之地科学理想主义的形成,一是依赖于吴越长期学术的积淀,特别是数学研究传统的发展;二是与先进的外来文化接轨。活跃于19世纪和20世纪之交的科学思想领域中的批判学派,继承了西方深厚的科学精神传统,而接受批判学派影响的中国知识分子群体中,大多数是吴越知识分子。[2]从某种意义上讲,中国近代科学理想主义是批判学派的思想在中国传播的结果,是西方科学精神和吴越数学研究传统结合的产物。中国现代科学理想主义的重建同样需要继续吸收西方先进的科学文化,继续批判中国传统文化中的实用主义,防止当代科学功利主义的膨胀。

科学是整个社会文化的一部分,它的健康发展离不开整个社会文化的健康发展。我们的民族要想在科学上站在世界的前列,必须补上纯科学精神教育这一课,在民族文化中切实植入理性、科学和民主的基因,使民主和科学精神变成国民的自觉的意识。[3]将人们对科学的知识理解转化为智慧的理解,并将此"科学即智慧"的思想深入人心,广泛地影响社会生活的方方面面,重新改变和提升整个民族的人文精神。[4]

---

① 李醒民:《科学的精神与价值》,河北教育出版社,2001年,第15页。
② 李醒民:《科学的精神与价值》,河北教育出版社,2001年,第146—157页。
③ 李醒民:《科学的精神与价值》,河北教育出版社,2001年,第284页。
④ 李醒民:《科学的精神与价值》,河北教育出版社,2001年,第322—323页。

一个民族的文化不是抽象的,它是不同地域文化相互激荡、渗透、融合和共同发展的产物。由于地域文化永远具有发展的不平衡性,社会的发展从某种意义上讲,就是先进地域文化传播的过程。因此中国现代科学精神气质的完善,同样离不开地域文化的建设。当今长三角经济文化的发展,应当形成以科学理想主义为核心的科学发展的新模式,实现中国基础科学、技术科学、应用科学的良性互动,并以其内在的合理性和外在现实的优势,起到"模板"的作用,逐步造成整个中国科学精神气质的转变,使中国在未来的发展中成为真正的科学大国。

# 现代浙江精神与未来展望

何　俊　陈红梅

现代浙江精神概念的提出及其内涵"自强不息、坚韧不拔、勇于创新、讲求实效"的阐发,不仅是 1970 年代末以来的浙江社会巨大历史变迁在心灵上的一种建构,而且更是社会变迁由自生自发转为自觉自在的表征。唯此,这种建构必将反观浙江社会的现实状况,并为未来设定某种愿景,成为推动社会变迁的强劲力量。这便意味着,现代浙江精神本身已成为一种客观的存在,需要得到审视与充实,以期理解和完善。

## 一、现代浙江精神的建构

虽然 20 世纪、甚至 19 世纪人类的历史已翻开"现代"的篇章,但对于中国来说,表征着现代性的各种要素却迟至 1970 年代末才开始蜂拥而至:个人对蒙昧的摆脱、农民从土地上获得解放、市场经济掀起的滚滚红尘、城市扩张惊破了悠悠长梦⋯⋯在这高度浓缩了的"现代"几十年中,无论是秉承了深厚而独特的文化传统,还是凭借了沿海而傍沪的区位优势,甚或受迫于七山二水一分田的生存压力,总之,浙江人以别具性格的角色频频亮相于中国乃至世界舞台上,其形象让人难忘,其精神令人寻味。

然而不可否认的是,就现代浙江精神而言,在随其主体的历史实践而展开的过程中,所呈现出的尚只是种种感性而零散、生动而多元的表象。这样的表象决非不稳定,相反,作为表象的存在,它所呈现出来的多样性丝毫不改变它的深层结构,犹如浪花翻飞并不影响潜行的主流。但是,现代浙江精神的呈现,因其自生自发而表现为风俗,而不是自觉自在的精神。

以风俗而呈现的现代浙江精神,并不意味着它不是一个有层次、有结构的东西,而是其层次与结构不能描述,或其实践着的主体根本上尚未自觉得要去描述。尤需指出的是,这种认知上的缺席乃至无意向,并不能导出以风俗而呈现的现代浙江精神是一种无意识的存在这样的结论。关于风俗,班固曾以他卓越历史学家的洞察,给出过一个言简义赅的说明,他讲:

> 凡民逐五常之性,而其刚柔缓急,音声不同,系水土之风气,故谓之风;好恶取舍,动静亡常,随君上之情欲,故谓之俗。①

按照这个说明,风俗正是其社群对所处自然环境与社会环境的意识反映的结果。在这里,实践着的主体对自身的实践本身是充分自觉到的,实践是在意识的支配下进行的,而缺席的是对意识本身的认知。

除了上述这点外,就本文所要讨论的问题而言,班固这个说明中尤为重要的是,他深刻地点出了在中国的社会环境诸因素中最具影响力的是"君上之情欲"。如果切换到现代中国的场景与语境中,便是"政府的导向"。强调这一点,并没有在价值认知方面作讨论的意向,而只在于说明这样的事实本身,即在传统中国包括风俗在内的社会建构过程中,人民与政府的互动是一个显著的特征,而其中政府的作用很大。因为正如班固所说,民风系水土之风气,而山川水土变化有限,使风成俗,并使之更化,或日新或日弊的力量,更重要的是来自政府的导向。直面这样的事实,并致力于政教与时俱进、与日俱新,正是儒家文化主导下的中国传统。毋须讳言,这样的传统依然活泼泼地呈现于现代中国并起着深刻的影响。

社会实践的历史展开使得附着在实践主体身上的精神世界逐渐呈现、成长,并跃跃欲试地要从后台进入前台,以自觉自在的角色来参与甚至引领社会实践的后续展开。黑格尔曾讲:"当理性之确信其自身即是一切实在这一确定性已上升为真理性,亦即理性已意识到它的自身即是它的世界、它的世界即是它的自身时,理性就成了精神。"用

---

① 《汉书》卷二十八下《地理志下》。

前文所述及的风俗作比较,这便是说,当意识不再以风俗、而是以精神的形式呈现时,实质上是意识自觉到自身与其实践主体及其实践过程与结果的合一,并因此获得了客观的确定性,亦即上升为真理性,从而与风俗所表现出的主观的确定性相区别。①毫无疑问,"浙江精神"概念的提出,以及"自强不息、坚韧不拔、勇于创新、讲求实效"内涵的揭示,正是已往的社会变迁所导致的意识自觉、名相标示与性质提升。由此,伴生着浙江数十年来的巨大社会变迁的种种世相,不再只视为良莠不齐的两浙风俗,而是凝炼成良性导向的浙江精神。显然,现代浙江精神的这一构建无疑既是包括政府在内的实践中的主体对过去的总结、现在的认识和未来的前瞻,又表达了对自身的良好期许与不断勉励。同时,这一构建充分反映了浙江的社会发展踏上了一个新的历史台阶。

然而,当我们引述黑格尔这个表现他的客观唯心论的陈述来帮助理解"精神"的哲学含义时,不能不进一步提到黑格尔哲学中为马克思主义所高度认同并继承了的辩证思想,从而真正历史地看待"精神"。在他的《精神现象学》的序言中,黑格尔指出:

> 人的见解愈是把真理与错误的对立视为固定的,就愈习惯于以为对某一现有的哲学体系的态度不是赞成就必是反对,而且在一篇关于某一哲学体系的声明里也就愈习惯于只在其中寻找赞成或反对。这种人不那么把不同的哲学体系理解为真理的前进发展,而毋宁在不同的体系中只看见了矛盾。花朵开放的时候花蕾消逝,人们会说花蕾是被花朵否定了的;同样地,当结果的时候花朵又被解释为植物的一种虚假的存在形式,而果实是作为植物的真实形式出而代替花朵的。这些形式不但彼此不同,并且互相排斥互不相容。但是,它们的流动性却使它们同时成为有机统一体的环节,它们在有机统一体中不但不互相抵触,而且彼此都同样是必要的;而正是这种同样的必要性才构成整体的生命。②

就本文的主题而言,黑格尔的这一陈述似乎提醒我们,当人们以良好

---

① 参见黑格尔《精神现象学》下卷,贺麟等译,商务印书馆,1979年,第1页及该页的译注1。

② 黑格尔:《精神现象学》上卷,第2页。

的愿望提出"浙江精神"的概念,赋予它正面、向上的价值内涵时,这一建构本身从另一个角度看,实际上表现出了对呈现为风俗的意识中的某些部分的剔除,以及因为所赋予内涵的良性性质而加以锁定。

指出这一点,并不意味着现代浙江精神的建构中,其逻辑上的潜在问题已经显然地表现出来。但是,正确地理解精神建构本身的双刃性,对于理性地应用精神本身,防止其自囿自闭,在充分肯定其历史的真理性的同时,使之与社会共生共长,不断丰富与提升,无疑是具有深刻而有益的作用的。因此,回头审视现代浙江精神,不仅是应该的,而且是必要的。这种审视的过程与结果,因为它的后发性,从而呈现出这样或那样的批判性甚至否定性,仿佛"长江后浪推前浪"的流动性存于其中。但是正如上引黑格尔所说:"它们的流动性却使它们同时成为有机统一体的环节,它们在有机统一体中不但不互相抵触,而且彼此都同样是必要的;而正是这种同样的必要性才构成整体的生命。"质言之,现代浙江精神的建构是与时俱进、与日俱新的。

## 二、主体意志与秩序理念

1970 年代末启动的中国改革开放的现代化建设事业,是从摆脱思想上的极度蒙昧,解放思想开始的。按照康德对启蒙的诠释,"启蒙运动就是人类脱离自己所加之于自己的不成熟状态。不成熟状态就是不经别人的引导,就对运用自己的理解无能为力。当其原因不在于缺乏理智,而在于不经别人的引导就缺乏勇气与决心去加以运用时,那么这种不成熟状态就是自己所加之于自己的了。"①质之 1970 年代后期的中国现实,康德所谓的"自己所加之于自己的不成熟状态",正是充溢在中国社会各个领域的极左思想:而"两个凡是"则是集中的象征。邓小平时代及其理论的起点,正在于破除以"两个凡是"为代表的思想蒙昧。②

与破除思想蒙昧相伴生的,便是主体的自觉,以及由此带来的人

---

① 康德:《历史理性批判文集》,何兆武译,商务印书馆,1991 年,第 22 页。
② 参见《邓小平文选》第 2 卷,人民出版社,1994 年,第 38—39 页。

的独立性、主动性和创造性的迸发。然而不能不令浙江人民自豪的是,固然是具有相同的背景,但是主体开始觉悟了的浙江人民在其后的社会实践中似乎总是走在这个虽为旧邦其命惟新的伟大国家的前面。且不说后来温州人引为自豪并以之高标的"敢为天下先",这里仅举与经济社会生活相对远离的学术研究,甚至是在古纸堆里讨生活的中国传统学术研究为例,来表征浙江学人思想解放之迅捷与主体意志之刚猛。1980年浙江学人率先倡议并在杭州召开了宋明理学研讨会,旨在摧破长期以来认为宋明理学是封建遗毒的思想自蔽症。这在当时业内亦属石破天惊的努力,因为它直接挑战了五四以来全盘否定宋明理学的主流,故而引得海内外瞩目,并在翌年再次于杭州召开更大规模的国际性宋明理学研讨会。①

　　在近几十年的中国社会大变迁中,浙江别具性格的原因究竟是什么,当然是非常令人想究明的问题。前文也曾述及,或是因为秉承了深厚而独特的文化传统,或是凭借了沿海而傍沪的区位优势,或是受迫于七山二水一分田的生存压力……显然,这已不是本文所能探讨的问题,而且这样的因果链接是否具有学理上的依据也值得质疑,但是仅就上述的例子而言,我们发现,在那场推动思想解放的学术研讨会上,浙江学人恰恰选择了王阳明这个已被涂抹得极反面的人物的哲学以为论说,而王阳明的哲学正以高扬主体意志的心学震动古今。概言之,强调主体意志,听任自我意识,是1970年代末以来的中国社会变迁中所贯穿着的精神脉动,而在浙江则跳动得尤为强劲。

　　因此,当人们回头总结数十年来浙江社会变迁中所呈现的精神时,"自强不息"这个典出《周易》的语词无疑是最恰当的概括。凭着主体的独立自觉,使得浙江人民摆脱过多的教条主义,直面生活本身,探索应走的道路与应做的事情,并坚定地加以践行,使得"自强不息"的精神进一步转化成实践中的"坚韧不拔"品性。

　　世人看到:为了脱贫致富,发展生产力,早在20世纪50年代末,浙江永嘉人民就尝试过包产到户。在"左"的思潮盛行时期,浙江许多地方仍然想方设法发展家庭副业,不怕压,不气馁,"资本主义尾巴"割

① 关于两次会议,参见《中国哲学史研究》1981年第2期、1982年第2期分别所作的报道。

了又长。有了这样一股志在必得、不达目的誓不罢休的韧劲,一遇上改革开放的春风,脱贫致富奔小康的创业激情就不可遏制地迸发出来,形成了千家万户办企业,千军万马闯市场的发展大潮。①毫无疑问,浙江经济与社会在二十余年间取得长足的进步与发展,并稳居在中国的前列,正是"自强不息、坚韧不拔"的结果。而且毋庸置疑,这种主体高昂的精神仍然是浙江今后永续发展的动力。在现代浙江精神的建构以及未来展望中,珍惜、倡导并激发这样的内涵不仅不过时,而且是具有永恒价值的。

像任何名副其实的哲学一样,"当思想不再超越一种既是纯公理的(数学和逻辑)、又是与既定话语和行为领域共存的概念框架时,思想便与现实处于同一水平上",②上述浙江精神内涵的阐发正显示了这一特征。然而我们不能不意识到的是,当思想与现实处于同一水平上时,精神的建构实际上已极大地丧失了它对现实的导向功能,因为精神针对现实的导向功能本质上更多是属于治疗性的。马尔库塞讲:"思想的再限定有助于精神操作同社会现实中的操作相协调,治疗即是它的目的。"③这里所谓的"思想的再限定"、"精神操作",便是本文所说的"精神的建构"。按照马尔库塞的看法,"精神操作同社会现实中的操作相协调",并不是使思想与现实划上等号。相反"治疗即是它的目的",即通过精神的建构,质疑现实、发现毛病,从而加以治疗,才是根本的目的。

然而正如前文指出的,现代浙江精神的构建既是实践中的主体对过去的总结、现在的认识和未来的前瞻,又表达了对自身的良好期许与不断勉励,它所赋予的内涵具有正面、向上的价值,并由于这种性质上的良性化而表现出锁定的潜在可能。如何超越这种精神建构中所难以避免的局限性呢?答案是清楚的,"在思辨终止的地方,在现实生活面前,正是描述人们实践活动和实际发展过程的真正的实证科学开始的地方"。④

① 《弘扬浙江精神 开拓浙江未来》,《浙江日报》2000 年 7 月 28 日。
② 马尔库塞:《单向度的人——发达工业社会意识形态研究》,刘继译,上海译文出版社,1989 年,第 153 页。
③ 马尔库塞:《单向度的人——发达工业社会意识形态研究》,刘继译,上海译文出版社,1989 年,第 153 页。
④ 《马克思恩格斯选集》第 1 册,人民出版社,1995 年,第 73 页。

显然,描述现实生活的实证科学很多,经济学、社会学与历史学等等都有自己的方法与视角。相比之下,从哲学已确立了的分析方法而言,否定性的思维方式,即辩证法依然是支配精神发展的有效原则,这也是在上文我们引述黑格尔哲学的原因。①受这样的思维方式支配,我们自然去关注数十年中国社会历史大变迁中所呈现出问题的现实面相。这样的内容当然非常广泛与复杂,决非本文所能描述与分析,但经验世界既然是我们的出发点,那么在进一步讨论我们的主题以前,先援引以下这段刚刚报道的高速公路上的实录也许并不完全是多余的:

> 我当时正手忙脚乱地躲闪几辆"东方"牌大卡车。卡车上装的东西可谓应有尽有:猪肘子和猪头肉,堆积如山的再生泡沫聚苯乙烯就像一条小滑雪道,还有拳头大小的石头。时不时会有一些石头蹦出卡车货厢掉到公路旁的空地上。喧闹行驶着的"东风"牌卡车托起了中国的经济奇迹。而中国制度的受益者——即奥迪和桑塔纳这些大都挂着政府牌照的黑色大军——也像花样滑冰选手一起在拥挤的交通中穿梭。我每每相让,他们却得寸进尺。

亲历这种过程的美国记者因此而理解,为什么中国每千名公民拥有汽车数仅 8 辆,美国是 940 辆,但 2003 年死于交通事故的中国人超过了 10.4 万,大约是美国每年交通死亡总人数的 2.5 倍。尤令我们不得不沉思的是,"中国人从以下几个方面解释这种惨剧:有太多的司机缺乏经验,交警执法不力以及没人系安全带。然而,还有一个更为重要的原因,即中国的司机之所以如此糟糕是因为每个人都想抢先。中国被束缚了太长时间,以至于如今所有人如爆裂的龙头中的水一般一起向前冲。这是一种国民心态。"②

如果对比上引《浙江日报》中的那段描述,我们不难发现,这种国

---

① 如果联想到"自强不息"所依本的《周易》,那么我们也应该接受这种否定性的思维方式,因为这与《周易》的对称性思维方式是相通的。按照传统中国的精神原则,"自强不息"总是与"厚德载物"相配合的,这种配合不仅保持了精神的平衡,而且更是对称的两极保证了精神的开放。

② 《行车中国高速路,惊险似看恐怖片》,《参考消息》2005 年 2 月 21 日,第 8 版。

民心态在浙江那"一股志在必得、不达目的誓不罢休的韧劲"、"不可遏制地迸发出来"的"脱贫致富奔小康的创业激情",以及"千家万户办企业,千军万马闯市场的发展大潮"中,早已张扬得淋漓尽致了。

我们已经肯定,这样的精神不仅在事实上推动了包括浙江社会在内的现代中国的历史进步与发展,而且在理论上也是中国社会发展在意识上的必然而合理的反映。但是,精神的建构不能因为它的单向性历史贡献而定格为单向度的思想,并进一步引导人、引导社会而使之成为单向度的人与社会。事实上,我们看到并深切感受到了主体自觉表现为个体意志极度张扬以后所造成的无秩序社会生活的麻烦,甚至是为此付出了鲜血与生命。因此,如果我们在构建现代浙江精神时,忽视、无视甚至有意回避这样的事实,而唯独钟情、陶醉于主体意志所引发出的正面价值自强不息与坚韧不拔,那么建构现代浙江精神以引导浙江人民全面建设小康社会的良好愿望不仅难以实现,而且恰恰相反,我们的精神与生活会由于单向性的强化而失去平衡与安宁。

从精神建构的整体性着眼,按照否定性的思维方式,或者说是对称性的思维方式,直面上文援引的经验事实,我们不难发现,在数十年间主体自觉极端张扬的同时,与之对称的秩序理念被消解乃至遮蔽。这并不是说,我们的社会在有意识地造就这样的现状,相反,最足以体现秩序理念的立法进程以及普法教育几乎是与我们的改革开放同步展开的。但是,上文之所以要引高速公路上的那则报道,是因为它非常直观地告诉我们,在我们的道路交通体系中,我们并不是没有交通法规,道路上也标示着分道线,乃至双黄线,只是当主体意志膨胀时,这些交通法规会被挤出大脑,那些道路标线会在视域中隐退。显然,这是意识世界中的两极间的此消彼长,而我们早已习惯于单向扩张,以致于在理性的精神建构中也失去了平衡。造成这种现状的根源当然是在于数十年来的社会大趋势是要冲破旧秩序,但是,时间在流淌,空间的配置也因此而变化,生活在时空中的人的精神世界不应该也不可能一如既往。

因此,如何使我们失衡的精神世界在精神的建构中重获平衡,在主体意志得到高扬的同时,使秩序理念也牢固确立,这是建构堪以引领浙江未来的现代浙江精神应有的框架。

## 三、市场意识与公民责任

随着中国经济奇迹般的腾飞,中国社会快速发展,浙江更是处在最前端。我们尚未来得及与亲切的草根文明挥手作别,已一头闯进了虚拟的网络文化。托夫勒很早以前就让我们"试想,如果突然进入新世界的不是一个人,而是整个社会,整整一代人,其中包括最弱、最笨、最少理性的人,那又将如何呢?结果将是一场大混乱,一种特大规模的未来冲击"。①令浙江人民自豪的是,这种时间的加速虽不免让人有头晕眼花的迷失感,但智慧使得我们步步为营,方寸不乱。显然,这种智慧源于勇于创新。

从历史的眼光看,我们改革的起点并不新,给农民土地,让他们自主生产,这只不过是老祖宗们早已屡试不爽的做法。但是,在全球化已然启动,国门打开的 20 世纪晚期,解放了的农业生产力很快跨过小农生产的历史阶段,并由此获得更大的自由,或寻找更能与现代接轨的出路,于是"一批又一批连普通话都不会讲、双脚沾满泥巴的农民就这样义无反顾地走四方,闯天下,'浙江村'、'温州街'遍布天南海北,哪里有市场哪里就有浙江人"。②显然,这是中国历史上前所未有的社会实践,它深刻地启动了并仍然继续推动着中国的社会转型。由于这样的历史过程是全新的、迅猛的、复杂的,几无陈规旧辙可以遵循,因此探索创新是根本性的力量。当人们偶尔回头看一下走过的路程时,"勇于创新"这一被凝炼提升出来的现代浙江精神,真的犹如前引黑格尔所说的那样,"它的自身即是它的世界,它的世界即是它的自身"。

凭着这种勇往直前的开拓创新精神,浙江人民的聪明才智在体制改革的创新试验中得到了充分发挥,创造了许许多多可以载入改革史册的全国第一:全国第一批发放的个体工商执照,第一批闻名全国的农村专业市场,第一座农民城,第一批股份合作制企业及其规范性的

---

① 阿尔温·托夫勒:《未来的冲击》,孟广均等译,中国对外翻译出版公司,1985 年,第 11—12 页。

② 《弘扬浙江精神 开拓浙江未来》,《浙江日报》2000 年 7 月 28 日。

行政规章等。正是这样一种敢为天下先的创新勇气,使浙江人在发展社会主义市场经济的过程中抓住了一个个机遇。①

这是一个创新的时代。尤其是在中国,勇于创新几乎已是一种态度(disposition),或是一种倾向(orientation)。其实,无论在学术思想上,还是在现实历史中,创新与保守本来并不必然等同于正与负、好与坏。也许是因为在我们的习惯思维中,纯粹知性层面上的认知难以展开,认知总是纠缠着价值层面的判断,尤其是在社会生活的领域中,故而创新便完全成了正面的象征。

如果我们能够剥离附在"创新"这种思维方式取向上的价值含义,那么值得进一步追问的是,引导浙江人民的思维方式无保留地倾向于"创新"的真正的精神意涵是什么? 实际上,上引材料中"哪里有市场哪里就有浙江人"已一语说尽玄机,市场意识是包藏在勇于创新这一思维方式中的真正精神内容。毫无疑问,正是这一精神内容,使得数十年来的浙江社会的巨大历史变迁以良性的姿态得以呈现,人民的物质与精神获得日益满足,并使得浙江在全国率先以具备现代性的能力进入全球化的浪潮之中。

市场意识的直接关注点是经济利益的追逐,这样一种纯粹的逐利意识何以会使浙江社会的巨大历史变迁呈以良性的姿态,并能培植起现代性呢? 不难理解,市场意识对经济利益的追逐决不同于诸如战争的嗜好,它是建立在广义的自觉自愿的交换基础上的,利益的获得一定来自于产品或服务的提供。换言之,市场意识虽然直接表现为经济利益的追逐,但必须是通过生产与服务来完成是。市场意识的强弱,实质上是发现、细分、导引和满足社会需要的能力的强弱。浙江人民的市场意识越强,为社会创造财富的可能性就越大,人民的物质与精神需要就越是得到满足。另一方面,市场意识虽然古已有之,中国传统也未必全然否定工商业,尤其是近世以来的浙江,工商业尤其活跃;浙江的思想家,如叶适、黄宗羲,都比较推崇"工商皆本"。但必须承认,中国近代以前的经济主业终究是农业,即使是 1970 年代末以前的当代中国也完全限定在非市场经济状态下的以农业为纲,辅以工商业

---

① 《弘扬浙江精神　开拓浙江未来》,《浙江日报》2000 年 7 月 28 日。

的产业结构,整个社会的意识形态也与此相应而未能进入现代。因此,得益于改革开放,浙江人民在强劲的市场意识驱使下,不仅推动了浙江的产业结构的现代化转型,而且更重要的是培植了现代意识与现代能力。

然而问题在于,以经济利益的追逐为直接关注点的市场意识虽然依赖于物质的、精神的产品或服务的提供,并且逻辑上这种产品或服务的品质决定着经济利益的回报额度,但是在实际的交易过程中,由于信息的不完整与不对称,短斤缺两、以次充好,甚至假冒伪劣都仍然可以实现获利,即便是冒着触犯法律的风险。显然,正如上一节分析指出主体意志的张扬对秩序理念的遮蔽一样,在这里我们看到了市场意识的逐利性具有侵吞提供等价产品与服务的责任的可能性。

回顾数十年来的浙江经济腾飞与社会发展,这种侵吞责任的可能性曾经演为影响广泛而深远的现实,而且事实上至今也远没有根绝。尤为令人伤感的是,经济活动中严重的责任丧失,不仅由于信用不足而造成整个现代经济交易成本的增长,而且由于经济进步是数十年来的浙江社会发展的领头羊,因而经济领域中的责任丧失直接示范、引导着日常社会生活中的公民责任的相应弱化。现代社会已是一个高度分工、彼此依赖的社会,它的良性运转严重地依赖于社会中的合法成员的彼此合作,而公民责任的自觉与健全是基础性的保证。

我们可以辩解,在物质匮乏的改革开放初期,交易过程中的品质与价值不对称的可能性是巨大的,但随着市场供求关系的转变,不合格产品与服务自然会被市场淘汰。这当然是一个有效的辩解。但是,一旦经济活动中的责任丧失已经造成公民责任的弱化,后者并不会自然地随着前者的责任回归而回归,因为前者的责任回归本身是由供求关系的变化所带来的利益因素强迫导致的。当然,我们仍然可以辩解,丧失的公民责任同样也会因为公民在社会生活中碰壁而重获确立,正如经济领域中的变化一样。这的确是一个合理的辩解。但是,如果一个能让丧失了公民责任的公民在社会生活中碰壁的社会,恰恰需要通过公民责任的培植来建构。而我们不得不承认,当浙江人民可贵的市场意识随着它那同样可贵的勇于创新得到高标而意气风发地荡漾在钱江两岸时,公民责任的培植很不幸地在某种程度上被遗忘了。

面向未来的现代浙江精神,只有始终唤醒时不时遗忘了的公民责任,甚至是世界公民的责任,并不断加以培植,使之成为市场意识的深厚根基,才能使自己与时俱进,在四海开拓,在五洲开花。

## 四、理性原则与人文情怀

在市场意识推动浙江人民勇于创新的同时,讲求实效的理性原则保证着利益最大化的实现。理性原则与市场意识犹如长在主体意志这一精灵上的双翼,它们的和谐翻动让浙江人民飞离贫困,同时也使自己作为现代浙江精神而放飞。

稍作解释的是,这里所说的"理性原则",其义不是哲学上的,而主要是经济学上的,即指经济人的理性选择。具体地说:

> 经济人的称呼通常加给那些在工具主义意义上是理性的人。(他们)具有完全充分有序的偏好、完备的信息和无懈可击的计算能力。在经过深思熟虑之后,他会选择那些能够比其他行为更好满足自己的偏好的行为。这里理性是一个手段-目的的概念,不存在偏好的来源或价值的问题。①

如果我们将"理性原则"限定在哲学的概念体系中来运用,则大致相当于"工具理性"。随着近代科学及其技术进步对 19 世纪西方社会结构的彻底改变,科学已成为左右 20 世纪人类社会发展的核心思想力量,②关于人类社会的一切学术知识也由此脱离玄想思辨而追步于科学,其中经济学以其分析方法的明确性与有效性率先独立,并搭上 20世纪,尤其二战以后世界经济高速发展的列车而成为显学。

应该承认,经济学关于"经济人的理性选择"为理解全部人类行为提供了一个可贵的分析方法,实际上也是关于人类社会的深刻认识。我们回顾数十年来的整个浙江社会的巨大历史变迁,无论在情感上能

---

① 《新帕尔格雷夫经济学大辞典》卷 2,经济科学出版社 1996 版,第 57—58 页。

② 参见 Peterr Watson,The modern Mind:Anintel— leetual history of the 20th century,Harper:Ohns Publishels,New York,2001,pp2—3,3.

否接受,都不能不清楚地看到,这个变迁的过程正足以成为经济学这个分析方法与理论的现实注脚。换言之,"讲求实效"的内涵提炼并使之成为现代浙江精神概念中的应有之义,是对浙江数十年来翻天覆地变化的深刻而真实的反映,它彰显了浙江人民富有理性原则的性格。由于这种反映与彰显是深刻而真实的,因此它对未来的导引无疑也是积极而有意义的。

但是,如果我们注意到富有工具理性的人"具有完全充分有序的偏好",并"会选择那些能够比其他行为更好满足自己的偏好的行为",那么不难推出两个结论。其一,所谓的"完全充分有序的偏好"在内容上显然不具有普遍性,不同的人、不同的社群的偏好排序是不一样的,这意味着所有的人或社群都是从自己的偏好出发来运用自己的理性原则的;[1]其二,按照理性原则,所有的人或社群都会选择最能满足自己的行为,因此,对于每个人或社群而言,"别的一切都是为他的,更确切地说,由于各环节在人这种有自我意识的动物看来都有普遍性的意义,所以一切都是为了他的愉快和欢乐而存在的"。[2]这两个推论是客观存在的事实,因此无可指责,甚至也似乎无需担忧,因为在现实的经济与社会生活中,以某一社群的有序偏好为依据的极度扩张,会受到别的社群的抵制而趋于某种平衡;即便是人类对自然界的胜利,也会如恩格斯那句名言所说:"对于每一次这样的胜利,自然界都对我们进行报复",[3]从而迫使人类约束自己。然而不幸的是,20世纪与科学共同支配着人类思想的另一个基本观念是进化的观念。[4]因此,当具有不同偏好的社群相遇时,当人类的偏好面对自然无声的反抗时,进化的观念及其衍生出的发展的要求,挟着科学技术的伟力,使得不同社群

---

① 这正是新实用主义的一个基本观点,参见黄勇在他所编译的罗蒂《后哲学文化》而写的译序,上海译文出版社1992年版,第49—50页。

② 黑格尔:《精神现象学》下卷,第97页,并详见他在"有用是启蒙的基本概念"一节中的分析,下卷,第97—99页。需要注意的是,黑格尔在分析中指出,正是人的理性成为适度约束人的自我扩张的有用工具。但显然,这里所谓的理性是哲学上的,而不是经济学上的概念。

③ 《马克思恩格斯选集》第4册,第383页。

④ 参见 Peter Watson, The modern Mind: Anintel—leetual history of the 20th century, Harper;Ohns Publishels, New York, 2001, pp. 2—3, 3.

间的对话、人类与自然间的对话,最终以弱势社群的利益牺牲、自然环境的极度破坏而一步一步地展开。当然,这决不只是中国独有的问题,而是启蒙运动以来的现代化过程的共同走势。只不过数十年来中国经济与社会的高速推进,成了这一历史过程的高度缩影。而浙江既处于这个高速推进的最前端,自然也不免成为这张缩影的一个亮点。

因此,在高度肯定理性原则支配下的讲求高效的同时,需要意识到它也造成了人类与自然、不同社群之间、人与社会、人与自我的疏离。承认这样的事实,并不意味着要否定经济学的分析方法与理论,也不是要重新运用思辨的玄想来确立应然的原则,从而和"经济人的理性选择"这一实然状态相对立,而是要在运用我们的理性原则的同时,还能够体会和培植我们的人文情怀。①如果不是这样的话,则只不过是重陷启蒙以来的思想窠臼。因为承认不同的人、不同的社群,乃至不同的种族有着不同的偏好排序,这个事实是启蒙运动以来的生活始终面对着的,寻求对话也是在始终努力的,不管对话方式是友好的,还是不友好的,甚至是血腥的战争。启蒙运动以来的陈旧定见是固执对话一定要以达成共识为目标,而这正是人文情怀的体会与培植所要超越和所能超越的。不免遗憾的是,当理性原则强有力地支配着我们时,人文情怀伤感地飘散了。也许这是不可避免的事情,正如人在抬起左脚向前跨进时,右脚只能留在地上。

我们正处在一个价值体系发生巨大变化的时代,②同时,我们也正处在一个越来越融入全球化的过程中。如何在发展的同时让价值不同的人共同构成和谐的社会,如何与有着全然不同的历史文化传统的民族共生共长,这是浙江人民展望未来时所共同面对的问题。要解决这样的问题,固然仍有赖于经济硬实力,但更需要文化软实力,而这种软实力正来自于我们对自己的人文情怀的体会与培植——自己的生活方式是如何形成的,价值观念由何而来,它们的合理性在哪里,并以

---

① 这里没有使用习以为常的语词"关怀",而是代之以"情怀",区别在于我们认为前者表达的是外在的要求,而后者陈述的是内在的需要。

② 这样的问题早已困扰美国这样的发达国家,参见 Louis Harris, "Our Structure Of Values", in C. Stewarl Sheppard & Don8ld C. Carroll(ed.), Working in the Twenty—First Century, John Wiley & Sons, New York, 1980, pp. 123—130.

同样的方式来理解别人的文化等等,从而使自己不仅具有理性原则,而且具有人文教养。毫无疑问,人文情怀的体会与培植,将帮助我们确立起自己的立场,深植自己的根本。这正是我们所希望的东西。我们不希望自己只成为理性原则驱使下的物质世界中的行尸走肉,因为那将是无根的漂泊而永失安宁。人文情怀将帮助我们远离教条,从自身出发,植根于自己的传统而投身于世界,推己及人,善解别人的价值观、生活方式,从而与之对话;对话首先是尊重别人的立场,乐于倾听,而不单纯是为了说服,甚而压服别人。

## 结　语

现代浙江精神概念的提出及其内涵的阐发,表征着数十年来浙江人民推动社会发展由自发进入自觉,它不仅是对 1970 年代末以来的浙江社会历史变迁在精神上的真实反映和有益总结,而且引导和推进着浙江经济与社会的进一步繁荣。但是正如人类社会生活的实践总是不断地演生变化一样,精神也是不断变动着的。同时,当人的意识活动一旦从自发进入自觉而凝炼提升为精神以后,精神与现实的同一性使得精神存在着治疗现实功能丧失的可能,从而无法超越现实走向未来。因此,使现代浙江精神与时俱进、与日俱新,是现实与理论共同的要求。

回顾数十年来的浙江经济与社会的发展过程,审视现代浙江精神所蕴含着的内涵——"自强不息、坚韧不拔、勇于创新、讲求实效",我们可以清楚地看到,它们在真实反映和有益总结 1970 年代末以来浙江人民的历史实践的同时,也彰显了历史发展中的片面性。它们充分注重和张扬主体意志、市场意识和理性原则这些极富现代性的精神层面,但遮蔽与忽视了秩序理念、公民责任和人文情怀这些同样为现代性所不可缺少的精神内容。这种一方面的精神内容得以充分张扬,而一方面的精神内容遭到极度遮蔽的现象,显然无益于克服和化解经济实践中的危机爆发、社会构成中的矛盾激化、日常生活中的精神失衡,甚至人与自然关系的恶化,从而也无力于构建人与自我、人与社会、人与自然相和谐的社会。

因此,在充分肯定现代浙江精神及其内涵的基础上努力使之与时俱进的未来展望中,我们需要将被遮蔽和忽视的精神内容加以彰显并使其发扬光大。本文的宗旨是在于通过分析现代浙江精神及其内涵的历史合理性与有限性,从而呈现现代浙江精神与时俱进的必然性、必要性以及方向性。无论在审视现代浙江精神时,还是在对它的未来展望中,历史的断裂与非此即彼的取舍都是我们极力摈弃的立场与方法。人类与动物的重大区别之一也许是人类拥有历史感,因此一方面要珍视前人的事业,另一方面则要开创我们的事业。让我们引一位终生致力于推陈出新的伟大思想家的话来作为本文的结语。朱熹讲:

> 祖宗之所以为法,盖亦因事制宜,以趋一时之便。而其仰循前代,俯狥流俗者,尚多有之。未必皆其竭心思、法圣智,以遗子孙,而欲其万世守之者也。是以行之既久,而不能无弊,则变而通之,是乃后人之责。①

---

① 《朱子文集》卷七十《读两陈谏议遗墨》。

# 后　记

　　"浙学"是浙江传统学术思想的总称。历史上从先秦开始一直到近代，浙江不断地涌现出无数杰出的学者、思想家，他们在思想、学术和文化上创造性的巨大贡献，既构成了中国传统思想文化中的重要篇章，又逐渐形成了极具特色的"浙学"及其思想文化传统。这种"浙学"及其思想文化传统一方面深受浙江本土社会经济文化的影响熏陶并随着历史的发展而不断演进，另一方面也不断展现和丰富着浙江固有的文化精神内涵，对浙江社会经济文化的发展，对浙江人独特的生命品质、价值观念和人文风采的精神世界的形成和发展，产生极其重要的影响。因此，深入研究浙江地域的思想文化与社会经济发展的互动关系，阐明浙江文化与浙学思想传统及浙江精神之间的内在关联，揭示浙学的基本精神对当代浙江乃至中国的经济社会发展、文化建设的重要价值和普遍意义，探讨当代浙学的发展创新等问题，无疑是当代浙江学人应该自觉承担的重要研究课题及其学术使命。可以说，《浙学传统与浙江精神论集》这本专题论文集就是抱着这样的目的编辑的。而这也正是它与前一本着重于浙学史、浙学的基本精神研究的《浙学研究论集》的主要区别所在。当然，在具体的编辑工作方面，它又是和前一本论文集一样，得到了本人所在单位和相关合作单位以及学界一批于本专题深有研究、卓有新见的专家学者们的大力支持，特此深致谢意。

朱晓鹏

2012 年 6 月 28 日于杭州古运河畔信义坊

# 附录:本书作者简介

韦政通:台湾著名学者、思想史专家

陈　锐:杭州师范大学中国哲学与文化研究所教授

吴　光:浙江省社会科学院哲学研究所研究员、浙江省文史研究馆馆员

邓新文:哲学博士,杭州师范大学国学院副院长、副教授

钱　明:文学博士,浙江省社科院哲学研究所研究员、国际阳明学研究中心主任

陈立旭:哲学博士,中共浙江省委党校社会学文化学教研部教授、主任

滕　复:浙江省社会科学院哲学研究所所长、研究员

朱晓鹏:哲学博士,杭州师范大学中国哲学与文化研究所教授、所长

颜炳罡:山东大学儒学高等研究院教授、副院长

潘起造:宁波市委党校学报主编、研究员

方同义:宁波大学法学院教授

刘晓梅:哲学博士,浙江工商大学马克思主义学院讲师

董敬畏:哲学博士,中共浙江省委党校社会学文化学教研部讲师

张根有:中共杭州市委党校哲学副教授

蔡海榕:杭州师范大学社会科学部教授

何　俊:哲学博士,杭州师范大学副校长、国学院院长

陈红梅:浙江警察学院马列部副教授

图书在版编目(CIP)数据

浙学传统与浙江精神论集/朱晓鹏主编. —上海:
上海古籍出版社,2012. 10
(国学与现代化研究丛书)
ISBN 978 – 7 – 5325 – 6631 – 0

Ⅰ.①浙… Ⅱ.①朱… Ⅲ.①学术思想—浙江省—文
集 Ⅳ.①B2 – 53

中国版本图书馆 CIP 数据核字(2012)第 203071 号

国学与现代化研究丛书

**浙学传统与浙江精神论集**

朱晓鹏 主编

上海世纪出版股份有限公司
出版
上 海 古 籍 出 版 社

(上海瑞金二路 272 号 邮政编码 200020)

(1) 网址:www.guji.com.cn

(2) E – mail:gujil@ guji. com. cn

(3) 易文网网址:www.ewen.cc

上海世纪出版股份有限公司发行中心发行经销 常熟文化印刷有限公司印刷
开本 635 ×965 1/16 印张 18.5 插页 2 字数 266,000
2012 年 10 月第 1 版 2012 年 10 月第 1 次印刷
印数:1—1,500
ISBN 978 – 7 – 5325 – 6631 – 0

B · 794 定价: 55.00 元

如有质量问题,请与承印公司联系